国家自然科学基金重点项目：政府资产负债测度核算的
理论方法与政策研究（项目编号：71333014）

中国政府资产负债表
编制研究

杜金富　王　毅　阮健弘◎等著

中国金融出版社

责任编辑：张　铁
责任校对：潘　洁
责任印制：张也男

图书在版编目（CIP）数据

中国政府资产负债表编制研究（Zhongguo Zhengfu Zichan Fuzhaibiao Bianzhi Yanjiu）/杜金富等著．—北京：中国金融出版社，2018. 10
　　ISBN 978 - 7 - 5049 - 9709 - 8

　　Ⅰ. ①中…　Ⅱ. ①杜…　Ⅲ. ①国家行政机关—资金平衡表—编制—研究—中国　Ⅳ. ①F231. 1

中国版本图书馆 CIP 数据核字（2018）第 193299 号

出版
发行　**中国金融出版社**

社址　北京市丰台区益泽路 2 号
市场开发部　（010）63266347，63805472，63439533（传真）
网 上 书 店　http：//www. chinafph. com
　　　　　　　（010）63286832，63365686（传真）
读者服务部　（010）66070833，62568380
邮编　100071
经销　新华书店
印刷　保利达印务有限公司
尺寸　169 毫米 × 239 毫米
印张　20
字数　335 千
版次　2018 年 10 月第 1 版
印次　2018 年 10 月第 1 次印刷
定价　60. 00 元
ISBN 978 - 7 - 5049 - 9709 - 8
如出现印装错误本社负责调换　联系电话（010）63263947

前　　言

　　《中国政府资产负债表编制研究》是国家自然科学基金重点资助项目"政府资产负债测度核算的理论方法与政策研究"的阶段性成果。本书遵循政府资产负债核算的一般国际规则，对编制中国政府资产负债表的理论和方法进行了深入研究；结合我国实际情况，构建了中国政府资产负债表编制的完整框架；并对核算中存在的问题，提出了解决办法和建议。

　　编制政府资产负债表，可以摸清政府对企业、事业单位、非营利组织、国际机构、基金等机构的出资额；政府掌握的文化文物资产规模及构成；政府直接拥有、占有和控制的土地、地下资源、社会构成物等非生产资产的规模及构成；政府控制非营利组织掌握的资产负债规模及构成等。本书的研究成果，也是我们正在编制的《2008—2017中国政府资产负债表》的重要依据。我们期望本书在中国政府资产负债表编制实践中发挥指南作用。

　　全书由八章组成，各章内部也自成体系。除第一章导论外，第二章至第七章分别研究了狭义政府、事业单位、政府控制的非营利性组织、国有非金融性企业、国有存款性金融机构、国有非存款性金融机构等政府组成部门资产负债表的编制，第八章为政府总体资产负债表的编制。每一章都由三部分内容构成：政府主体范围与层次的研究、政府主体资产负债范围与分类的研究，以及政府主体资产负债表编制的研究。读者可能会发现少部分内容有些重复，这样的安排是为了更好地体现研究与工作逻辑的一致性，特此说明。

本书由杜金富（北京语言大学经济研究院、商学院）主持完成。具体分工如下：第一章由阮健弘撰写，第二章由王毅撰写，第三章由罗猛撰写，第四章由陈浩、计茜撰写，第五章由罗猛、李静萍撰写，第六章由苗雨峰撰写，第七章由郭武平撰写，第八章由杜金富撰写。全书由杜金富、王毅、阮健弘、张文红统稿。参加讨论研究撰写的还有白玮、郭永强、郑桂环、石春华、刘琦、刘小二、宋光磊、马晓菁等。白玮同时做了大量协调工作。

本书定稿前，征求了杨伟民、吴晓灵、许宪春、马骏、李燕、周天勇等专家学者的意见（意见附后），在此向他们表示感谢！

我国体制改革正在深入进行中，政府资产负债表的编制也需要不断完善。欢迎读者对本书提出修改意见。

杜金富
2018 年 8 月

我国政府资产负债表编制框架研究

（代序）

我国政府资产负债表的编制如同国民经济其他机构部门一样，包括政府部门核算的范围与层次、政府资产负债核算的范围与分类以及政府资产负债核算方法等内容。

一、我国政府部门核算的范围与层次

研究编制我国政府资产负债表，首先需要界定政府部门的标准，明确政府部门组成范围与层次，研究政府部门的构成等。

（一）我国政府部门的界定标准

编制我国政府资产负债表中的政府与我们通常用语的政府不是一个概念。这里的政府既不等同于行使行政权的政府，也不等同于行政事业单位，还不等同于政府管理体系的机构，而是拥有、支配和控制公共资源的法律实体。

编制政府资产负债表中的政府不等同于行使行政权的政府。最窄口径的政府也就是狭义政府，是通过政治程序设立的、在特定区域内对其他机构单位拥有立法权、司法权或行政权的法律实体。其主要功能有，用来源于税收或其他收入的资金承担为社会、企业和个人提供货物和服务的责任；通过转移手段进行收入和财富的再分配；从事非市场生产。狭义政府只是政府组成的一部分。

编制政府资产负债表中的政府也不等同于行政事业单位。我国的行政事业单位是指拥有公共权力并主要由税收等公共资源支撑，从事非市场生产，承担为社会、企业和个人提供货物和服务的法律实体，主要包括党政机关和事业单位。但政府还控制一些非营利组织和一些

1

营利机构，它们也不同程度地掌握、支配和控制公共资源，也应属于政府总体的组成部分。

编制政府资产负债表中的政府也不等同于政府管理体系的机构。政府机构系列是从管理的角度划分的，但编制资产负债表是从拥有公共资源的程度来划分的，二者可以不同。比如中央银行，有的国家在管理体系上是把它划为政府机构系列，有的国家没有划到政府机构系列，而是由国会直接监督，但编制资产负债表一般都划到公共金融公司范围。

编制政府资产负债表中的政府是指拥有、支配和控制公共资源的法律实体，即指拥有公共权力、靠公共资金支撑、为居民提供非市场产品和公共服务的机构。

（二）我国政府层次的划分

为了反映政府拥有、支配和控制公共资源的程度，我们把编制政府资产负债表的政府分为三个层次：第一层次为直接拥有、支配和控制公共资源的法律实体，即狭义政府部门；第二层次为广义政府（狭义政府＋事业单位＋政府控制的非营利组织）；第三层次为公共部门（广义政府＋公共公司）。从逻辑关系来说，公共部门包括广义政府和公共公司，政府包括在公共部门之中。我们之所以把公共部门列为政府范围，是从编制政府资产负债表层次划分的技术角度而给予的一个层次称谓。政府的定义还主要指广义政府。

从这三个层次来看，第一层次的政府对公共资源拥有、支配和控制力最强，其他层次政府对公共资源拥有、支配和控制力逐级减弱。

狭义政府或称行政单位或预算政府指经政治程序设立或国家编制部门批准设立、其支出纳入国家预算、履行相应公共职责的法律实体。在我国主要是指政府财政总预算、行政单位和社会保障保险基金。

事业单位是我国特有的称谓，是由国家机关举办或者其他组织利用国有资产举办，以公益性活动为目标，经编制部门批准，从事教育、科技、文化、卫生等活动的社会服务实体。

政府控制的非营利组织主要指政府对非营利组织人员控制和资金控制。非营利组织指从事公益性或者非营利性活动，不向出资人、设立人或者会员分配所取得利润，投入人对投入该组织的财产不保留或者享有任何财产权利的社会组织等。

公共公司分为国有非金融企业和国有金融企业。国有非金融企业主要经营非金融产品。国有金融企业主要经营金融产品。国有非金融企业一般称为国有企业，它是国家作为出资人依照相关法律投入资本金举办的企业，包括国有独资企业、国有独资公司、国有联营企业、国有绝对控股企业、国有相对控股企业、国有参股企业等。

国有金融企业又分为国有存款性金融机构和国有非存款性金融机构。存款性金融机构是以存款为主要负债，以贷款为主要资产，直接参与存款货币创造过程的金融机构。非存款性金融机构则是以接受资金所有者根据契约规定缴纳的非存款性资金为主要来源的金融机构。国有金融企业也是国家作为出资人依照相关法律投入资本金举办的企业。

（三）我国政府部门的构成

1. 狭义政府的构成。我国是在中国共产党的领导下，坚持和完善人民代表大会制度、多党合作和协商制度、民族自治制度以及基层群众自治制度的具有中国特色的社会主义国家。我国预算政府机构包括中国共产党机构、人民代表大会机构、人民政治协商会议机构、行政机构、司法机构、部队、群众团体、民主党派机构等，我们把这些机构统称为行政单位。我国狭义政府机构还包括社会保障保险基金等机构。

2. 广义政府的构成。广义政府除狭义政府机构外，还包括事业单位和政府控制的非营利组织。

事业单位包括教育、科研、文化艺术、卫生、体育、农林渔和水利、社会福利、城市公用、交通、信息咨询、中介服务、勘察（探）、气象、地震测防、海洋、环保、检验检测、知识产权、机关后勤服务等 19 大类机构。

政府控制的非营利组织主要有政府控制的社会服务机构、社会团体、基金会、其他社会服务机构、宗教机构等。

3. 公共部门的构成。公共部门除广义政府外，还包括国有非金融企业、国有存款性金融机构和国有非存款性金融机构。

（四）我国政府部门核算有关问题研究

从政府资产负债核算的角度来看，我国政府部门核算存在政事、政社、政企界定不清晰等问题。

狭义政府核算需要研究的问题主要有：一是有些参公管理的事业单位应纳入狭义政府机构核算范围；二是有些政企不清晰的机构，"一套人马，两块牌子"，既有行政管理的职能，又有经营盈利的目标，其资产负债表如何拆分到政府资产负债表和公共公司资产负债表之中还需要研究。

广义政府核算需要研究的有关问题主要有：一是政府主权财富基金性质的机构、政府部门特殊目的实体等应纳入广义政府核算范围；二是从事生产经营活动的事业单位，即所提供的产品或服务可以由市场配置资源、不承担公益服务职责的事业单位，应纳入企业核算范围；三是对于"一套人马，两块牌子"的事业单位资产负债核算应该区分处理；四是对于事业单位举办企业和企业举办的事业单位的核算需要清晰界定；五是政府控制的非营利组织的界定标准需要研究。

公共部门核算需要研究的问题主要有：一是对国有企业的标准需做清晰的界定；二是对国有企业的覆盖范围需重新厘定；三是研究划分存款性金融机构与非存款性金融机构的界限标准；四是研究国有与非国有性质存款性金融机构的界定。

二、我国政府资产负债核算的范围与分类

（一）我国政府资产的界限及分类

资产特别是政府资产，国内外文献尚无统一的定义。从国际文献来看，不同的文献从不同的角度对资产有不同的定义。《国民账户体系

2008》（SNA2008）将资产定义为："资产是一种价值储备，代表经济所有者在一定时期内通过持有或使用某实体所产生的一次性或连续性经济利益。它是价值从一个核算期向另一个核算期结转的载体。"《国际公共会计准则》（IPSASs）将资产定义为："资产作为过去事项的结果而由主体控制，并且所带来的未来经济利益或服务潜能被预期会流入主体的资源。"《政府财政统计手册》（GFSM2001）将资产定义为："政府核算中的所有资产都是经济资产，这些资产是具有以下特点的实体：机构单位对这些资产行使单个或集体所有权；这些资产的所有者通过在一定时期内持有或使用这些资产获得经济利益；这些资产能以货币计量。"我国目前对政府资产还没有一个完整清晰的定义。已有的对政府资产的定义散见于财务会计规章制度中。《政府会计准则——基本准则》将资产定义为："资产是指政府会计主体过去的经济业务或者事项形成的，由政府会计主体控制的，预期能够产生服务潜力或者带来经济利益流入的经济资源。"《财政总预算会计制度》将资产定义为："资产是政府财政占有或控制的、能以货币计量的经济资源。"《行政单位会计制度》将资产定义为："资产是行政单位占有或者使用的，能以货币计量的经济资源。"这里所称占有，是指行政单位对经济资源拥有法律上的占有权。由行政单位直接支配，供社会公共使用的政府储备物资、公共基础设施等，也属于行政单位核算的资产。《事业单位会计制度》将资产定义为："资产是事业单位占有或者使用，能以货币计量的经济资源，包括各种财产、债权和其他权利。"《民间非营利组织会计制度》将资产定义为："资产作为过去的交易或者事项形成并由非营利组织拥有或者控制，给其带来经济利益或者服务潜力的经济资源。"我国《企业会计准则——基本准则》将资产定义为："资产是指企业过去的交易或者事项形成的、由企业拥有或者控制的、预期会给企业带来经济利益的资源。"

对比以上各种定义不难发现，国内外对政府资产的定义有几个共同特点：第一，强调是一种资源，排除了声誉、人力资源等资产；第二，强调主体的占有或控制，没有所有者的自然资源不包括在资产范围之内；第三，强调未来能获得经济利益或提供服务；第四，能以货币计量。这四个特点也构成了政府资产的四大要素。

一是我国政府资产指经济资产，政府的声誉、管理能力和水平等政治资产不包括在经济资产的核算范围。二是资产为政府这个主体所占有或控制。政府对资源的占有或控制，实际是所有权问题，即法律所有权和经济所有权。三是资产未来能获得经济利益或提供服务，有的资产未来能获得经济利益，有的未来能提供服务。四是资产能以货币计量，能计量的经济资源纳入资产核算范围，不能计量的资源不纳入资产核算范围。

我们认为，政府资产可定义为，政府控制的未来能获得经济利益或提供服务的、能以货币计量的资源。

（二）我国政府资产的分类

我国政府资产的分类，既要遵循国际一般准则，又要体现本国的特色，还要注重分类的综合性和多样性。我们认为，我国政府资产核算的分类，首先分为非金融资产和金融资产。非金融资产是实体资产，为政府所有或控制，不代表对其他单位的融资关系；金融资产是虚拟资产，代表对其他单位的融资关系。其次，对两大类资产再进行分类。非金融资产可能作为生产过程的产出而产生、自然产生和作为社会构成物。生产资产划分为固定资产、存货和文化文物。自然资产及社会构成物通称为非生产资产。自然资产包括土地、地下矿藏、在开放领海内的鱼等。社会构成物包括专利和租赁。非金融资产是除金融资产外的所有经济资产。它包括固定资产、存货、文化文物资产、非生产资产和其他非金融资产。金融资产可再分为国际储备资产、通货和存款、债务性证券、贷款、股票和其他权益、保险技术准备金、金融衍生产品、应收/应付款、其他金融资产。

（三）我国政府负债与金融资产

负债是指金融负债。金融负债与金融资产相对应，它的载体是金融工具，通过金融工具确定融资关系。金融工具对债权者来说，它是金融资产；对债务者来说，它是金融负债。金融负债与金融资产是一个问题的两个方面，其定义和分类相同。

（四）完善我国政府资产负债核算的研究

我国政府资产负债核算基本以会计核算为主，核算范围没有全覆盖，资产负债分类基本以流动性为主。需要研究的问题主要有：一是从宏观上完善中国政府资产负债核算的范围与分类，进一步明确金融资产、非金融资产和金融负债的基本分类。二是完善非金融资产核算，完善固定资产的核算，修订固定资产统计制度，把文化文物资产从固定资产核算中分离出来；完善存货的核算范围，把战略性储备纳入存货的核算范围；设立文化文物资产核算项目，以核算用于展览、教育或研究等目的的历史文物、艺术品以及其他具有文化或历史价值并作长期或永久保存的典藏等；完善非生产资产的核算，把土地、地下资产、其他资源资产和无形非生产资产纳入核算范围。三是完善金融资产和金融负债的核算，要把按金融工具分类落到实处，特别是核算科目上要体现分类的要求；要完善出资额项目的核算，把狭义政府对事业单位、非营利组织、基金、企业和其他机构组织的出资额纳入政府核算范围。

我国政府资产负债表的编制，就是把反映我国政府部门及其资产负债的数据搜集整理并以表式形式加以展示。这就需要研究展示政府部门及其资产负债数据的表式设计、数据的搜集、估价、整理和登录等。

三、中国政府资产负债表的核算方法

（一）我国政府资产负债表表式设计

我国政府资产负债表采取纵列横栏方式展示主体和客体的构成。纵列记录主体及其构成，也就是记录政府机构的各部门；横栏记录客体及其构成，就是记录资产负债项目及资产净值。我国政府资产负债表表式如表1所示。

中国政府资产负债表编制研究

表1 　　　　　　　　　　　　　我国政府资产负债表

机构＼资产负债	公共部门												合计	
	广义政府				公共公司									
						国有金融企业					合计			
						国有存款性金融机构			国有非存款性金融机构	合计				
	狭义政府	事业单位	政府控制的非营利组织	合计	国有非金融企业	中央银行	国有其他存款性金融机构	合计			未经合并	合并	未经合并	合并
一、资产														
非金融资产														
生产资产														
固定资产														
存货														
文化文物资产														
非生产资产														
其他非金融资产														
金融资产														
国际储备资产														
通货和存款														
债务性债券														
贷款														
股票和其他权益														
保险技术准备金														
金融衍生产品														
应收及预付款														
其他金融资产														
二、负债														
通货和存款														
债务性证券														
贷款														
股票和其他权益														
保险技术准备金														
金融衍生产品														
应付及预收款														
其他负债														
三、净值														

（二）数据的搜集

我国已经建立了一系列政府资产负债核算制度，具备了编制政府资产负债表所需数据的基础。但还不完善，需要其他方式补充搜集数据。主要有：

1. 未建立或尚未公布核算制度的政府机构部门数据的搜集

这些机构部门主要有政府主权财富基金性质的机构、政府部门特殊目的实体、政府基金、政企合一的政府机构、事业单位和政府控制的非营利机构等。搜集这些机构部门的数据，有些机构内部有完善核算数据的，我们需研究如何从制度上解决这些机构数据的报送问题；有些机构内部核算不完善，也没有建立报送制度，如政府控制的融资平台、各种基金等，这些机构的数据可能需要典型调查、全面推算；还有些没有明确核算主体，也没有建立核算制度的资产负债项目，如公路、水坝等，这些数据可能需要到主管部门调查，摸清实物数量，进行测算；政府参股企业的数据也可采取典型调查、全面推算等方式。

2. 没有建立核算制度或核算界限不清项目数据的搜集

没有建立核算制度的核算项目主要有出资额、文化文物资产、非生产资产等。这些项目的数据可能主要运用典型调查、分析推算等方式获得。如狭义政府"出资额"，可以分析事业单位、政府控制的非营利组织、国有企业、其他机构的有关数据进行推算获得。

核算界限不清项目除在建工程等非金融资产外，主要是金融资产和金融负债，如长期投资、短期投资、长期负债、短期负债、有价证券等。这些项目的数据目前可以主要从金融部门的统计数据中获得，如债券中的国债作为负债可以从狭义政府的负债方获得；作为资产可以从国债登记公司等部门的统计数据中获得。

（三）估价

政府资产负债表每一项目的价格都应当是编表日期的价格。而日常记录的项目价格与编表日期的项目价格可能不一致，这需对这些项目数据进行估值和调整。资产负债估价一般有市场中观测到的价值、通过累积和重估交易得到的价值、未来收益的现值、以外币计值的资产等。

从估值的角度，可将资产分为金融资产和非金融资产。金融资产又可分为货币性金融资产和非货币性金融资产。金融负债的分类与金融资产相同。货币性金融资产包括通货和存款、贷款、应收/应付款、保障保险基金等。非货币性金融资产主要指股票和债券。货币性金融资产账面价值就是市场价值。因此。估值主要是对非金融资产、非货币性金融资产项目的价格进行调整。

1. 固定资产的估价。固定资产中的建筑物和构建物、机器设备可采用"永续盘存法"，按编表时的市场价格进行重置估价。对在建工程超过一年以上的按在建期的生产者价格或购买者价格指数进行调整。对于家具用具的价格，可按市场价格减去消耗价值进行调整；对于动植物的价格，按市场价格或预期未来收益价值估价。

2. 存货的估价。对于生产过程已经完成的存货可根据账目价值按编表时点的生产者价格指数进行估算；对于商品可按市场销售价格指数估算；对于中间投入存货可根据账目价值按购买者价格指数估算。对政府储备物资可按账目价值计价。

3. 文化文物资产的估价。有市场价格的文化文物资产按现期市场价格对其进行估值；如缺乏有组织的市场，根据可获得信息的程度，利用为防火、防盗等投保的价值数据对文化文物资产进行估值，或组织拍卖方面的专家进行估值。

4. 非生产资产的估价。土地的现期价值会因为其地理位置不同以及用途不同而有明显的区别，因此，需要识别每一块土地的地理位置和用途或土地的地域范围，然后予以估值。城市建设用地价值可根据国家征用土地的最低价作为估价的基础进行测算调整；或采用土地残差法和比例分摊法，将地上建筑物价值从总价值中扣除或按比例分摊，从而单独得出土地的价值。其他用地价值或按购买价格结合市场价格进行调整，或按预期未来收益价值调整估算。

无形资产或按合同规定的支付金额估值，或按市场销售价格估算，或按预期未来收益价值调整估价。

5. 非货币性金融资产的估价。主要根据市场价格进行计价。

四、数据的整理和登录

政府资产负债表是在单位资产负债表、部门资产负债表的基础上合并汇总生成的。单位资产负债表和部门资产负债表的编制也都要合并汇总，即对数据进行整理。政府组成部门的资产负债表项目与政府资产负债表的项目不完全一致，这就需要把政府组成部门资产负债表的项目按政府资产负债表的项目进行归类，并对政府部门间的资产负债项目进行合并，登录和汇总资产负债数据。

五、完善我国政府资产负债表编制的建议

完善我国政府资产负债表的编制需要逐步完善编制政府资产负债表的法律法规体系、报告体系和操作体系。

（一）逐步完善编制政府资产负债表的法律法规体系

一是逐步完善编制政府资产负债表主体组成部门的法律法规体系。适时出台和修订完善国有企业、政府控制的非营利组织、政府部门特殊目的实体、事业单位和行政单位管理的法律法规，进一步明确政府主体组成部门的范围。

二是建立和完善政府资产负债核算项目的法规制度体系，建立政府投资和资本管理规章和条例，建立文化文物资产、非生产资产等核算制度。修订和完善固定资产核算制度，完善金融资产和负债核算制度。

三是完善政府资产负债表编制的基础法规制度体系。针对政府主体不同的组成部分，完善会计、统计和业务核算相协调的记录时间、定值估值、数据搜集和整理、数据报送等一整套法规制度体系。

（二）进一步完善政府资产负债表的编制报告体系

一是明确编制政府资产负债表的分工体系。编制政府资产负债表大体分为三个层面：第一层面为代表国家编制政府资产负债表。国外大都有两套编制报告体系，一套为财政部门编制的政府资产负债表报告体系，一套是统计部门编制的国民资产负债报告体系。两套编制体系各有特点，互相补充。但二者核算的范围不同，反映结果的角度也不一样，彼此不能互相代替。我国应建立和完善两套编制报告体系。第二层面为各部委承担编制分部门资产负债表。政府资产负债表是由预算部门、事业单位、政府控制的非营利组织、国有非金融企业和国有金融企业等分部门资产负债表所构成的。我们建议，预算部门、事业单位的资产负债表编制由财政部门负责；政府控制的非营利组织的资产负债表编制由财政部门、民政部门、工商管理部门负责；国有非金融企业的资产负债表编制由统计部门和国资管理部门负责；国有金融企业的资产负债表编制由中央银行负责。第三层面为机构单位编制上报资产负债表。这是编制政府资产负债表最基础的数据源。编制机构单位要按照规则制度等要求，编制本机构单位的资产负债表。

二是建立完善政府资产负债表编制上报的责任体系。国家编制政府资产负债表应提交全国人大作为审议预算和国民经济计划的重要参考。各部门编制的部门资产负债表也应公开，接受社会监督。编制政府资产负债表的三个层次按照权责对等的原则，建立和完善责任制，失责必究。

（三）不断完善编制政府资产负债表的操作体系

一是要完善编制中国政府资产负债的分类体系。中国政府资产负债的分类体系也包括三个层面：第一层面为国家资产负债的分类，按国际分类和我国实际情况，提出涵盖全部机构单位与部门的资产负债的分类。第二层面是国家综合管理部门对机构和资产负债的分类，如中央银行、金融监管部门、财政部门、商务管理部门、民政部门等，在国家对全部机构单位与部门的资产负债的分类的基础上，根据本部门管理的需要，对机构和资产负债的再分类。第三层面为部门单位对本部门机构和资产负债的分类，这是在第二层面分类的基础上，根据本部门管理的需要，对机构和资产负债的再分类。三个层面的分类体系应该相互衔接，特别是第三层面的分类，会计核算的分类与统计核算的分类也应该相互衔接。

二是逐步完善统计指标的标准化。在机构、资产和负债分类标准化的基础上，逐步实现统计指标的标准化，即实现统计指标的代码化。

三是数据搜集上实行会计核算的数据与统计核算的数据无缝对接。数据搜集在计算机操作的基础上实行会计核算的全科目上报。

杜金富

2018 年 8 月

目　　录

目　录

第一章 导 论

第一节 编制中国政府资产负债表的意义

一、政府资产负债核算的历史及准则

（一）政府资产负债核算历史

1. 早期研究阶段（国民经济核算体系产生之前）

一般认为，对政府资产负债核算较为系统的研究产生于 17 世纪中叶的英国。威廉·配第（William Petty）于 1665 年完成并于 1691 年公开的《献给英明人士》中计算出英国国民财富为 6.67 亿英镑，其中，土地 1.44 亿英镑，房屋 0.3 亿英镑，船舶、牲畜、铸币等资产 0.76 亿英镑，劳动力 4.17 亿英镑。另外一项代表性研究是格力高利·金（Gregory King）在 1688 年和 1695 年对英格兰和威尔士的国民财富统计。自此，国民财富估算引起了经济学家和各国政府普遍关注。从 17 世纪开始到 19 世纪末为止，世界上有 14 个国家进行了国民财富的估算，这为资产负债核算体系的积累和演化创造了条件。

随着会计制度的不断成熟，经济学界开始思考将会计方法用于国民经济核算领域。1936 年，美国的迪金森和伊金（Dickinson 和 Eakin）发表了《国民经济资产负债核算》一文，提出把企业资产负债表技术应用于国民经济核算的构想。戈德史密斯（Goldsmith）于 1956 年发表《美国储蓄研究》，其中以现价和 1923 年不变价格估算了美国 1896—1949 年国民财富的年度数字，并编制了若干年的资产负债表。

这一阶段政府资产负债表编制的主要特点是：（1）以民间自发研究为主，官方参与较少。主要是由个别统计学家和经济学家进行。（2）没有形成系统的方法论。在此期间的研究主要是从实际的经济问题出发，没有完整的核算体系。（3）发展时间漫长，进展较为缓慢。

1

2. 近现代研究阶段（国民经济核算体系产生之后）

1936 年，英国经济学家凯恩斯（Keynes）发表了《就业、利息和货币通论》（简称《通论》），凯恩斯认为，资本主义不存在自动达到充分就业均衡的机制，主张政府干预经济，通过政府的政策，特别是财政政策来刺激消费和增加投资，以实现充分就业。凯恩斯认为消费倾向在短期内是相对稳定的，因而要实现充分就业就需要从增加投资需求着手。他指出，投资的变动会使收入和产出的变动产生一种乘数效应，因而他更主张政府投资，以促进国民收入成倍增长。《通论》的出版，在西方经济学界和政界引起了巨大反响，凯恩斯理论逐渐取代了传统经济学成为西方经济学的正统理论，各国政府也纷纷采用凯恩斯的需求管理政策，将其理论及建议作为制定政府政策的指导思想。同时，宏观经济调控的作用日益重要，凯恩斯的分析以国民收入的决定为对象，这成为国民收入统计发展的理论依据。该理论盛行后，对国民收入等总量指标进行统计的需求日益迫切，这推动了国民收入统计体系的建立。

第二次世界大战期间，英国经济学家理查德·斯通和米德，运用会计账户原理，对英国国民收入进行了估算，这些方法为后来国民经济核算体系的建立做了很好的准备。联合国成立后，经济学家和统计学家把国民收入核算、投入产出表、资金流量表、国民资产负债表、国际收支平衡表结合在一起，建立了一套完整的国民经济核算方法。1953 年，第一版《国民账户体系》正式发表，其后，经不断整合现实发展需求和核算理论方法，国民经济核算体系不断发展成熟，标志性的修订有三次，分别是《国民账户体系（1968）》《国民账户体系（1993）》和《国民账户体系（2008）》。

国民经济核算体系的建立，使国民经济的各种价值流量和存量以及它们之间的相互关系以一个清晰的结构反映出来，为宏观经济分析提供了一个很好的数据基础，国民经济核算因宏观经济研究而建立，建立后又对现代宏观经济学的发展起到了有力的推动作用。长期以来，由于各种研究资料和数据缺乏，研究方法存在一定局限性，宏观经济分析多采用定性分析的方法。国民经济核算体系建立后，经济数据与经济理论和政府决策相得益彰、相映生辉，经济理论和政府决策有了相应的数据支持。同时，政府还可以根据某种经济理论的指导，运用国民经济核算的数据，对政策实施进行模拟，提前了解政策实施对经济活动可能产生的影响。

机构部门是国民经济核算的重要组成部分，且随着经济发展不断细化。政府部门是机构部门的重要分类，政府资产负债核算伴随国民经济核算发展而发展。国民经济核算体系建立之后，政府资产有系统的核算体系作为指导，逐步形成核算体系。国民经济核算采用复式记账法，体现出各指标间的平衡关系，这是国民经济核算的一个质的飞跃。同时，经济发展要求统计数据在国际间可比，因此，核算的标准化与国际化是发展的趋势。

（二）国际上政府资产负债核算的通用准则

目前，国际上公认的编制政府资产负债表的准则有联合国等机构制定的《国民账户体系（2008）》和国际货币基金组织出版的《政府财政统计手册（2014）》。《国民账户体系（2008）》和《政府财政统计手册（2014）》在政府资产负债核算方面，有一系列的准则，主要包括：对政府机构部门范围和层次的界定，对核算的资产负债进行定义和分类，制定核算的方法。这三个方面的准则也构成了政府资产负债表编制的基本框架。

1. 政府机构部门范围和层次的界定

国民经济核算中的政府部门与我们通常所说的行使行政权、立法和司法机构构成的政府部门不是一个概念。国民经济核算的政府部门是从对经济体的影响来定义的，政府部门作为国民经济的重要部门，从事生产并提供公共产品。根据其提供的公共产品是免费或价格是否具有显著经济意义等，把政府部门划分为狭义政府部门、广义政府部门和公共部门。

（1）狭义政府部门

政府部门作为经济部门是政府单位和机构单位的汇总。经济部门是对经济目标、功能和行为相同的机构单位的归并。政府单位的经济目标是为了向社会或住户提供公共产品，即非市场性货物和服务，并对收入和财富进行再分配。政府单位提供公共产品的方式有两种：一种方式是向非营利机构提供资助，由非营利机构组织生产；另一种方式是由政府直接组织生产，这些公共产品被视为为政府单位的最终消费。

狭义政府有两种划分方法，一是划分为中央政府、省级政府和地方政府，这些政府通常包括其所负责的社会保障基金。二是将社会保障基金单列，划分为四级，中央政府、省级政府、地方政府、社会保障基金。社会保障基金是一种致力于运作一个或多个社会保障计划的特殊政府单位，必须满足作为一个机构单位的一般要求，即必须区别于政府单位的其他活动而另行组织，单独持有其资产和负债，并以自身的名义从事金融交易。社会保障基金属于政府单位。

（2）广义政府部门

广义政府部门包括所有的狭义政府部门和所有的政府控制并主要由政府提供融资的非市场非营利机构。非营利机构的创建目标虽然也是生产货物和服务，但其法律地位不允许建立并控制它们或为其提供资金的单位用该实体获得收入、利润或其他财务收益。政府控制的非营利机构是指政府具有决定其总体政策或规划的能力。所有归入一般政府部门的非营利机构应该在统计记录上保持其非营利机构的身份，以方便对全体非营利机构进行分析。

根据是否包括社会保障基金，广义政府单位分类有两种方法。第一种方法是，所有社会保障基金都可以根据经营它们的政府层次进行分类，并与其对应级别的其他广义政府单位合并起来。假设所有三级政府都存在，分部门将是中央政府、省级政府和地方政府。第二种方法是，将全部社会保障基金合并为一个单独的分部门，将所有其他广义政府单位按层次进行分类。这两种分类方法适用不同分析的需要。

（3）公共部门

公共部门包括广义政府部门和政府控制的公司。如果一家公司由一个政府单位或另一家公共公司，或某种政府单位和公共公司的组合形式所控制，则称其为公共公司。此处的控制是指具有决定公司总体政策的能力。此处的"公司总体政策"应作广义的理解，指与作为市场生产者的公司的战略目标相关联的财务和运营方面的关键政策。

为了满足分析的需要，可以对公共部门进一步划分。通常有两种划分方法。

第一，可以将公共部门划分为广义政府部门，以及由所有公共公司构成的另一个子部门。公共公司子部门又可以进一步划分为公共非金融公司与公共金融公司。

第二，可以根据与广义政府部门相同的分类方式将公共部门按政府层级进行划分。通过这种方式划分的子部门有中央政府公共部门、省级政府公共部门和地方政府公共部门。每一个子部门又包含相应层级的广义政府部门以及该层级政府单位控制的所有公共公司。如果一个单位由两个不同层级的政府单位控制，则必须根据诸如控制单位所施加的控制程度等因素，将该单位分配到某一层级的政府。

2. 对核算的资产负债进行定义和分类

资产和负债是政府资产负债表核算的重要组成部分，在国际准则下，资产和负债主要符合以下准则。

（1）资产界限

政府财政统计中记录的所有资产都是经济资产，这些资产具有以下特点：机构单位对资产行使单个或集体所有权；资产的所有者通过在一定时期内持有或使用这些资产获得经济利益；资产是能以货币计量的。

（2）金融资产和负债

金融资产包括金融债权、货币黄金及国际货币基金组织分配的特别提款权。金融债权是资金所有者通过合同赋予债务者使用资金并到期归还的一种债权和债务关系。金融债权是资产，因为它通过融出资金为债权人提供利益。债权人可能以利息或其他财产收入的支付或持有收益的形式获得额外的利益。

作为金融债权基础的多数合同（也称为工具或金融工具）是在债权单位向债务单位提供资金，债务单位同意在将来偿还资金时产生。许多情况下，金融债权通过表明债务人和债权人之间关系的正式文件予以确定。

（3）非金融资产

非金融资产是除金融资产以外的所有经济资产。非金融资产不代表对其他单位的债权。和金融资产一样，非金融资产也是价值储存手段。多数非金融资产通过商品和服务生产过程中对其的使用或以财产收入的形式提供利益。

非金融资产可能作为生产过程的产出而产生、自然产生或作为社会构成物。生产资产划分为固定资产、存货和贵重物品。固定资产是在生产过程中重复或连续使用一年以上的生产资产；存货是生产者为出售、在生产中使用或在将来某个时候使用而持有的商品和服务；贵重物品是具有相当高价值的生产商品，主要作为长期的价值储存手段而持有，一般不用于生产或消费。自然资产及社会构成物都称为非生产资产。自然资产包括土地、地下矿藏、在开放领海内的鱼等。社会构成物包括专利和租赁。

3. 制定核算的方法

在明确核算的主体和客体后，下面介绍资产负债表核算的一般原则、方法及编制。

（1）记账的一般原则

核算的数据主要来源于会计记录。会计记录必须明确记账的方法和记录时间。

政府资产负债核算以复式记账法为基础。复式记账法是相对单式记账法而言的。单式记账法是比较简便但不完整的记账方法。它对每笔交易只记录一次。复式记账法是一种比较完整系统的记账方法。每笔交易必须记录两次，一次作为使用（或资产变化），一次作为来源（或负债变化）。记录为使用或资产变化和来源或负债变化的交易总额必须相等，这样才能检查账户的一致性。会计平衡公式为：资产＝负债＋所有者权益，按照数学方程式的原理描述，等式两边同时增加或减少同一数值，等式仍然成立。

记录时间是指记录交易的时间。交易一经确定，必须决定其发生的时间，以便汇编在某一会计期间全部交易的结果。总的来说，有四种制度确定记录时间：权责发生制、到期支付制、承诺制和现金收付制。政府资产负债核算一般采用权责发生制。

（2）估价的一般原则和方法

在确定了记账原则后，就要讨论资产负债的估价问题。资产在市场上被买卖的价格，是投资者、生产者、消费者以及其他经济机构决策的基础。例如，金融资产（如证券）和自然资源（如土地）的投资者要依据其市场价值做出获得或处置这些资产的决定。生产者要参照市场价格来决定某商品的生产量及销售地点。对某项资产而言，在购买者所付价格与销售者所收到的价格之间有一个清晰的关系。对于非金融资产，由于存在所有权转移费用，购买者支付的价格会超过销售者得到的价格。对于金融资产，其价值对债权人和债务人而言则是一致的，因为金融资产和负债的转移费用是作为消费而不是积累而处理的。

理想说来，资产负债表中的所有资产和负债应当采用可观测的市场价格估价。如果所有资产在市场上都能够正规、活跃、自由地交易，以现期市场价格对资产负债来进行估价时，可以采用市场中所有交易的总平均价格。如果资产在近期内没有在市场上买卖，从而没有可观测的市场价格，那就只能按照一个假定价格——假定在资产负债表编表日期之市场上获得该资产时的可能价格进行估算。

除了利用市场中观测到的价格或基于市场观测价格而估算的价格，还可以用其他两种方法得到近似的现期价格。在某些情况下，通过在资产的使用年限内重估，就可得到近似的市场价格。对固定资产来说，这通常是最切实际的，也是优先使用的方法，但该方法也可用于其他资产。在另一些情况下，通过某一资产之预期未来经济收益的现期价值或贴现价值，也可以得到近似的市场价格。这一方法适用于许多金融资产、自然资源以及固定资产。比如，如果具备良好的信息和一个有效率的市场，通过累加和重估价交易得到的资产价值，应当等于至少近似等于这些资产的未来收益之现期价值或贴现价值，也应该约等于活跃的二手市场中该资产的市场价值。

（3）数据整理

数据整理方法包括汇总、合并和轧差等。

汇总是指将某一机构部门或机构单位的所有数据进行加总。汇总能够保留机构部门之间的债权债务数据，换言之，汇总不会引起各机构单位间有关债权和债务数据的抵消。

合并是指冲销属于一个集团内的机构单位之间发生的存量和流量。在政府核算中，一组单位数据通常采用合并方式统计加总。特别是广义政府部门及其每一个分部门的统计数据是合并表述的。当数据包括公共部门单位时，公共公司的数据应以两种方式表述：作为单独的部门表述和作为广义政府单位的子部门一起表述。在这两种情况下，每一组内的统计数据都应在合并的基础上表述。

合并涉及被合并的单位之间发生的所有交易和债务人/债权人关系。一个单位的交易与另一个单位记录的同一交易匹配，两项交易对消。例如，如果一个广义政府单位拥有另一个广义政府单位发行的债券，并且将两个单位的数据合并，则既不在负债也不在资产中反映该债券存量，就好像该债券根本不存在。与此同时，合并后的利息收入和开支不包括由作为债务人的广义政府单位向作为债权人的广义政府单位支付的利息。类似地，被合并的单位之间进行的商品和服务销售也被冲销。

轧差是指若某些项目同时在账户两方出现，既作为来源也作为使用，用账户一方抵消，或通过取相反符号加总合并另一方的过程。

（4）资产负债表的表式

政府资产负债核算的数据要通过表式展现出来。政府资产负债表一般主栏为资产负债项目，宾栏为机构部门，为了反映核算期的数据变化，可设置期初与期末两个统计时点。在宾栏中，既要反映整个公共部门的数据情况，又要反映公共部门的子部门的情况，特别是公共公司的情况。资产负债表提供有关资产净值（总资产价值减去总负债价值）和金融资产净值（金融资产价值减去总负债价值）的信息。后者经常被引用，既因为公共部门对金融系统有重要影响，又因为很难对政府独有的非金融资产进行估价。为了全面反映政府资产负债的核算情况，一般还可设附表或设置"或有项目"，反映未纳入资产负债表的核算情况或详细展示某核算项目的情况。

二、编制中国政府资产负债表的意义

唐宋时期，中国政府财政管理中采用的"四柱结算法"的基本思想与现在政府财政统计中最为核心的"期初存量 + 收入 − 支出 = 期末存量"较为接近。我们不缺乏对政府财政行为进行记账并进行管理的历史,核心的思想也与现代统计方法比较接近,但中国目前尚未建立政府的资产负债表统计体系,对收支结余进行记账与对政府资产负债表进行统计存在着较大的差距。现阶段,建立资产负债表的统计核算可为我国的宏观经济分析和调控提供较好的数据材料。

(一)反映政府部门拥有的资产负债规模、结构及其与主要经济金融指标的关系

政府资产负债表统计可提供政府资产负债表的规模信息。政府资产负债表不仅可以提供全国政府部门整体的资产负债信息,还可以提供中央政府和地方政府的资产负债规模信息,可以摸清中央政府和地方政府的家底,提高政府透明度便于公众监督,提高宏观决策的科学性和前瞻性,同时与国际标准衔接;政府资产负债表统计能提供资产负债的结构信息,方便分析政府的杠杆率;政府资产负债表统计能按金融工具和期限进行分类,可用于反映流动性和期限错配的情况;实现政府资产负债统计之后,可以分析其与国民生产总值、货币供应量、贷款、财政收入、财政支出等主要经济金融指标之间的关系,可分析财政政策和货币政策在部门间的传导机制,是宏观部门经济政策制定和评价的主要依据,也是实体部门进行生产、消费和投资决策的重要参考。

(二)反映政府部门杠杆率及债务风险状况

近年来,各国政府愈来愈认识到运用财政政策对经济进行调控时,需要考虑到债务的约束,要评估政府债务的可持续性。国际金融危机和欧洲主权债务危机的爆发,特别是希腊主权债务重组,使得政府部门杠杆率和政府债务问题引起广泛重视。2008 年国际金融危机之后,为了保持经济平稳较快增长,中国政府出台了两年内总金额达 4 万亿元的经济刺激计划,刺激政策为我国经济迅速走出危机后经济增长的谷底起到了重要作用,但在扩张性财政政策的影响下,我国政府的债务规模在此后数年呈快速增长态势,且很多政府债务举债方式尚不规范,也未被纳入统计核算。2013 年,审计署对全国的政府性债务进行核算,并公布了《全国政府性债务审核结果》。随后几年,国家出台了一系列政策,陆续对地方政府的举债行为进行规范,目前,中国仍然没有建立完善的政府负债常规统计。

未来一段时间,中国宏观经济仍将处于"三期叠加"的新常态,在潜在经济增速下降和财政收入增长趋于放缓的背景下,政府的偿债能力趋于减弱;政

府实施包括"营改增"在内的一系列结构性减税措施后，短期内政府的财政收入将受到冲击；另外，从中国政府性债务构成角度来看，地方政府债务较多，地方政府债务融资过程中存在较多的不规范、不透明的环节，其中可能导致各种隐性或有负债问题，债务偿还责任主体不清及债务风险转嫁等问题，推升债务偿还风险。地方政府债务融资的还款来源及抵押物主要是土地出让金，渠道较为单一，这也将使得债务清偿较容易受不利的宏观经济冲击影响。在"挤泡沫、降杠杆、防风险"的大背景下，需要我们认真地对政府的资产负债情况进行分析，不仅要建立常规的政府债务统计，也要对政府的资产状况进行统计，政府资产负债表的编制可以为衡量政府的负债情况提供数据支持。

（三）为加强政府财务管理、风险监测提供数据支撑

政府资产负债表的统计，有助于全面监测政府风险，深入分析风险的形成和传导机制。近年来，资产负债表分析方法受到较多的关注，特别是用来分析政府及金融体系的风险，指导宏观经济政策的制定。

资产负债表分析方法可用来监测风险。国际上发生的金融危机和货币危机表明，一国的非金融部门、金融部门和公共部门的资产负债表错配，会成为危机的主要引发因素，资产负债表的漏洞应成为风险监测的重点。为此，国际货币基金组织发展出资产负债表研究法，以考察一国宏观经济中的漏洞。2002 年，Mark Allen 等正式、系统地提出了资产负债表研究法。资产负债表研究法将经济活动资产负债表化，考察某一时点上的资产和负债。资产负债表研究法将经济体划分为政府部门、金融部门和非金融企业部门等几个部门，研究这些部门之间的传导机制的漏洞。资产负债表错配可以归纳为四类，分别是期限错配、货币错配、资本结构错配和清偿力风险。政府部门资产负债表以及它和其他部门的关联性，使得其经常处于危机的中心，分析政府部门的资产负债表的漏洞对风险防范很有必要。国际货币基金组织在《政府财政统计手册（2014）》中，开始将政府部门作为一个单独的分析单元，重点关注财政措施的政府预算影响及其中的资产交易过程。

资产负债表分析方法也可用来指导宏观经济政策尤其是财政政策的制定。辜朝明在分析日本经济 20 世纪 90 年代的大萧条时，主要采用资产负债表的方法，他认为 20 世纪 90 年代的大萧条属于资产负债表衰退，而不是传统意义上的经济衰退，资产负债表衰退是一国企业在资产价格膨胀期间购买的资产，在资产价格泡沫破灭之后，企业部门资产端价值收缩，使其决策从"利润最大化"变为"负债最小化"。发生资产负债表衰退之后，所有的企业都致力于还债，出

现了负的总需求缺口，必须要靠政府部门弥补这一需求缺口，才能避免经济的快速下滑，这意味着政府需要通过发行国债来筹集资金，实行扩张性的财政政策。通过对不同部门资产负债表的分析，可以看出宏观经济存在的问题，在资产负债表衰退现象出现的时候，可以指导财政政策的实施。

（四）为深化财政体制改革、推进国家治理体系建设提供信息保障

2014 年 6 月 30 日，中央政治局审议通过了《深化财税体制改革总体方案》，开始了新一轮的财税体制改革，预计于 2020 年建立现代财政制度。财政是国家治理的基础和重要支柱，财政制度安排体现并承载着政府与市场、政府与社会、中央与地方等方面的基本关系。建立现代财政制度就是要建立全面规范、公开透明的现代预算制度，建立健全有利于科学发展、社会公平、市场统一的税收制度体系，调整中央和地方政府间财政关系，建立事权和支出责任相适应的制度。新一轮的财税制度改革要建立与国家治理体系和治理能力现代化相适应的制度，不是在旧的机制体制上修修补补，而是关系到我国现代化事业和国家治理现代化的深刻变革，是完善社会主义市场经济体制、加快转变政府职能的迫切需要。政府资产负债表的统计能够为财政体制改革提供充分的信息支持。

与欧美等很多国家不同，中国以社会主义公有制为主体，政府持有和支配资产，政府的财力基础较为雄厚，这也使得中国的财政政策和财税改革不仅需要考虑流量的特点，也需要分析政府持有资产的情况，需要对存量的特征进行分析，政府的资产负债表可以提供政府财力存量方面的信息，可为财税改革提供数据支持。

政府资产负债表能为深化财政体制改革提供更为全面的材料。从政府间财政关系看，中国 1993 年、1994 年分税制改革及之后的若干相关调整，对财政资源的划分大都集中于税收，而对国有矿产资源收入、土地出让收入、国有企业经济收益等政府可支配财力的重要部分则较少涉及，使得这些政府资源游离于财政分配体系外，不利于政府间财政关系的规范。通过建立政府资产负债表，可以将国有土地、国有资源等政府资产进行核算，在财政上进行统一的规划，有利于建立健全财力与事权相匹配的财政政策。

第二节　中国政府资产负债核算的基本思路

根据发达国家的经验以及《政府财政统计手册（2014）》中的一些原则，本

节对中国政府资产负债核算的基本框架思路进行描述。主要包括中国政府核算的机构范围和层次、中国政府核算的资产负债范围与分类以及中国政府资产负债核算方法这三个方面。

一、中国政府部门的核算范围与层次

（一）中国政府资产负债核算机构范围

国民经济核算的政府部门是从对经济体的影响来对核算范围进行确定的。政府部门作为国民经济的一个部门，从事生产和提供公共产品。国民经济核算中政府部门与我们通常所说的行使行政权、与立法和司法部门并列的政府部门不是一个概念，可按一定的层次进行划分，图1-1是《政府财政统计手册（2014）》中对公共部门的划分，主要包括广义政府和公共公司等。

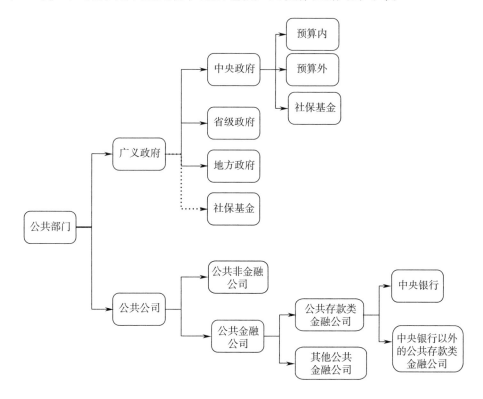

图 1 - 1　国际常用的公共部门及其主要构成

中国政府资产负债核算的机构范围既有与国际标准类似的情况，也有自己的特定情形，中国政府资产负债核算的机构范围主要如图1-2所示。

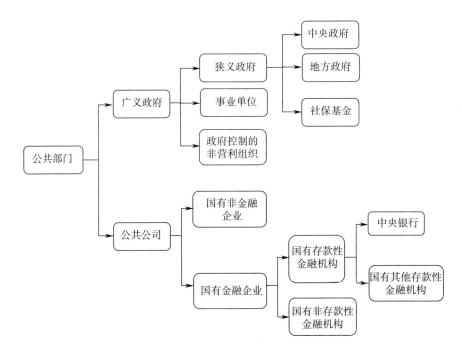

图1-2 中国政府资产负债表核算机构范围

（1）狭义政府。狭义政府是政府的主要组成部分。狭义政府资产负债表是政府资产负债表最重要、最基础的组成部分。狭义政府是通过政治程序设立的、在特定区域内对其他机构单位拥有立法权、司法权或行政权的法律实体。其主要功能有：用来源于税收或其他收入的资金承担为社会、企业和个人提供货物和服务的责任；通过转移手段进行收入和财富的再分配；从事非市场生产。中国界定狭义政府的标准主要有四种：一是政府机构是通过会议或权威机构批准的，如通过代表会议或通过拥有权力的编制管理部门批准设立的机构；二是拥有一定的公共权力；三是支撑这些机构运作的资金来源于公共资金；四是这些机构主要从事非市场生产，提供公共服务。

（2）事业单位。中国事业单位是国家投资举办的社会服务组织，是政府履行公共服务职能的重要机构，是社会事业发展不可或缺的重要力量，同时也是我国广义政府的重要组成部分。2004年6月，国务院关于《修改〈事业单位登记管理暂行条例〉的决定》中，将事业单位定义为"国家为了社会公益目的，由国家机关举办或者其他组织利用国有资产举办的，从事教育、科技、文化、卫生等活动的社会服务组织。"事业单位作为社会服务组织，与机关、企业和社会团体相比，具有服务性、公益性和实体性的特点。

（3）政府控制的非营利组织。非营利机构指从事公益性或者非营利性活动，不向出资人、设立人或者会员分配所取得利润，投入人对投入该组织的财产不保留或者享有任何财产权利的社会团体、基金会和社会服务机构等。政府控制的非营利组织主要指政府对非营利组织人员控制和资金控制。人员控制体现为政府部门对非营利组织主要管理人员的直接任命具有直接影响力或较大影响力，资金控制则表现在政府对非营利组织的资金投入进行直接控制或通过政府购买服务等手段的间接控制。当然，除了人员和资金外，政府在合约安排、风险暴露等其他方面也可实现对非营利组织的控制。政府控制的非营利组织主要有政府控制的社会服务机构、社会团体、基金会、宗教机构等。

（4）国有非金融企业一般称为国有企业，它是国家作为出资人依照相关法律投入资本金举办的企业，包括国有独资企业、国有独资公司、国有联营企业，国有绝对控股企业、国有相对控股企业，国有参股企业等。

（5）国有金融企业部门即从事金融服务且受政府控制的机构单位，包括国有存款性金融机构、国有非存款性金融机构。

（二）中国政府资产负债核算机构层次

为了反映政府拥有、支配和控制公共资源的程度，我们把编制政府总体资产负债表的政府总体分为三个层次：第一层次为直接拥有、支配和控制公共资源的法律实体，即狭义政府部门；第二层次为广义政府（政府部门＋政府控制的非营利组织）；第三层次为公共部门（广义政府＋公共公司）。从这三个层次来看，第一层次的政府对公共资源拥有、支配和控制力最强，其他层次政府对公共资源拥有、支配和控制力逐级减弱。

二、中国政府核算的资产负债范围与分类

政府资产负债机构范围确定后，需要对资产和负债的具体项目进行明确。资产主要可以分为两种类型：非金融资产与金融资产，与金融资产相对应可定义金融负债。

（一）中国政府非金融资产核算范围与分类

非金融资产指除了金融资产外的所有经济资产，包括固定资产、存货和文物文化资产等生产资产，以及非生产资产。非金融资产是国民财富最重要的组成部分，也是经济增长的基本要素之一，在经济增长和社会发展中起着重要作用。

非金融资产包括生产资产和非生产资产。生产资产是 SNA 生产范围内作为

生产过程的产出而形成的非金融资产；非生产资产是通过生产过程以外的方式形成的非金融资产。生产资产可分为固定资产、存货和文物文化资产。固定资产是在生产过程中重复或连续使用一年以上的生产资产；存货是生产者为出售、在生产中使用或在将来某个时候使用而持有的商品和服务；文物文化资产指用于展览、教育或研究等目的的历史文物、艺术品以及其他具有文化或历史价值并长期或永久保存的典藏等。自然资产及社会构成物都称为非生产资产。自然资产包括土地、地下矿藏、在开放领海内的鱼等。社会构成物包括专利和租赁。

从核算特点看，与金融资产相比，非金融资产在资产数量、资产价格和交易成本等方面都更加复杂，估值更加困难。非金融资产作为经济资产的出现与消失比金融合约的订立要更为多样，其数量的计量也更加困难。从资产价格看，随着时间的推移，无论是建筑物和构筑物，还是机器设备，各类固定资产均存在因使用或因自然力影响而引起的使用价值和价值上的有形磨损，以及由于科学技术的进步而引起的贬值等各种无形磨损。考虑到非金融资产涵盖了住宅、水坝、计算机等类型迥异的资产，各类固定资产使用年限差异悬殊，其固定资本消耗和固定资本存量的估值无疑是有挑战性的。非金融资产的获得和处置通常是一个复杂的过程，所有权转移过程中不仅涉及律师费、评估费、税费和技术合格鉴定等费用，还包括设备运输、安装等大量费用，因此其价格的评估更具复杂性。另外，相对于金融资产，非金融资产的交易活跃度相对较低，因此，其市场价格获取难度也更大，而文物古迹更是缺乏历史成本或市场价格。

（二）中国政府金融资产和负债核算范围与分类

金融资产包括金融债权、货币黄金及基金组织分配的特别提款权。金融债权是资金所有者通过合同赋予债务者使用资金并到期归还的债权债务关系。金融债权是资产，因为它通过作为价值储存手段为债权人提供利益，债权人可能以利息或其他财产收入的支付或持有收益的形式获得额外的利益。

作为金融债权基础的多数合同，也称为工具或金融工具，在一个单位向另一个单位提供资金，后者同意将来偿还资金时即产生。许多情况下，金融债权通过表明债务人和债权人之间关系的正式合同文件予以明确。当债务人支付了合同中确定的数额时，这一金融债权就消失了。

由于某一给定的金融工具对金融资产和金融负债而言是共同的，对金融工具的描述可以同时用于这两者。为简单起见，这一描述仅指金融资产，除非有特定说明指负债。

金融资产及负债的分类主要基于有关金融工具的流动性和法律特征，这些流动性和法律特征描述了从属的债权债务关系。金融工具的流动性包括可流通性、可转让性、可交易性及可转换性等特征。

金融资产与负债一般分为：国际储备资产、通货和存款、债务性证券、贷款、股票和其他权益、保险技术准备金、金融衍生产品、其他应收应付账款。

（1）国际储备资产。我国国际储备资产是中央银行随时利用并直接控制的对外资产，它包括外汇储备和货币黄金。外汇储备包括特别提款权、在基金组织的储备头寸、外汇资产（外汇货币、存款和有价证券）和其他对外债权。货币黄金是中央银行作为储备资产持有的黄金。

（2）通货和存款。通货包括中央银行或政府发行的具有固定名义价值的票据和铸币，通常就是用于流通使用的纸币和硬币。中央银行或政府发行的金银币和纪念币，如果没有作为具有名义价值的货币流通，虽然具有货币的形式，但应归为非金融资产，而不是通货。中央银行持有的尚未发行的或已经退出流通的纸币和硬币不是金融资产，也不应作为通货。

存款包括所有机构单位之间的以不可流通的存款凭证为证据的债权或债务。存款的概念与我国原有存款概念相比变化较大，分类也更为细化。主要有三点变化：一是概念的转变，将原来仅仅作为负债统计概念的"存款"调整为既可作为负债又可作为资产的金融工具概念，并且其存款凭证是不可流通的。二是范围的转变，将同业存款、准备金存款、结构性存款、银行本票等业务纳入"存款"统计。三是按流动性调整存款分类，将原来仅划分为活期存款、定期存款的分类划分为活期存款、定活两便存款、定期存款、通知存款、协议存款、协定存款、保证金存款、应解汇款及临时性存款、结构性存款等。

（3）债务性证券。债务性证券是一种可流通的工具，用来证明有关单位偿付义务的凭证。其与存款、贷款的区别主要在于其具有可流通性。

（4）贷款。贷款包括所有机构单位之间的以不可流通的贷款凭证或类似凭证为证据的债权或债务。贷款与存款相类似，与原有概念相比有较大变化，主要有三点：一是根据国际标准扩大贷款的债务人范围。债务人除传统概念中的企业、个人、政府及境外机构外，还包括金融机构。金融机构间的拆放、借入款项都归入贷款类。二是修订金融产品范围，根据业务实质重于形式的分类原则，将回购协议、黄金及证券借贷纳入贷款分类。三是将贷款细分为单位贷款、个人贷款、信用卡及账户透支、垫款、回购协议、黄金及证券借贷、贸易融资、融资租赁、打包信贷受让资产、转贷款、并购贷款等。

（5）股票和其他权益。股票和其他权益则包括所有参与公司收益分配权和公司残值要求权的金融契约与合同，通常以股票、参与证书或类似文件为凭证。股票和其他权益既包括金融性公司权益方项目也包括资产方项目，可以覆盖所有金融性公司的股权投资，具体包括代客理财份额、资金信托份额、证券投资基金份额、股权。其中股权类包括资产方股权和权益方股权，资产方股权又可根据持有目的的不同划分为交易性股票、可供出售股票、长期股权投资。权益方股权则与目前保持一致，划分为实收资本、资本公积、少数股东权益、盈余公积和未分配利润。

（6）保险技术准备金。保险技术准备金是指金融机构为了承担未到期保险责任和处理未决赔款而从保费收入中提存的一种资金准备。保险技术准备金是保险人对被保险人的负债，是保险受益人和保单持有人的资产。包括保险公司收取的保险费预付款、未决索赔准备金和居民对企业年金（养老基金）的要求权。

（7）金融衍生产品。金融衍生产品是指在传统金融工具的基础上派生而来的，以利率、汇率、股价等未来价格水平或其指数为标的，支付少量保证金或权利费签订交易合约明确交易各方在未来某一时点（内）享有的权利或义务。金融衍生产品既包括以公允价值计量的远期合约、期货合约、掉期（互换）合约、期权合约及其派生出来的结构化金融工具，又包括未采用公允价值计量的期收期付合约。

（8）其他应收/应付账款。其他应收应付账款主要由系统内往来、应收/应付款以及其他组成。内部往来包括机构经费账户、机构内部项目、内部汇兑往来等；应收/应付款包括应收/应付利息、预收/预付账款、递延税款、递延资产/递延负债等。

三、中国政府资产负债核算方法

（一）中国政府资产负债核算表的表式结构

政府资产负债存量账户包含"资产、负债"和"政府部门子部门"两个维度，是矩阵结构的平衡表。通常在主栏（每一栏）列出资产和负债项目，宾栏（每一列）为政府部门中的子部门。宾栏是核算的主体，也就是从事经济活动的政府这一机构部门。中国政府总体资产负债核算表的表式结构如表1-1所示。

表 1-1　　　　　　中国政府总体资产负债表表式结构

项目	公共部门								
	广义政府					公共公司			
	狭义政府			事业单位	政府控制的非营利组织	国有非金融企业	国有金融企业		
							国有存款性金融机构		国有非存款性金融机构
	中央政府	地方政府	社保基金				中央银行	国有其他存款性金融机构	
资产									
非金融资产									
生产资产									
固定资产									
存货									
文物文化资产									
非生产资产									
其他非金融资产									
金融资产									
国际储备资产									
通货和存款									
非股票证券									
股票和其他权益									
保险技术准备金									
金融衍生产品									
其他应收账款									
负债									
通货和存款									
非股票和其他股权									
股票和其他权益									
保险技术准备金									
金融衍生产品									
其他应付账款									
净资产									
净金融资产									
备忘									

（二）中国政府资产负债计价方法

政府资产负债核算的数据主要来源于会计记录。政府资产负债核算以复式记账为基础，复式记账是比较完整系统的记账方法。每笔交易必须记录两次，一次作为使用（或资产变化），一次作为来源（或负债变化）。两次交易总额必须相等，这样才能保证账户的一致性。

在确定资产负债核算的记录方法后，理想情况下所有资产和负债应当采用可观测的市场价格估价。如果所有资产在市场上都能够正规、活跃、自由地交易，可以采用市场价格进行记录。如果资产负债在市场上没有买卖，只能按照假定的价格进行估算。

除了利用市场价格或基于市场价格进行估算这两种方法外，对某些资产类型，还可采用其他方式进行估算。例如，对固定资产而言，可采用在资产的使用年限内累加和重估该资产的获得和处置；有些情况下，可根据某一资产预期未来经济收益的现期价值或贴现价值，可近似得到市场价值。

（三）数据来源和数据处理

编制政府资产负债表的数据主要来源于会计核算数据。但金融资产和负债有其特殊性，金融资产和负债既可以从购买者的角度去搜集，也可以从出售者的角度去搜集。政府资产负债表数据主要来源于政府不同层级机构会计报表、金融市场统计报表、中央银行会计统计报表和直接调查等。

中国资产负债数据处理包括汇总、合并和轧差等。

第三节 中国政府资产负债表编制研究展望

一、国际政府资产负债核算研究展望

政府部门是国民经济核算五大部门之一，其账户是国民经济账户的重要组成部分。由于政府部门在国民经济中处于主导和调控地位，政府资产负债核算是经济循环全过程核算的重要环节。国际上对政府资产负债统计方面的研究也越来越重视，在SNA2008的框架下，国际货币基金组织对政府财政统计的方法进行了更新，出版了新的《政府财政统计手册（2014）》，对政府资产负债的核算进行了调整。

一是更加重视经济分析框架的设计。国民经济核算框架来源于对国民经济的思考以及分析，其统计的数据可用来验证和支持经济学的一些理论。作为国民经济核算中的一个分支，政府部门资产负债统计也要考虑它如何运用到经济分析中。在《政府财政统计手册（2014）》中，有专门的分析框架一章，可见统计手册在设计的开始已经对如何运用数据进行分析有了考虑，这些分析框架可以用来全面地评估政府活动对经济的影响和财政政策的可持续性，更具体来说，采用权责发生制将政府存量统计和流量统计统一起来，来确定政府的政策行为。分析框架还考虑监测政府资源分配和使用效率。《政府财政统计手册（2014）》还设计了很多衡量财政政策的分析指标，对数据的使用做了充分的考虑。

二是加强对政府债务可持续性的研究。随着政府部门债务的增多，国际组织增加了对债务可持续性的统计研究，对政府债务可持续性的研究不仅包括会计平衡思想，也需要考虑政府债务与宏观经济之间交互影响的关系。

三是与国际组织合作，建立统一的国际标准，并考虑政府部门与其他部门的联系。目前，国民经济核算在机构部门和金融工具这两个维度下，统计数据的颗粒度不断细化，使各国际组织和各国有了更多的数据可以使用，但也存在一个问题就是不同组织的需求之间会存在着交叉，所以各组织在数据统计方面加强了合作，共同制定数据统计标准，满足多种需求。另外，在统计数据颗粒度不断细化的同时，国际上更加重视部门之间的关联性，重视政府部门、金融部门、非金融部门、国外部门之间的关联性以及部门内部之间的关联性，用以分析部门之间的传染性。

二、编制中国政府资产负债表的挑战与建议

（一）数据搜集体系方面

目前，政府资产负债表所需要的原始数据存在于不同的部门。财政部、统计局、国资委、人民银行、银保监会、证监会等部门都有部分数据，数据的搜集比较困难，需要多部门间的协调，同时还存在着统计基础不一致、标准不统一的情况，系统地搜集数据，建立统一的数据标准也需要相当长的时间。在数据基础不一致的情况下编制政府资产负债表，应明确数据搜集体系和牵头统筹部门，在统一的标准下进行数据搜集。

（二）编制方法方面

国内在政府资产负债表方面也开展了一些相关研究，例如世界银行曾经会同财政部对政府隐性债务负担问题进行过研究；北京大学国家经济研究院、中国人民银行调查统计司、财政部财政科学研究所、国家统计局也开展过相关课题；很多学者围绕资产负债的理论基础、设计与编制、发展与应用等方面展开

了相关的研究。

虽然许多机构和学者对中国资产负债表核算进行了积极探索，在编制及应用方面也取得了突破性的进展，但编制政府资产负债表的核算理论基础不完备，尚未建立完整的核算体系。这主要表现在以下三个方面。

一是中国政府资产负债表机构范围方面。政府机构包含的范围是编制政府资产负债表首先需要明确的问题。我国在市场经济体制建立后，政府的作用发生了巨大改变，目前我国政府职能处于转换的过程中，划定政府资产负债表核算的范围和对政府进行分类是一项有挑战性的工作。有些机构需明确其属性和定位，如国家财富基金、"一套人马，两块牌子"、政企不清晰的机构；财政部门与政策性金融机构的职责需进一步厘清；很多特殊目的实体的定性和划分，比如地方政府融资平台如何明确；事业单位改制过程中，市场化运营的事业单位应该如何对其进行划分；国有企业的范围也需要清晰界定。

二是政府部门的资产负债表尚无法反映全部的资产、隐性和或有负债，缺乏前瞻性的判断能力。目前很多地方创新融资主体和形式，形成了大量未在地方政府债务余额中体现，地方政府名义上不承担偿还责任，但投向由地方政府决定，还款资金实质上来自地方政府的债务。这些债务在法律上不属于政府部门债务，平台公司如果未计入政府部门，这部分债务就没法反映。此外，如果这部分债务采取隐性、或有的方式，政府资产负债表也无法进行反映。

三是现有的这些研究是以已有报表为基础的测算和估算，而不是对中国政府资产负债进行严谨的有理论依据的核算。核算应建立在严格的核算原则基础上，涉及结构、分类，核算结果是互相联系的一组具有关联性的指标，要求真实、准确，可用于比较。而测算和估算则不同，主要依据数学测算方法，涉及很多主观判断，缺乏理论依据会导致结果随测算方法的不同而表现出很大的差异。另外，还存在测度依据和数据支撑与现行其他 SNA 账户体系不匹配的问题。

（三）保障措施方面

一是要建立健全政府资产负债表方面的统计制度和机制。各政府部门严格按照统计制度对不同单位的部门进行划分，并按照标准对其资产负债表进行核算。

二是充分利用目前信息技术的优势，利用现代化的计算机技术和数据库技术，建立与制度相匹配的系统全面的资产负债统计数据库。政府资产负债表需要收集、积累政府部门全面、可靠的资产负债数据，需要相应的价格数据进行固定资产重估价。因此，一方面要借鉴发达国家编制政府资产负债表的经验；

另一方面应结合我国国情，建立健全统计数据体系，必要时还要进行缺失数据的推算。要加强资产负债数据标准化、规范化的建设，保证统计数据的系统化、普适化，保证各层级资产负债数据的相互调用，扩大资产负债表的应用范围，提高资产负债表的应用功能。

三是加快专门人才的培养。政府资产负债表的编制是一项专业性极强的工作，技术难度大，必须加快专门人才的培养，重视专门知识的培训。目前我国此项工作还处在研究探索阶段，应注意加强人才队伍的培养，促进政府资产负债表编制和实际应用的快速落地。

参考文献

［1］中华人民共和国国家统计局：《中国国民经济核算体系（2016）》，北京，中国统计出版社，2017。

［2］联合国等：《2008 国民账户体系》，北京，中国统计出版社，2012。

［3］杜金富等：《政府资产负债表：基本原理及中国应用》，北京，中国金融出版社，2015。

［4］杜金富：《政府财政统计学》，北京，中国金融出版社，2008。

［5］配第：《配第经济著作选集》，陈冬野等译，北京，商务印书馆，1981。

［6］约翰·梅纳德·凯恩斯：《就业、利息和货币通论》，北京，商务印书馆，2014。

［7］IMF：Government Finance Statistics Manual 2014，http：//www. imf. org，2014。

［8］国务院：《国务院关于修改〈事业单位登记管理暂行条例〉的决定》（国令第411号），http：//www. gov. cn，2004。

［9］中华人民共和国财政部：《财政部部长详解深化财税体制改革总体方案》，http：//www. mof. gov. cn，2014。

［10］中华人民共和国审计署：《全国政府性债务审核结果》，http：//www. audit. gov. cn，2013。

第二章 狭义政府资产负债表

狭义政府是政府的主要组成部分。狭义政府资产负债表是政府资产负债表最重要、最基础的组成部分。研究编制狭义政府资产负债表也是研究编制广义政府资产负债表和公共部门或政府总体资产负债表的基础环节。

第一节 狭义政府机构的范围与层次

研究编制狭义政府资产负债表首先要明确狭义政府机构的界定标准，在此基础上再研究狭义政府机构的构成等。

一、狭义政府机构的界定标准、构成及层次

（一）狭义政府机构的界定标准

狭义政府或称政府单位，是通过政治程序设立、在特定区域内对其他机构单位行使立法权、司法权或行政权的法律实体。其主要功能有：用来源于税收或其他收入的资金承担为社会、企业和个人提供货物和服务的责任；通过转移手段进行收入和财富的再分配；从事非市场生产。狭义政府作为法律实体界定的主要标准有：（1）通过政治程序设立；（2）拥有一定的公共权力；（3）支撑其运作的资金主要来源于财政等公共资金；（4）从事非市场生产，提供公共服务。这四条标准是相互联系的，涉及公共权力的机构需要通过政治程序设立，而公共权力的运行需要公共资金的支撑，公共权力的实施一般提供非市场产品和公共服务。各国根据本国的具体情况对狭义政府加以不同的界定，有的国家把教育机构如大学等纳入狭义政府的范围；也有的国家把垃圾清理公司等公共服务机构也纳入狭义政府的范围。

研究我国狭义政府界定标准需先明确政府的概念。一是编制资产负债表的政府与通常所说的拥有行政权的政府不是同一概念，编制资产负债表的政府是指拥有公共资源的法律实体，即指通过政治程序设立、拥有公共权力、靠公共资金支撑、为居民提供非市场产品和公共服务的机构。编制政府资产负债表的

目的是了解公共资源的"家底"。而拥有行政权的政府只是拥有公共资源的法律实体一部分。为了反映政府拥有公共资源的程度，通常编制资产负债表的政府又分为三个层次：第一层次为狭义政府；第二层次为广义政府（狭义政府＋政府控制的非营利机构）；第三层次为公共部门（广义政府＋公共公司）。二是编制资产负债表的政府与通常所指的政府系列机构不应画等号。政府系列机构是从管理的角度划分，但编制资产负债表是从拥有公共资源的程度来划分的，二者可以不同。比如中央银行，编制资产负债表时一般划到公共金融公司部门，但有些国家的中央政府会从事货币发行、国际储备管理等中央银行的职责，此时该政府行为应记录在政府资产负债表中而非公共金融公司部门资产负债表中。

我们认为界定我国狭义政府的标准主要有：一是这些机构是通过法定程序或权威机构批准设立的，如通过代表会议或通过拥有编制权力的管理部门批准设立的机构；二是这些机构拥有一定的公共权力；三是支撑这些机构运作的资金来源于强制征收的税收等；四是这些机构主要从事非市场生产，提供公共服务。

我国现行划分狭义政府的标准主要以公共管理权和预算资金为主。这样会出现赋予一定的公共权力的狭义政府机构，其履行职责的过程中，还会产生其他性质的资金，还具有其他机构的性质，即一个机构、多重身份。如中华全国总工会等狭义政府机构，它是具有一定的公共权力和预算资金支撑的狭义政府机构，但在履行其职责的过程中，还会产生会费收入等，还具有社会团体的性质。我国按现行标准划分的狭义政府机构，有些也会随着我国行政体制改革的深化而不断调整。

我们确定我国狭义政府构成主要以现行的管理体制和财政资金管理体制为主，同时按上述标准进行具体的分析，提出相应的划分建议。

（二）狭义政府机构的构成

我国是在中国共产党的领导下，坚持和完善人民代表大会制度、多党合作和政治协商制度、区域民族自治制度以及基层群众自治制度的具有中国特色的社会主义国家。我国狭义政府机构主要包括：中国共产党机构、人民代表大会机构、人民政治协商会议机构、行政机构、司法机构、部队、群众团体、民主党派机构等，我们把这些机构统称为行政单位。我国狭义政府机构还包括社会保障保险基金等机构。

（三）狭义政府机构的层次

狭义政府机构的层次是从政府核算的角度，对核算机构的范围所作的分类。一般分为中央政府、地方政府两个层次，两个层次均包括行政单位和社会保障保险基金两类单位。地方政府还可以再分为省市自治区级、地市级、县区级、乡镇和村级。此外，政府还可以按构成进行分类，如分为行政机构、司法机构、群众团体机构等，还可以对这些大类机构进一步进行分类，如群众团体可以进一步分为工会、共青团、妇联、红十字会等，这取决于核算和分析的需要。

二、中央行政单位和社会保障保险基金

（一）党中央部门机构

党中央部门机构分为党中央各部门和党中央直属事业单位两部分。党中央各部门有中央纪律检查委员会、中央办公厅、中央组织部、中央宣传部、中央统战部、中央对外联络部、中央政法委员会、中央政策研究室、中央台湾工作办公室、中央对外宣传办公室、中央全面深化改革委员会办公室、中央网络安全和信息化委员会办公室、中央财经委员会办公室、中央外事工作委员会办公室、中央机构编制委员会办公室、中央直属机关工作委员会、中央和国家机关工作委员会。党中央直属事业单位有中央党校（国家行政学院）、中央党史和文献研究室、人民日报社、求是杂志社、光明日报社、中国浦东干部学院、中国井冈山干部学院、中国延安干部学院。

（二）全国人民代表大会

全国人民代表大会是最高国家权力机关，全国人民代表大会常务委员会是全国人民代表大会的常设机关，下设办公厅、法制工作委员会、预算工作委员会、香港特别行政区基本法委员会、澳门特别行政区基本法委员会等工作和办事机构。全国人民代表大会设立民族、宪法和法律、监察和司法、社会建设、外事、华侨、环境与资源保护、农业与农村等专门委员会。

（三）中国人民政治协商会议全国委员会

中国人民政治协商会议全国委员会的主要职能是政治协商、民主监督、参政议政，行使下列职权：（1）修改中国人民政治协商会议章程，监督章程的实施；（2）选举全国委员会的主席、副主席、秘书长和常务委员；（3）听取和审议常务委员会的工作报告；（4）讨论本会重大工作方针、任务并作出决议；（5）参与对国家大政方针的讨论，提出建议和批评。政协全国委员会下设办公厅及提案、经济、农业和农村、人口资源环境、教科卫体、社会和法制、民族和宗教、港澳台侨、外事、文化文史和学习等专门委员会。

（四）中华人民共和国国务院

中华人民共和国国务院即中央人民政府，是最高国家权力机关的执行机关，是最高国家行政机关。国务院由办公厅、组成部门、直属特设机构、直属机构、办事机构、直属事业单位、部委管理的国家局等组成。国务院组成部门包括外交部、国防部、国家发展和改革委员会、教育部、科学技术部、工业和信息化部、国家民族事务委员会、公安部、国家安全部、民政部、司法部、财政部、人力资源和社会保障部、自然资源部、生态环境部、住房和城乡建设部、交通运输部、水利部、农业农村部、商务部、文化和旅游部、国家卫生健康委员会、退役军人事务部、应急管理部、中国人民银行、审计署。国务院直属特设机构有国务院国有资产监督管理委员会。国务院直属机构包括海关总署、国家税务总局、国家市场监督管理总局、国家广播电视总局、国家体育总局、国家统计局、国家国际发展合作署、国家医疗保障局、国务院参事室、国家机关事务管理局。国务院办事机构包括国务院港澳事务办公室、国务院研究室。国务院直属事业单位包括新华通讯社、中国科学院、中国社会科学院、中国工程院、国务院发展研究中心、中央广播电视总台、中国气象局、中国银行保险监督管理委员会、中国证券监督管理委员会。国务院部委管理的国家局包括国家信访局、国家粮食和物资储备局、国家能源局、国家国防科技工业局、国家烟草专卖局、国家移民管理局、国家林业和草原局、国家铁路局、中国民用航空局、国家邮政局、国家文物局、国家中医药管理局、国家煤矿安全监察局、国家外汇管理局、国家药品监督管理局、国家知识产权局。

（五）最高人民法院

最高人民法院是中华人民共和国最高审判机关，负责审理各类案件，制定司法解释，监督地方各级人民法院和专门人民法院的审判工作，并依照法律确定的职责范围，管理全国法院的司法行政工作。最高人民法院内设部门包括立案庭、刑事审判第一庭、刑事审判第二庭、刑事审判第三庭、刑事审判第四庭、刑事审判第五庭、民事审判第一庭、民事审判第二庭、民事审判第三庭、民事审判第四庭、环境资源审判庭、行政审判庭、审判监督庭、赔偿委员会办公室、执行局、办公厅、政治部、研究室、审判管理办公室、监察局、国际合作局、司法行政装备管理局、机关党委、离退休干部局、新闻局、第一巡回法庭、第二巡回法庭等。

（六）最高人民检察院

最高人民检察院是中华人民共和国最高检察机关，主要任务是领导地方各级人民检察院和专门人民检察院依法履行法律监督职能，保证国家法律的统一和正确实施。最高人民检察院内设部门包括办公厅、政治部、侦查监督厅、公诉厅、刑事执行检察厅、民事行政检察厅、控告检察厅、刑事申诉检察厅、铁路运输检察厅、法律政策研究室、案件管理办公室、公诉二厅、监察局、国际合作局、计划财务装备局、机关党委、离退休干部局、司法体制改革领导小组办公室、新闻办公室、未成年人检察工作办公室等。

（七）中国人民解放军

中国人民解放军是中华人民共和国的武装力量，担负着巩固国防，抵抗侵略，保卫祖国，保卫人民的和平劳动，参加国家建设事业的任务。中国人民解放军机构体系包括中央军委，东部、南部、西部、北部、中部五大战区，陆军、海军、空军、火箭军、战略支援部队五大军种。中央军委下设部（厅）等职能部门、直属部队和直属科研机构。职能部门包括办公厅、联合参谋部、政治工作部、后勤保障部、装备发展部、训练管理部、国防动员部、纪律检查委员会、政法委员会、科学技术委员会、战略规划办公室、改革和编制办公室、国际军事合作办公室、审计署、机关事务管理总局等一级职能部门。直属部队为中央军委联勤保障部队。直属科研机构包括中国人民解放军国防大学、中国人民解放军军事科学院、中国人民解放军国防科技大学。

（八）群众团体

群众团体亦属特殊的社会团体。这里的群众团体是指使用行政编制、由财政拨款的社会团体。如中华全国总工会、中国共产主义青年团、中华全国妇女联合会、中国科学技术协会、中华全国归国华侨联合会、中华全国台湾同胞联谊会、中华全国青年联合会、中国文学艺术界联合会、中国作家协会、中华全国新闻工作者协会、中国人民对外友好协会、中国人民外交学会、中国残疾人联合会、中国红十字会、中国法学会、宋庆龄基金会、中国国际贸易促进会、中华全国工商业联合会、黄埔军校同学会、欧美同学会、中国思想政治工作研究会、中华职业教育会、中国计划生育协会等。

（九）民主党派

民主党派是指除执政的中国共产党以外的八个参政党的统称。它们是中国国民党革命委员会、中国民主同盟、中国民主建国会、中国民主促进会、中国农工民主党、中国致公党、九三学社、台湾民主自治同盟。

（十）全国社会保障基金理事会

全国社会保障基金理事会是负责管理运营全国社会保障基金的独立法人机

构，内设机构包括办公厅、规划研究部、基金财务部、证券投资部、境外投资部、股权资产部（实业投资部）、法规及监管部、养老金管理部、养老金会计部、信息技术部、机关党委（人事部）、机关服务中心等。

三、地方行政单位和社会保险基金

从财政核算的角度来看，行政单位和社会保险基金又分为省市自治区级、地市级、县区级。从行政的角度来看，地方政府分为省市自治区级、地市级、县区级、乡镇和村级。

（一）省市自治区行政单位和社会保险基金

省市自治区行政单位和社会保险基金也包括省市自治区级中国共产党机构、人民代表大会机构、人民政治协商会议机构、行政机构、司法机构、群众团体、民主党派机构和社会保险基金等。

省市自治区党的机构有纪律检查委员会、办公厅、组织部、宣传部、统战部、政法委员会机关、政策研究室、机构编制委员会办公室、机关工作委员会等；直属事业单位有党校、杂志社和日报社等。

省市自治区人民代表大会常务委员会是省市自治区人民代表大会的常设机关，下设办公厅、研究室、财经预算工作委员会等工作和办事机构。省市自治区人民代表大会设立民族、宪法和法律、监察和司法、社会建设、民族侨务、环境与资源保护、农业与农村等专门委员会。

省市自治区人民政治协商委员会下设办公厅、研究室、提案委员会以及经济、人口资源环境、教科卫体、社会和法制、民族和宗教、港澳台侨、外事、文化文史和学习等专门委员会。

省市自治区政府机构由办公厅、组成部门、直属特设机构、直属机构、办事机构等组成。组成部门包括发展和改革委员会、教育厅、科技厅、公安厅、国家安全厅、监察厅、民政厅、司法厅、财政厅、人力资源和社会保障厅、国土资源厅、环境保护厅、住房和城乡建设厅、交通运输厅、水利厅、农业厅、商务厅、文化厅、卫生和计划生育委员会等。直属特设机构有国有资产监督管理委员会。直属机构包括地方税务局、工商行政管理局、质量技术监督局、食品药品监督管理局、新闻出版社广电局（版权局）、体育局、安全生产监督管理局、统计局、旅游局、粮食局、海洋与渔业局、省直机关事务管理局、民防局、法制办公室、人民政府金融工作办公室等。

省市自治区司法机构有高级人民法院和高级人民检察院。

省市自治区政府也包括群众团体、民主党派机构等。

省市自治区政府也设有社会保险基金管理局（中心），担负社会保险基金征收和管理的职责。

（二）省市自治区以下地方行政单位和社会保险基金

省市自治区以下地方行政单位和社会保险基金包括地市级、县区级、乡镇和村级行政单位以及社会保险基金。

1. 地市行政单位和社会保险基金。地市行政单位包括地市级中国共产党机构、人民代表大会机构、人民政治协商会议机构、行政机构、司法机构、群众团体、民主党派机构等。

党的机构包括纪检、办公、组织、宣传、统战、政法等机构。人大也设有办公、研究、财经预算工作委员会等工作和办事机构以及民族、宪法和法律、社会建设、环境与资源保护、农业与农村等专门委员会。政协也设立了办公、研究、提案以及经济、人口资源环境、教科卫体、社会和法制、民族和宗教、港澳台侨、外事、文化文史和学习等专门委员会。政府也设置了办公、财政、商务、农业、工业、教育、公安、安全、卫生、国土、环保、文体、人社等监管机构。司法机构有中级人民法院和中级人民检察院。地市行政单位还包括群众团体、民主党派机构等。地市行政单位也设有社会保险基金管理局（中心），担负社会保险基金征收和管理的职责。

2. 县（市）级行政单位和社会保险基金也包括中国共产党机构、人民代表大会机构、人民政治协商会议机构、行政机构、司法机构、群众团体等。县（市）级行政单位还包括人民武装部。

乡镇级行政单位有党委、政府、人大议事团等，有的设有公安派出所、财政所、司法所等。

行政村设立村委会和党的支部委员会，但核算较难开展，有的省已把村级干部的工资补贴列入了政府预算。

四、完善狭义政府机构核算的探讨

如前所述，政府资产负债表既没必要必须按现行管理体制编制，也没必要为编制政府资产负债表改变现行管理体制。而是在现行管理体制下按标准编制出符合实际的政府资产负债表。为此有以下几个突出问题需要探讨。

（一）中国人民银行的核算归属问题

按现行管理体制，中国人民银行是国务院的组成部分，是属于狭义政府机构的范围。但从履行职能、使用工具、资金来源等方面来看，中国人民银行既有狭义政府的特征，又有公共金融公司的特点。中国人民银行是我国的中央银行，主要使用利率、汇率、准备金率等经济手段，履行金融稳定和宏观金融经济调控等职能。中国人民银行不以追求经济利益为目标、无需财政经费拨款进行资金运作，但在宏观金融经济调控中会产生一定的账面盈利或亏损。由于中国人民银行的特殊性，它可以划入狭义政府，也可以划入公共金融公司的范围。

国际上一般把中央银行划入公共金融公司的范围。但中央银行又与一般公共金融公司不同，它不以追求本行的经济利益为目标。我们建议单独编制中央银行资产负债表，即中国人民银行资产负债表。这样可以根据分析者的需要，既可以与政府机构部门整合，分析政府资产负债的整体情况；又可以单独分析中央银行乃至整个金融部门资产负债的结构情况。

（二）具有狭义政府机构特征的其他机构的核算归属问题

按我国现行管理体制，某些具有狭义政府机构特征的机构没有纳入狭义政府机构核算范围。比如，我国某些事业单位（详见第三章）的设立是经编制部门批准的，人员编制是由编制部门核定的，业务经费全部或主要由财政部门拨款，部门工作人员参照公务员管理。这类参公管理的事业单位应纳入狭义政府机构核算范围。

（三）与政府机构部门密切相关的机构的核算归属问题

一是具有国家主权财富基金性质的机构，如中国投资公司、各种基金等，其资产负债核算还没有纳入整体国民核算之中。国家的一些重要投资是通过这些机构实现的，如果这些机构不纳入核算，显然政府资产负债核算是不完整的。这些性质机构的资产负债核算及纳入政府核算的范围还需要深入研究。二是政企不清晰的机构，有的是"一套人马，两块牌子"的机构，其资产负债表如何拆分到狭义政府资产负债表和其他政府组成部门资产负债表之中还需要研究。

（四）政府部门特殊目的实体的核算归属问题

我国政府部门特殊目的实体，如政府融资平台、政府担保公司、政府主导的各种投资公司等，如何界定和划分，是需要探讨的问题。我国政府部门特殊目的实体较为复杂，与国外一般政府部门特殊目的实体不同，有的是财政部门下属的资金运作中心，具有狭义政府机构的特征；有的虽属财政部门下的资金运作中心，但采取市场化运作方式，具有事业单位的性质；各种基金运作情况更为复杂。目前政府部门特殊目的实体还很难进行简单的划分，需要进行深入研究。

（五）多重身份的机构的核算归属问题

有些狭义政府机构"一块牌子，两种身份"，如工会等机构，它们既有狭义政府的特征，可以划入狭义政府的范围，又履行行业管理等一些其他职能，具有非营利机构的一些特征。这些机构资产负债的核算，实际是既需核算行政单位的资产负债，又需核算非营利机构等的资产负债。它们的一些收入如会费收入等不需要纳入预算收入。同样它们的一些支出如疗养院建设等，也不属于财政预算支出。在对这些机构进行核算时，资产负债如何在两者之间划分，还要进行更细致的研究。某些机构是"一套人马，两块牌子"，其资产负债表如何拆分到狭义政府资产负债表和其他政府组成部门资产负债表之中还需要研究。

（六）政府财政总预算机构的核算归属问题

按现行财政核算体制，狭义政府应设政府财政总预算机构，用以核算政府财政总预算。这样狭义政府机构就由政府财政总预算、行政单位和社会保障保险基金构成。

第二节　狭义政府资产负债核算的 范围与分类

研究编制狭义政府的资产负债表，是研究狭义政府机构活动所形成的资产负债的核算。

政府资产负债的定义及分类，我们在第一章已经作过讨论，在第八章中还将进行详细讨论。这里研究对狭义政府资产负债的分类，既考虑宏观核算的需要，也考虑数据的可得性，特别是会计核算的基础分类。

一、狭义政府资产核算的界定与分类

（一）狭义政府资产的定义及分类

我国对资产没有统一确切的定义，资产分类也主要以流动性为标志。已有的对政府资产的定义散见于财务会计规章制度中。《政府会计准则——基本准则》将资产定义为："资产是指政府会计主体过去的经济业务或者事项形成的，由政府会计主体控制的，预期能够产生服务潜力或者带来经济利益流入的经济资源。"《财政总预算会计制度》将资产定义为"资产是指政府财政占有或控制的，能以货币计量的经济资源。"资产按照流动性，分为流动性资产和非流动性资产。流动性资产是指预计在 1 年内（含 1 年）变现的资产，包括国库存款、国库现金管理存款、其他财政存款、有价证券、在途款、预拨经费、借出款项、应收股利、应收利息、与下级往来、其他应收款等；非流动性资产是指流动性资产以外的资产，包括应收地方政府债券转贷款、应收主权外债转贷款、股权投资、待发国债等。

《行政单位会计制度》将资产定义为"资产是指行政单位占有或使用的，能以货币计量的经济资源"。这里所称"占有"是指行政单位对经济资源拥有法律上的占有权。由行政单位直接支配，供社会公众使用的政府储备物资、公共基础设施等，也属于行政单位核算的资产。行政单位的资产分为流动资产、固定资产、在建工程、无形资产等。流动资产是指可以在 1 年内（含 1 年）变现或者耗用的资产，包括库存现金、银行存款、零余额账户用款额度、财政应返还额度、应收及预付款项、存货、受托代理资产等；固定资产是指使用期限超过 1 年（不含 1 年），单位价值在规定标准以上，并且在使用过程中基本保持原有物质形态的资产；在建工程是指行政单位已经发生必要支出，但尚未交付使用的建设工程；无形资产是指不具有实物形态而能够为使用者提供某种权利的非货币性资产。

《社会保险基金会计制度》没有对"基本养老保险基金""基本医疗保险基金""失业保险基金"等社会保险基金核算定义资产，但对资产负债表的资产核算项目进行了分类，包括现金、支出户存款、财政专户存款、债券投资等。

综上所述，狭义政府资产是指政府机构单位占有、使用或控制的，能以货币计量的经济资源。

狭义政府资产分为金融资产与非金融资产。金融资产包括现金和存款、借出款项、有价证券、应收转贷款（包括应收地方政府债券转贷款和应收主权外债转贷款）、股权投资、与下级往来、应收预付款、其他金融资产等；非金融资产包括固定资产、在建工程、公共基础设施、政府储备物资、存货、无形资产、其他非金融资产等。

（二）金融资产

狭义金融资产包括现金和存款、借出款项、有价证券、应收转贷款（包括应收地方政府债券转贷款和应收主权外债转贷款）、股权投资、与下级往来、应收预付款、其他金融资产等。

1. 现金和存款

现金指库存现金，是指行政单位和社会保障保险基金持有的法定纸币和硬币。存款是指政府财政、行政单位和社会保障保险基金在银行和其他金融机构的各项存款。存款包括：（1）政府财政的国库存款、国库现金管理存款、其他财政存款。国库存款是政府财政存放在人民银行的款项。国库现金管理存款是政府财政实现现金管理业务存放在商业银行的款项。其他财政存款是政府财政除国库存款、国库现金管理存款以外在金融机构的存款。（2）行政单位的各项存款。（3）社会保障保险基金的支出户存款、财政专户存款。它们是社会保障保险基金分别存入金融机构支出户和财政专户的存款。

2. 借出款项

借出款项是政府财政借给预算单位临时急需并按期收回的款项。

3. 有价证券

有价证券是指政府财政持有的证券类金融工具和社会保障保险基金购买的证券类金融工具。

4. 应收转贷款

政府财政应收转贷款包括"应收地方政府债券转贷款"和"应收主权外债转贷款"。"应收地方政府债券转贷款"是本级政府（如中央政府和省级政府等）代下级政府代发行的地方政府债券（包括地方政府专项债券、地方政府一般债券等），需要下级政府偿还的本金和利息。"应收主权外债转贷款"是本级政府代下级政府向外国政府和国际金融组织贷款等主权外债，需要下级政府偿还的本金和利息。

5. 股权投资

股权投资是政府持有的各类权益投资，包括国际金融组织股权投资、投资基金股权投资和企业股权投资等。

6. 与下级往来

与下级往来是指本级政府财政与下级政府财政的往来待结算项等。

7. 应收预付款

应收预付款包括：（1）政府财政的在途款、预拨经费、应收股利、应收利息、其他应收款。在途款是政府财政决算清理期和库款报解整理期发生的需过渡处理的属于上年度收入、支出等业务的资金。预拨经费是政府财政预拨给预算单位尚未列为预算支出的款项。应收股利和应收利息是政府财政因持有股权投资应当收取的现金股利或利润，以及应当收取的利息。其他应收款是指政府财政临时发生的其他应收、暂付、垫付款项。（2）行政单位的应收账款、预付账款、其他应收款等。应收账款是行政单位出租资产、出售物资等应当收取的款项。预付账款是行政单位按照购货、服务合同预付给供应单位的款项。其他应收款是行政单位除应收账款、应付账款以外的其他各项应收及暂付款项。（3）社会保障保险基金的暂付款。

8. 其他金融资产

其他金融资产是除上述金融资产以外的金融资产。

（三）非金融资产

非金融资产包括固定资产、在建工程、公共基础设施、政府储备物资、存货、无形资产、其他非金融资产等。

1. 固定资产

财政部《固定资产分类与代码》将我国固定资产分为六类：土地、房屋及构筑物，通用设备，专用设备，文物和陈列品，图书、档案，家具、用具、装具及动植物。

（1）土地、房屋及构筑物。土地包括耕地、园地、林地、草地、商业服务业用地、工业仓储用地、住宅用地、行政单位用地、事业单位用地、社会团体用地、公共服务用地、体育娱乐用地、特殊用地、交通运输用地、水域及水利设施用地、海域、无居民海岛、其他土地；房屋包括生产用房、交通邮电用房、商业及服务业用房、行政单位用房、公共安全用房、事业单位用房、社会团体用房、军事用房、外事用房、宗教用房、居住用房、体育娱乐用房、市政公共设施用房、仓储用房、房屋附属设施、其他用房等；构筑物包括池罐、槽、塔、烟囱、井、坑、台站、码头、道路、沟、洞、廊、桥梁及架、坝堰及水道、闸、水利管道、市政管道、库、仓、场、斗、罩棚、其他构筑物等。

（2）通用设备。通用设备包括计算机设备和软件，办公设备，车辆，图书档案设备，机械设备，电气设备，雷达、无线电和卫星导航设备，通信设备，广播、电视、电影设备，仪器仪表，电子和通信测量仪器，计量标准器具及量具、衡器等。

（3）专用设备。专用设备包括探矿、采矿、选矿和造块设备，石油天然气开采专用设备，石油和化学工业专用设备，炼焦和金属冶炼轧制设备，电力工业专用设备，非金属矿物制品工业专用设备，核工业专用设备，航空航天工业专用设备，工程机械，农业和林业机械，木材采集和加工设备，食品加工专用设备，饮料加工设备，烟草加工设备，粮油作物和饲料加工设备，纺织设备，缝纫、服饰、制革和毛皮加工设备，造纸和印刷机械，化学药品和中药专用设备，医疗设备，电工、电子专用生产设备，安全生产设备，邮政专用设备，环境污染防治设备，公安专用设备，水工机械，殡葬设备及用品，铁路运输设备，水上交通运输设备，航空器及其配套设备，专用仪器仪表，文艺设备，体育设备，娱乐设备等。

（4）文物和陈列品。文物和陈列品包括文物和陈列品两部分。文物包括古遗址、古墓葬、古建筑、石窟等不可移动文物和出土文物、传世文物、古生物化石等可移动文物。陈列品包括动物、人体、植物、矿物等标本和天体、生物、人体等模型以及其他陈列品。

（5）图书、档案。图书、档案包括图书、期刊、资料、档案和其他图书档案等。

（6）家具、用具、装具及动植物。家具、用具、装具及动植物包括家具用具、被服用具、特殊用途动物、特殊用途植物。

2. 在建工程

在建工程是指已经发生必要支出，但尚未达到交付使用状态的各种建筑（包括新建、改建、扩建、修缮等）、设备安装工程和信息系统建设工程。

3. 公共基础设施

这里的公共基础设施是指行政单位占有并直接负责维护管理、供社会公众使用的工程性公共基础设施，包括城市交通设施、公共照明设施、环保设施、防灾设施、健身设施、广场及公共构筑物等其他公共设施。

4. 政府储备物资

政府储备物资是行政单位直接储存管理的各项政府应急或救灾储备物资等。

5. 存货

存货是行政单位在开展业务活动及其他活动中为耗用而储备的各种物资，包括材料、燃料、包装物和低值易耗品及未达到固定资产标准的家具、用具、装具等。

6. 无形资产

无形资产指不具有实物形态而能为行政单位提供某种权利的非货币性资产，包括著作权、土地使用权、专利权、非专利技术等。

7. 其他非金融资产

其他非金融资产是除上述非金融资产以外的非金融资产。

二、狭义政府负债核算的界定与分类

（一）狭义政府负债的定义及分类

狭义政府负债就是狭义政府的金融负债。我国对政府负债的定义散见于财务会计规章制度中。《政府会计准则——基本准则》将负债定义为："负债是指政府会计主体过去的经济业务或者事项形成的，预期会导致经济资源流出政府会计主体的现实义务。现实义务是指政府会计主体现行条件下已承担的义务，未来发生的经济业务或者事项形成的义务不属于现实义务，不应当确定为负债。"负债按流动性分为流动性负债和非流动性负债。《财政总预算会计制度》将负债定义为："负债是指政府财政承担的能以货币计量、需以资产清偿的债务。"负债按流动性分为流动性负债和非流动性负债。流动性负债是指预计 1 年内（含 1 年）偿还的债务，包括应付短期政府债券、应付利息、应付国库集中支付的结余、与上级往来、应付代管资金、1 年内到期的非流动负债；非流动性负债是指流动性负债以外的负债，包括应付长期政府债券、借入款项、应付地方政府债券转贷款、应付主权外债转贷款、其他负债等。

《行政单位会计制度》将负债定义为："负债是指行政单位所承担的能以货币计量，需要以资产等偿还的债务。"它分为流动性负债和非流动性负债。流动性负债是指预计 1 年内（含 1 年）偿还的债务，包括应缴财政款、应缴税费、应付职工薪酬、应付账款、应付政府补贴款、其他应付款、一年内到期的非流动负债；非流动性负债是指流动性负债以外的负债，包括长期应付款、受托代理负债等。

《社会养老基金会计制度》没有对"基本养老保险基金""基本医疗保险基金""失业保险基金"等社会保险基金核算定义负债，但对资产负债表的负债核算项目进行了分类，包括临时借款、暂收款、保障保险基金（养老保险基金、医疗保险基金、失业保险基金等）等。

综上所述，狭义政府负债是指政府机构单位承担的能以货币计量的，需以资产等偿付的债务。狭义政府负债包括应付政府债券、应付转贷款（应付地方政府债券转贷款和应付主权外债转贷款）、与上级往来、借入款项、应缴款、保障保险基金、暂收应付款、其他负债等。

（二）应付政府债券

应付政府债券包括政府财政的应付短期政府债券和应付长期政府债券。（1）应付短期政府债券。它是指政府财政以政府的名义发行的期限不超过 1 年

（含 1 年）的国债、地方政府一般债券和地方政府专项债券。（2）应付长期政府债券。它是指政府财政部门以政府的名义发行的期限超过 1 年（不含 1 年）的国债、地方政府债券。

（三）应付转贷款

应付转贷款包括应付地方政府债券转贷款和应付主权外债转贷款。应付地方政府债券转贷款是上级政府（如中央政府和省级政府等）代本级政府发行的地方政府债券（包括地方政府专项债券、地方政府一般债券等），需要本级政府偿还本金和利息。应付主权外债转贷款是上级政府代本级政府向外国政府和国际金融组织贷款等主权外债，需要本级政府偿还本金和利息。

（四）与上级往来

"与上级往来"项目是指本级政府财政与上级政府财政的往来待结算款项。

（五）借入款项

借入款项包括政府财政部门的借入款项和社会保障保险基金核算的临时借款。（1）借入款项。它是指政府财政部门以政府名义向外国政府和国际金融组织等借入的款项，以及经国务院批准的其他方式借入的款项。（2）临时借款。它是社会保障保险基金为解决基金周转困难而临时借入的款项。

（六）应缴款

应缴款包括应缴财政款和应缴税费。（1）应缴财政款。它是指行政单位按照规定应当上缴财政款项，包括罚没收入、行政事业性收费、政府性基金、国有资产处置和出租收入等。（2）应缴税费。它是指行政单位按照税法等规定应缴纳的各种税费，包括营业税、城市维护建设税、教育费附加、房产税、车船税、城镇土地使用税等。

（七）保障保险基金

保障保险基金是社会保障保险基金全部收入扣除全部支出后的滚动结余。

（八）暂收应付款

暂收应付款包括：（1）政府财政的应付利息、其他应付款、应付代管资金。"其他应付款"是指政府财政临时发生的暂收、应付和收到的不明性质款项，以及税务机关代征的社会保险费、项目单位使用并承担还款责任的外国政府和国际金融组织贷款等。"应付代管资金"是政府财政代为管理的、使用权属于被代管主体的资金。（2）行政单位的应付职工薪酬、应付账款、应付政府补贴、其他应付款、长期应付款等。"应付职工薪酬"是指行政单位按照有关规定应付给职工及为职工支付的各种薪酬，包括基本工资、奖金、津贴补贴、社会保险费、住房公积金等。"应付账款"是指行政单位因购买物资或服务、工程建设等而应付的偿还期在 1 年以内（含 1 年）的款项。"应付政府补贴"是指负责发放政府补贴的行政单位，按规定应当支付给政府补贴接受者的各种政府补贴款。"其他应付款"是指行政单位除应付短期政府债券、应缴财政款、应缴税费、应付账款、应付职工薪酬、应付政府补贴以外的其他各项偿还期在 1 年以内（含 1 年）的应收及暂付款项；政府财政临时发生的暂收、应付和收到的不明性质款项，以及税务机关代征的社会保险费、项目单位使用并承担还款责任的外国政府和国际金融组织贷款等。"长期应付款"是指行政单位发生的偿还期限超过 1 年（不含 1 年）的应付款项，如跨年度分期付款购入固定资产的价款等。（3）社会保障保险基金的暂收款。它是社会保障保险基金收支活动中形成的暂收款。

（九）其他负债

其他负债是指除上述负债以外的所有负债。

三、完善狭义政府资产负债核算的探讨

目前，中国狭义政府资产负债项目核算的框架已经形成，但核算的范围还要完善，核算的精细化程度还需进一步提高。

（一）研究资产负债核算的分类

从国民经济核算体系来看，目前我国资产负债核算的分类基本以流动性为主，而流动性基本以期限为主。作为个体核算，这种分类有利于流动性管理等。狭义政府核算作为国民经济核算体系中的一部分，核算项目的分类首先应该有利于宏观管理。我们建议资产负债核算的分类按国际通行的分类方法，即资产首先分为金融资产与非金融资产；其次金融资产再按金融工具分类，非金融资产再按资产取得的生产性分为生产资产与非生产资产。负债核算的分类与金融资产的分类相同。

（二）研究设立"出资额"核算项目

我们认为，事业单位、非营利机构和其他机构的一些基础性支出并未纳入狭义政府核算的范围，这是政府核算较为突出的一个薄弱环节。虽然在政府财政总预算会计制度中单独设立了"股权投资"，用以核算对国际金融组织股权投资、对投资基金股权投资以及对企业股权投资，但没有涉及对事业单位、非营利机构和其他机构如小微企业担保基金等的一些出资核算。我们建议设立"出资额"核算项目，用以核算对企业股权投资及对事业单位、非营利机构和其他

机构等的出资。同时还要理清狭义政府出资额与主权财富基金机构、事业单位和国有企业对其他机构出资的关系。目前我国存在相当部分政府财政并未实际出资，但通过主权财富基金机构、事业单位和国有企业投资实现的国家出资。这就需要研究哪些出资属于政府出资额列入狭义政府核算范围，哪些出资属于事业单位和国有企业的出资，应该列入相应机构的核算范围。

（三）完善"存货"核算项目

我国"存货"核算项目应包括三部分内容：战略性储备、政府储备物资和其他存货。我国战略性储备核算体系较为复杂，既有国家全资的战略性储备如国家物资储备局储备的战略性物资，又有国家以其他方式出资采取市场化运作方式储备的战略性物资，如粮食储备等。目前狭义政府"政府储备物资"只核算行政单位直接储存管理的各项政府应急或救灾储备物资，没有把国家战略性物资储备纳入狭义政府资产负债表的核算。应把国家战略性物资储备纳入政府财政总预算，并在政府财政总预算设置"存货"核算项目。

（四）研究设立"文物文化资产"核算项目

文物文化资产核算具有如下特点：实际价值将会升值，至少不会贬值，不需要提取折旧；它们不是生产经营的辅助工具；在正常条件下不会随时间而退化。文物文化资产核算不具有固定资产核算的特征。

我国的文物文化资产并未形成完整的核算体系，也未完整地纳入狭义政府核算范围。用于展示、陈列的字画、古玩、雕塑等划为固定资产分类中的文物或陈列品之中。还有一些其他文物文化资产只有物量统计，没有纳入政府统一核算之中。建议在狭义政府核算中设立文物文化资产核算项目。

（五）研究完善"固定资产"核算制度

一是要把现行固定资产核算制度中的"土地"项目直接归到非生产资产项目中。现行固定资产核算制度中的"土地"项目实际是其他固定资产的一部分，单独核算没有实际意义。土地项目核算经济分类应划分为"非生产资产"而不是生产资产中的"固定资产"。

二是应把现行固定资产核算制度中的"文物和陈列品"等项目细分，有些项目需要归到文物文化资产的核算项目中。

三是现行的固定资产核算制度并未包括公共基础设施，公共基础设施应纳入固定资产核算范围。

四是现行的固定资产核算制度是针对全社会的，狭义政府应根据现行固定资产核算制度细化行政单位固定资产核算制度。

（六）研究设立"非生产资产"核算项目

非生产资产作为非金融资产的一部分，是相对生产资产而言的，它不是作为生产过程的产出而产生，而是自然产生或作为社会构成物，包括土地、地下矿藏和商誉等无形资产。我们认为我国在这方面的核算还很薄弱，需要深入研究。

一是要研究设立土地核算项目。这里的土地是指地面本身，不包括地上的价值物如房屋、道路、农作物等。我国土地实行社会主义公有制和用途管理制度。国家编制土地利用总体规划，将土地用途分为农用土地、建设用地和未用土地。如前所述，目前行政单位、事业单位以及国有企业的建设用地和农用地等已纳入政府核算中，只是有些土地当时并未计价或计价不真实。政府的储备用地、未利用土地还未单独列项纳入资产负债核算之中。

二是地下资产核算还需探索。我国地下资源十分丰富，已探明的石油、天然气、金属矿藏及非金属矿藏数量十分可观。但我国还没形成一套较为完善的地下资产核算体系。2016年国务院下发通知，要求建立自然资源统计制度，目前试点工作正在进行，统计体系和核算办法也在探索中。如何将地下资产核算纳入狭义政府核算之中，还需深入研究。

三是完善社会构成物的核算。我国已把专利权、著作权、使用权等作为无形资产核算，但租赁还没有纳入非生产资产核算范围。

第三节　狭义政府资产负债表的编制

狭义政府资产负债表的编制，就是搜集狭义政府机构的资产负债的数据，估值整理并以资产负债表的形式加以反映。我们要研究反映资产负债数据的表式设计、数据的搜集、估价、整理等。

一、表式设计

要反映狭义政府资产负债核算的情况，就要设计一个表式。狭义政府资产负债表表式的设计涉及与广义政府资产负债表和公共部门资产负债表的衔接问题。这里我们只研究狭义政府资产负债表本身的设计。狭义政府资产负债表的表式如同其他资产负债表一样，也涉及主栏项目和宾栏项目两个部分。

（一）主栏项目的设计

主栏项目反映核算的主体及其分类。主体分类既有横向分类，也有纵向分类。主体横向分类前面研究已经指出，包括政府财政总预算、行政单位和社会保障保险基金。主体纵向分类包括本级和下级。表式主栏项目的设计详见表2－1。

（二）宾栏项目的设计

宾栏项目反映核算的客体及其分类。宾栏项目设计是在原有核算项目的基础上新设、分类和归并。其把握的原则：一是主要为满足社会的需要，同时兼顾内部管理的需要。比如在现行的政府财政预算核算中，把预算确定的可以发行的国债而未发行视同该用未用的应收款，作为一种资产，设立"待发国债"项目核算。从预算管理的角度来看，设立这个项目核算是必要的。但编制向社会公布的资产负债表，若设立这个项目实际是虚增了净资产。还有主体横向之间应收预付和应付预收款等。如政府财政预算向同级预算单位的预算拨款等，可以归并到其他应收应付款项目中。二是要满足主体分类的需要。特别是要满足主体不同层级分类的需要。如核算主体本级与上下级交易往来应设立的项目。三是每个项目可以进一步分类，以反映更详细的情况。四是要为未来改革发展留有设计空间。

宾栏项目分为资产项目、负债项目和净值。资产项目又分为金融资产和非金融资产。金融资产项目应有现金和存款、借出款项、有价证券、应收转贷款（包括应收地方政府债券转贷款和应收主权外债转贷款）、出资额（包括股权投资、事业单位出资、非营利机构出资、其他出资等）、与下级往来、应收预付款、其他金融资产。非金融资产项目应有固定资产（包括建筑物和构筑物、机器和设备、公共基础设施、其他固定资产等）、在建工程、存货（包括政府储备物资和库存）、文物文化资产、非生产资产（包括土地等自然资产和无形资产）、其他非金融资产。

负债项目应有应付政府债券（包括应付短期政府债券和应付长期政府债券）、应付转贷款（包括应付地方政府债券转贷款和应付主权外债转贷款）、与上级往来、借入款项、应缴款、保障保险基金、暂收应付款、其他负债。表式宾栏项目的设计详见表2－1。

净值或净资产项目，是一个数值平衡项目，即净值或净资产＝资产－负债。净值或净资产可能是正值，也可能是负值。当资产大于负债时，净资产为正；当资产小于负债时，净资产为负。

（三）整个表式的设计

综合主栏项目的设计和宾栏项目的设计，狭义政府资产负债表的表式如表2－1所示。

表 2-1　　　　　　　　　　　狭义政府资产负债表

机构 资产负债	政府财政总预算			行政单位			社会保障 保险基金			合计		
	本级	下级	小计	本级	下级	小计	本级	下级	小计	本级	下级	总计
一、资产												
（一）金融资产												
现金和存款												
借出款项												
有价证券												
应收转贷款												
应收地方政府债券转贷款												
应收主权外债转贷款												
出资额												
股权投资												
事业单位出资												
非营利机构出资												
其他机构出资												
与下级往来												
应收及预付款												
其他金融资产												
（二）非金融资产												
生产资产												
固定资产												
建筑物和构筑物												
机器和设备												
其他固定资产												
在建工程												
存货												
文物文化资产												
非生产资产												
土地												
无形资产												
租赁												

机构〔资产负债〕	政府财政总预算			行政单位			社会保障保险基金			合计		
	本级	下级	小计	本级	下级	小计	本级	下级	小计	本级	下级	总计
其他非金融资产												
总资产合计												
二、负债												
应付政府债券												
应付短期政府债券												
应付长期政府债券												
应付转贷款												
应付地方债券转贷款												
应付主权外债转贷款												
与上级往来												
借入款项												
应缴款												
保障保险基金												
暂收应付款												
其他负债												
负债合计												
三、净值												

二、数据搜集

我国还没有建立健全编制狭义政府资产负债表的统计制度，编制狭义政府资产负债表所需数据，主要从已有的财务会计报表搜集和调查获得。对已有的财务会计报表的数据需要分析其制度的合理性、执行制度的偏差。对于制度的不合理性、执行制度的偏差以及制度未覆盖的有关数据，需要调查搜集。

（一）已有的财务会计报表

编制狭义政府资产负债表所需数据来源于已有的财务会计报表，即《政府财政总预算资产负债表》（见表2-2）、《行政单位资产负债表》（见表2-3）、《社会保障保险基金资产负债表》（见表2-4）、《土地储备资金财务报表》、公共基础设施统计表、固定资产统计表、公共储备物资统计表等。

表 2－2　　　　　　　　政府财政总预算资产负债表

资产	年初余额	期末余额	负债和净资产	年初余额	期末余额
流动资产：			流动负债：		
国库存款			应付短期政府债券		
国库现金管理存款			应付利息		
其他财政存款			应付国库集中支付结余		
有价证券			与上级往来		
在途款			其他应付款		
预拨经费			应付代管资金		
借出款项			一年内到期的非流动负债		
应收股利			流动负债合计		
应收利息			非流动负债：		
与下级往来			应付长期政府债券		
其他应收款			借入款项		
流动资产合计			应付地方政府债券转贷款		
非流动资产：			应付主权外债转贷款		
应收地方政府债券转贷款			其他负债		
应收主权外债转贷款			非流动负债合计		
股权投资			**负债合计**		
待发国债			一般公共预算结转结余		
非流动资产合计			政府性基金预算结转结余		
			国有资本经营预算结转结余		
			财政专户管理资金结余		
			专用基金结余		
			预算稳定调节基金		
			预算周转金		
			资产基金		
			减：待偿债净资产		
			净资产合计		
资产总计			**负债和净资产总计**		

中国政府资产负债表编制研究

表 2 – 3　　　　　　　　　行政单位资产负债表

资产	年初余额	期末余额	负债和净资产	年初余额	期末余额
流动资产:			流动负债:		
库存现金			应缴财政款		
银行存款			应缴税费		
财政应返还额度			应付职工薪酬		
应收账款			应付账款		
预付账款			应付政府补贴款		
其他应收款			其他应付款		
存货			一年内到期的非流动负债		
流动资产合计			流动负债合计		
固定资产:			非流动负债:		
固定资产原价			长期应付款		
减:固定资产累计折旧			受托代理负债		
在建工程			**负债合计**		
无形资产					
无形资产原价					
减:累计摊销					
待处理财产损益			财政拨款结转		
政府储备物资			财政拨款结余		
公共基础设施			其他资金结转结余		
公共基础设施原价			其中:项目结转		
减:公共基础设施累计折旧			资产基金		
公共基础设施在建工程			代偿债净资产		
受托代理资产			**净资产合计**		
资产总计			**负债和净资产总计**		

表 2－4　　　　　　　　　　社会保障保险基金资产负债表

项目	期末数
一、资产	
现金	
支出户存款	
财政专户存款	
债券投资	
资产合计	
二、负债及基金	
临时借款	
暂收款	
保障保险基金	
负债及基金合计	

（二）需要调查搜集的其他数据

由于我国还没有健全编制狭义政府资产负债表的统计制度，依靠现有财务会计报表提供的数据还不能满足编制狭义政府资产负债表的需要，还需要通过其他途径搜集数据。主要有：（1）通过对国有企业、事业单位、政府控制的非营利机构、政府控制的基金等机构报表分析确定政府对国有企业、事业单位、政府控制的非营利机构、其他机构的出资额；（2）到财政等部门调查搜集行政部门的固定资产的分类数据；（3）到财政和国家物资储备等部门调查确定公共储备物资余额；（4）到国家档案局、国家文物管理局及文博部门等调查确定文化文物金额；（5）到土地管理等部门调查确定土地、地下资产等非生产资产金额；（6）到水利管理部门调查搜集水利公共设施和其他固定资产数据；（7）到交通管理部门调查搜集交通公共设施和其他固定资产数据。

三、估价

狭义政府资产负债表每一项目的价格都应当是编表日期的价格，而日常记录的项目价格与编表日期的项目价格可能不一致，因此需对这些项目数据进行估值和调整。

从估值的角度，可将资产分为金融资产和非金融资产。金融资产又可分为货币性金融资产和非货币性金融资产。金融负债的分类与金融资产相同。非金融资产包括固定资产、在建工程、政府储备物资、存货、非生产资产等。货币性金融资产包括现金和存款、借出款项、出资额（非上市部分）、应收转贷款、出资额、应付转贷款、与上级往来、与下级往来、应收预付款、应付政府债券、应缴款、暂收应付款、保障保险基金等。非货币性金融资产包括有价证券、出资额（上市部分）等。货币性金融资产账面价值就是市场价值。因此，估值主要是对非金融资产、非货币性金融资产项目的价格进行调整。

（一）固定资产

原则上，固定资产应当按照相同技术规格和年龄的资产在市场中的通行价格进行估值。在实际中无法获得详细的信息，因此必须求助于其他方法进行估值。最常用的估值方法是：用资产负债表期初（或获得新资产的时间）价值加上核算期内资产的重估价因素，减去核算期内的固定资产的消耗以及任何其他物量变化和处置价值。

固定资产中的建筑物特别是住宅，从新住宅销售和现有房屋销售中可能会获得足够的信息，用以估价资产负债表中的全部住宅甚至建筑物的价值。但是建筑物价格在相当大的程度上要取决于该时期内所出售房屋的位置和地形，可能无法充分覆盖所有区域。在这种情况下，最好是利用永续盘存法测算技术进行估算。

固定资产中的构筑物、机器设备可采用永续盘存法，按编表时的市场价格重置估价。对其他固定资产可按购进成本价调整估价。

（二）在建工程

对超过一年以上的在建工程可根据在建期的实际投入按生产者价格或购买者价格指数进行调整。

（三）公共基础设施

公共基础设施可按账目价值加市场价格变化因素，减去消耗摊提或耗减进行估值。

（四）存货

对于生产过程已经完成的存货可根据账目价值按编表时点的生产者价格进行估算；对于商品可按市场销售价格估算；对于中间投入存货可根据账目价值按购买者价格估算；对政府储备物资按账目价值计价。

（五）文物文化资产

有市场价格的文物文化资产按现期市场价格对其进行估值；如缺乏有组织的市场，根据可获得信息的程度，利用为防火、防盗等投保的价值数据对文物文化资产进行估值，或组织拍卖方面的专家进行估值。

（六）非生产资产

土地的现期价值会因为其地理位置不同以及用途不同而有明显的区别，因此，需要识别每一块土地的地理位置和用途或土地的地域范围，然后予以估值。城市建设用地价值可根据国家征用土地的最低价作为估价的基础进行测算调整。

无形资产或按合同规定的支付金额估值，或按市场销售价格估算，或按预期未来收益价值调整估价。

（七）有价证券和出资额

有价证券可以在市场上获得足够的价格信息，可以根据有价证券的种类按市场上的价格定值。出资额中的上市部分，其定值已包括在有价证券之中。

四、数据整理

数据整理是编表的最后一个环节。编制狭义政府资产负债表所需的数据产生于狭义政府机构的各个部门及各个部门的各级机构，要把这些数据归类为三张表，即《政府财政总预算资产负债表》《行政单位资产负债表》和《社会保障保险基金资产负债表》，就需要对这些数据进行汇总、合并和轧差。

数据整理分为横向和纵向两个方面。从横向来看，首先是政府财政总预算、行政单位和社会保障保险基金各自的汇总、合并和轧差，主要是行政单位的数据整理。理论上讲，行政单位之间的资金往来，如应收应付款、资金的借出借入等，都应合并冲销。但由于现行的会计核算科目还不能清晰地界定应收预付及应付预收款是否发生在行政单位之间，除非有详细的二级科目核算或典型调查推算，一般不采用合并的整理方法。其次是政府财政总预算、行政单位和社会保障保险基金之间的数据整理。同理，政府财政总预算、行政单位和社会保障保险基金之间的资金往来，都应合并冲销。我国在财务核算中，并未设立相应反映它们之间资金往来的核算项目，而是从各自管理的角度设立相应的核算项目。如政府财政总预算借给预算单位的借出款项和预拨经费等，行政单位等预算单位并未设立相应的核算项目。行政单位设立的应缴财政款和应缴税费核算项目，政府财政总预算也未设立相应的核算项目。尽管如此，只要是从某政府机构的一方确定为是核算部间的核算项目我们就从另一方冲销。如政府财政总预算借给预算单位的借出款项和预拨经费等资产，可以从行政单位等预算单位的应付预收款的负债中抵消。

从纵向来看，是政府财政总预算、行政单位和社会保障保险基金各自的上下级之间数据的整理。重点研究政府财政总预算上下级之间数据的整理。政府财政总预算上下级之间的核算项目合并主要要有与下级往来、与上级往来、应收地方政府债券转贷款、应收主权外债转贷款、应付地方政府债券转贷款、应付主权外债转贷款等。

五、完善狭义政府资产负债表编制的探讨

我国具备了编制狭义政府资产负债表的基础，但目前的核算基本以会计核算为主，还需要建立和完善统计制度和机制。

（一）建立和完善资产负债核算项目统计体系

1. 狭义资产负债核算项目应与国民经济核算相配套。严格说来，我国现行的狭义政府资产负债核算还属于部门会计核算，核算项目设置以满足政府财政管理为主，核算项目的覆盖面也仅限于政府财政业务涉及部门和单位，还没有完全纳入国民经济核算中。国民经济核算对全部经济活动的主体——机构单位、经济活动的客体——资产负债进行分类，确定统一的核算规则。狭义资产负债核算只是国民经济核算的一部分。从编制国家资产负债表来看，国家资产负债表，实际是非金融公司、金融公司、政府、住户和国外五大宏观经济部门资产负债表的综合表。虽然政府资产负债表中的公共部门已包括狭义政府、国有非金融公司、国有金融公司等部门的资产负债表，但它仍是国家资产负债表的一部分。我国国家资产负债表编制制度正在制定中，狭义政府资产负债核算应纳入其中。国家资产负债表编制制度应提升法律层次，政府相关部门都要严格执行。相关部门都按制度编制资产负债表后，狭义政府资产负债表所需数据较易搜集。

2. 狭义政府资产负债核算项目设置要全覆盖。一是对政府机构统计范围要全覆盖。我们在前面研究已经指出，如主权财富基金、政府融资平台等，还没有纳入狭义政府核算范围，要完善狭义政府资产负债核算的机构范围。二是对资产负债业务统计范围要全覆盖。我们在前面研究已经指出，应建立出资额、战略性储备、文物文化资产、非生产资产等大的核算项目，还应建立与大的核算项目相对应的细的核算项目，如出资额项下的股权投资、对事业单位出资、对非营利机构出资、对其他机构的出资等。

（二）完善狭义政府资产负债的分类

狭义政府资产负债的分类既要反映我国实际情况，又要与国际接轨；既要符合编制国家和地区狭义政府资产负债表的要求，又要适应报送单位管理的需

要。这就需要国家统一的分类制度与各部门细化的实施细则相配合，国家制度进行大的分类，既要与国际接轨，又要反映我国实际情况；各部门分类细化的实施细则要在国家大的分类框架下进行分类细化，反映本部门管理的需要。另外，会计财务核算制度与统计制度相分离，建立独立的统计核算制度。在国家分类制度中，资产一般分为非金融资产和金融资产。非金融资产又分为生产资产与非生产资产。生产资产划分为固定资产、库存和文物文化资产。非生产资产划分为土地、地下矿藏、在开放领海内的鱼等自然资产以及租约、合约等社会构成物。这样非金融资产划分为固定资产、存货、文物文化资产和非生产资产。金融资产一般分为货币和存款、债务性证券、贷款、股权和其他权益、保险技术准备金、金融衍生产品、其他应收/应付款等。各部门在上述分类的基础上再制定详细的核算实施细则，为实现宏观核算打好基础。

（三）完善狭义政府资产负债核算数据搜集体系

主要有：一是制定应搜集而未搜集数据的机构如国家主权财富基金、政府部门特殊目的实体等报送资产负债表制度等。

二是完善对"一块牌子，多种身份"的狭义政府机构应报送的与多种身份相适应的资产负债表。

（四）完善狭义政府资产负债的估价体系

狭义政府资产负债估价体系需要研究的问题主要有：

一是要公开或搜集整理估价的有用信息。我国金融资产和负债的市场化程度较高，相对来说所获得估价的有用信息容易一些。而非金融资产特别是土地、地下资源等的价格、文物文化资产等的价格，获得有用信息相对较难，有关部门应针对估价较难的项目进行专项调研，并公开以供资产负债评估时参考。

二是完善非金融资产估价体系。除了要完善价格统计体系外，可以在不同行业布置估价调查点。其做法是，这些单位可以报两套报表，一套是现有的资产负债表，另一套是按市场价格估价整理的资产负债表。以这两套报表的差异率，特别是非金融资产的差异率来推算全国非金融资产成本价与市场价的差异，进而推算全国非金融资产的总额。

三是对资产负债估价的薄弱项目开展专题研究，形成共识。如非生产资产、文物文化资产等的估价研究，为完善评估制度打下基础。

参考文献

［1］联合国等：《2008 国民账户体系》，北京，中国统计出版社，2012。

［2］杜金富等：《政府资产负债表：基本原理及中国应用》，北京，中国金融出版社，2015。

［3］中华人民共和国财政部：《行政单位会计制度》，上海，立信会计出版社，2014。

［4］中华人民共和国财政部：《关于印发〈财政总预算会计制度〉的通知》，2015。

［5］中华人民共和国财政部：《社会保险基金会计制度》，1999。

［6］汤林闽等：《中国政府资产负债表：构建及估算》，载《经济研究参考》，2014（22）。

第三章　事业单位资产负债表

我国事业单位是国家投资举办的社会服务组织，是政府履行公共服务职能的重要机构，是社会事业发展不可或缺的重要力量，是我国广义政府的重要组成部分。事业单位资产负债表是广义政府资产负债表的子表。编制事业单位资产负债表是编制广义政府资产负债表进而是编制政府总体资产负债表的重要环节。

第一节　事业单位的范围与层次

事业单位是我国一个比较特殊的称谓，对照国际货币基金组织对机构部门的分类，中国的事业单位介于非营利机构、公共公司和行政单位之间。从承担的职能来看，中国的事业单位对应的是国外的非营利组织（NPO）、非政府组织（NGO）。西方国家没有事业单位这一称谓，但在履行行政管理职能的政府机构和市场化运营的公司之间存在大量功能上类似于我国事业单位的组织，如美国的准政府组织和政府性公司，英国的非部委公共团体，日本的独立行政法人，加拿大的法定机构、部公司和皇家公司，新加坡的法定机构，荷兰的独立行政实体，西班牙的自治实体以及瑞典的执行局等。

一、事业单位范围的界定

我国对事业单位还没有一个完整的界定，编制管理部门强调事业单位举办者的国有性；《中华人民共和国公益事业捐赠法》突出强调事业单位的公益性和非营利性；有的强调按实际情况来定义，如实际上有的事业单位办企业追求盈利性，这些机构已纳入事业单位范围；有的强调应按照规范来定义，即回归事业单位本质。我们分别从事业单位概念的历史演变、事业单位的发展变化、事业单位的法律地位三个方面来探讨事业单位范围的界定。

（一）事业单位概念的历史演变

事业单位的定义是一个不断演进变化的过程。事业单位随着经济体制的改革而不断变化，不同阶段对事业单位的解释和界定也有所不同。

事业单位的概念产生于新中国成立之初。1955 年全国人大常委会《关于1954 年国家决算和 1955 年国家预算的报告》中，从经费使用的角度首次使用了事业单位的概念。1963 年 7 月，由国家编制委员会代国务院草拟的《国务院关于编制管理的暂行办法（草案）》，把事业单位界定为"为国家创造和改善生产条件，促进社会福利，满足人民文化、教育、卫生等需要，其经费由国家事业费开支的单位"。1965 年 5 月，在国家编制委员会《关于划分国家机关、事业、企业编制界限的意见（草案）》中，对事业单位界定为"凡是直接从事为工农业生产和人民文化生活等服务活动，产生的价值不能用货币表现，属于全民所有制的单位，列为国家事业单位编制"。

进入 20 世纪 80 年代，对事业单位的表述与 60 年代相比有了变化，不再强调通过经费来源，即由国家事业费来界定，而是强调对其活动的性质和活动目的进行界定。1984 年，全国编制工作会议印发的《关于国务院直属事业单位编制管理的实行办法》规定，"凡是为国家创造或者改善生产条件，从事为国民经济、人民文化生活、增进社会福利等服务活动，不是以为国家积累资金为直接目的的单位，可定为事业单位，使用事业编制"。这表明 80 年代以后，随着经济体制改革的深入，事业单位也面临着体制、经费等各方面的改革，仅以经费、编制来界定事业单位，不利于推动事业单位的改革。

进入 20 世纪 90 年代以后，随着事业单位在改革中经费、编制、劳动用人计划等的进一步放开，对事业单位除了从其活动的属性和服务的目的加以界定外，开始注重明确事业单位在社会生活中的独立地位。"企业、事业机关的划分应以独立核算单位作为基本单位。独立核算单位的条件是：行政上有独立的组织形式，具有法人资格；会计上独立核算，独立编制资金平衡表或财务预算、决算表；有权与其他单位签订合同，并在银行设有独立户头。"1998 年，国务院发布了《事业单位登记管理暂行条例》，将事业单位界定为，"国家为了社会公益目的，由国家机关举办或者其他组织利用国有资产举办的，从事教育、科技、文化、卫生等活动的社会服务组织"。对事业单位内涵的这一界定没有沿用过去以经费、编制等对事业单位界定的方式，而是适用事业单位在改革中逐步进入市场的情况，把握事业单位的发展方向，从事业单位的设立宗旨、举办主体、活动性质等几个方面对社会主义市场经济条件下改革中的事业单位的内涵做出界定。

1999 年，全国人大常委会通过的《中华人民共和国公益事业捐赠法》再一次明确规定事业单位包括："公益性非营利为目的的教育机构、科学研究机构、医疗卫生机构、社会公共文化机构、社会公共体育机构和社会福利机构等。"这一界定突出强调事业单位的公益性和非营利性。

2004年6月，国务院关于《修改〈事业单位登记管理暂行条例〉的决定》再次重申了1998年的界定，即"国家为了社会公益目的，由国家机关举办或者其他组织利用国有资产举办的，从事教育、科技、文化、卫生等活动的社会服务组织。"

（二）事业单位的发展变化

我国事业单位是伴随着新中国的成立而逐渐形成和发展起来的。

新中国成立初期，我国经济一穷二白，百废待兴，在管理体制上实行了高度集中的计划经济体制，中央政府控制了一切人、财、物权，在所有制形式上实行了全民和集体所有的公有制，由于权力的高度集中和所有制形式的单一，中央和各级地方政府成为经济和社会活动的唯一主体。政府直接配置社会资源，直接组织和管理社会生产活动，直接控制整个社会活动的运行，这就决定了社会各项事业要由国家来办。新中国成立之后诞生的我国事业单位深受高度集中的计划经济体制影响，国办、国有、国管是事业单位的基本模式。在这个时期，我国经济社会发展十分落后，公共物品和公共服务极度匮乏，党和国家高度重视各项社会事业的发展，积极采取措施，集中了大量的人力、物力、财力，大力发展教育、卫生、体育等事业，使我国的社会事业从无到有，得到了较迅速而全面的发展。可以说，这个阶段既是我国社会事业的初步形成阶段，也是一个高速发展的阶段，它奠定了我国事业单位发展的基础。

十年"文化大革命"的动乱，经济和社会发展秩序完全遭到破坏，我国的政治、经济、文化等领域的活动无法正常进行，各项社会事业遭受巨大损失，虽然在一些重大科学技术等方面也取得了一些辉煌成就，但从整体来说是一个破坏大于建设的历史时期。由于事业单位在各项建设上遭受严重的破坏和打击，我国事业单位发展中原本存在的不足、缺陷不但没有得到完善、纠正，反而使一些弊端进一步强化，为社会提供公共产品和公共服务的职能被严重削弱，使我国各项社会事业都长期处于较低水平。

党的十一届三中全会后，在实事求是的思想路线的指导下，党和国家对各个领域迅速展开了"拨乱反正"，并通过一些新的政策的出台使得事业单位得到进一步的充实和发展。例如，在科技领域积极对科技组织系统进行恢复和整顿，并着手创办科研生产联合体、实行科研技术成果有偿转让、科研机构内部实行课题组自由组合等试点。1984 年 3 月 12 日，第六届全国人民代表大会常务委员会第四次会议通过了《中华人民共和国专利法》。在教育领域，1977 年，国务院批准教育部《关于 1978 年高等学校和中等专业学校招生工作的意见》，恢复了高考制度；1981 年 10 月，国务院批转教育部、国家劳动局《关于中等教育结构改革的报告》，对抓好中等教育做出部署安排；1981 年 1 月开始实施《中华人民共和国学位条例》。在卫生领域，1984 年 7 月 10 日，卫生部下发了《关于进一步扩大直属事业单位财务、基建、物资自主权的几项规定（试行）》；同年，《中华人民共和国药品管理法》颁布实施等。这些措施的出台使各类事业单位得到了较快恢复。

从 1992 年起，我国开始建立社会主义市场经济体制。随着改革开放的实行和我国政治、经济体制改革的逐步进行和深入，我国的政治、经济体制已经发生了深刻的变化，在传统计划经济体制下产生和发展起来的事业单位及其管理体制已经不再适应社会事业发展的要求。因而，国家在事业单位及其管理体制已经得到恢复的基础上，根据我国社会主义市场经济的发展需要和我国社会出现的新情况、人民群众的新要求，对事业单位管理体制和机制进行了大刀阔斧的改革。同时，公共需要在数量和质量上也发生了前所未有的发展和变化，从而使我国事业单位进入了一个全面发展的崭新时期。

2002 年党的十六大报告进一步强调："按照政事分开原则，改革事业单位管理体制。"十六届三中全会提出"继续推进事业单位改革"。十六届四中、五中全会进一步提出"加快推进事业单位分类改革"。2007 年党的十七大要求进一步深化事业单位的分类改革。十七届二中全会通过的《关于深化行政管理体制改革的意见》对深化事业单位改革提出了具体要求，明确"按照政事分开、事企分开和管办分离的原则，对现有事业单位分三类进行改革。主要承担行政职能的，逐步转为行政机构或将行政职能划归行政机构；主要从事生产经营活动的，逐步转为企业；主要从事公益服务的，强化公益属性，整合资源，完善法人治理结构。"

通过对事业单位的发展变化的回顾可以看出，尽管事业单位改革已经推行了多年，但当前有些事业单位仍存在着事政不分、事企不分的问题。

（三）事业单位的法律地位

事业单位是社会组织。我国社会组织的法律分类基本上是通过国家的根本法和相关的基本法来确定的。《中华人民共和国宪法》以社会组织的性质为标准，将我国所有社会组织划分为国家机关、武装力量、政党、社会团体、企业组织和事业组织六大类别。《中华人民共和国民法通则》则从社会组织的民事权利和义务方面，将我国社会组织确定为四种法人类型：机关法人、企业法人、事业单位法人和社会团体法人。《事业单位登记管理暂行条例》将事业单位界定为，"国家为了社会公益目的，由国家机关举办或者其他组织利用国有资产举办的，从事教育、科技、文化、卫生等活动的社会服务组织"。

事业单位作为社会服务组织，与机关、企业和社会团体相比，具有服务性、公益性和实体性的特点。

一是服务性。即从活动内容来看，事业单位是专门提供公益服务的社会组织，他们或者培养人才；或者为公民提供基本健康服务；或者致力于保障和促进社会福利；或者致力于文化建设，为人民群众提供精神方面的服务；等等。事业单位主要不从事产品的生产，属于非物质生产部门。

二是公益性。即从组织的目标来看，事业单位是从事有关社会公众的福祉和公共利益活动的、非营利性社会组织。它所追求的是社会效益，而不是经济效益。当然，事业单位不以营利为目的，并不排除其从事经营活动，只是其获得的盈利不得在所有者和经营者个人之间分配，只能用于该项公益事业的发展。如《事业单位登记管理暂行条例》明确规定，事业单位可以举办营利性经营组织。《企业法人登记管理条例》及其实施细则也规定，实行企业化管理的事业单位，具备企业法人登记条件的，可以申请领取企业法人营业执照，从事经营活动。国家财政补贴的事业单位可领取营业执照直接从事经营活动。

三是实体性。我国事业单位与机关和企业一样，都是实体化和职业化的社会组织。实体性是事业单位与社会团体得以区别的基本特征，因为社会团体是由个人会员或单位会员组成的松散型的社会组织，组织成员大多是非职业化的，其专职工作人员占社团成员总数的比例极小；而事业单位的所有成员都以本单位的工作为职业工作，与事业单位形成相对固定的人事雇用关系。

事业单位与行政机关的区别。行政机关与事业单位都属于公共部门，二者都为社会提供公共产品，但政府是社会公共服务事务政策的制定者和监督者，而事业单位是社会公共服务政策的具体执行者，通过事业单位的活动，实现政府的公共服务职能目标。事业单位所从事的事业多是政府职能所派生出来的具体事务，但它却不属于公共行政权力机关，不具有公共行政权力，不能对某一领域的事务施行行政管理，同类事业单位之间也不存在领导与被领导的关系。

事业单位对于行政区域内的其他部门或个人也不具有行政管理的职能，它只是利用自身的专业知识和专门技术向全社会提供教育、科技、文化、卫生等方面的服务，专业性服务是事业单位的社会职能。

事业单位与企业的区别。事业单位存在和发展的根本目的是为了满足社会的公共需求，实现国家和社会的公共利益，是不以营利为目的的经济组织。企业存在的根本目的是获得最大的经济利益，是从事商品生产和经营活动的组织，企业所获利润应向组织成员和投资人分配。

事业单位与社会团体的区别。社会团体是中国公民自愿组成，为实现会员共同愿望，按照其章程开展活动的非营利组织。事业单位与社会团体的共性都是不以营利为目的。区别在于：事业单位是实体机构，较为实体化和职业化，社会团体非职业化。事业单位一般实行单位负责人负责制，社会团体的最高权力机构是会员大会。事业单位是公共机构的重要组成部分，社会团体一般属于民间组织。事业单位一般没有章程，而社会团体必须有与其业务相关的章程。事业单位可以下设营利性的经营组织，社会团体不得从事营利性经营活动。

（四）事业单位界定标准

综上所述，事业单位的界定范围有四种口径：一是宽泛的界定。《中华人民共和国公益事业捐赠法》明确规定事业单位包括："公益性非营利为目的的教育机构、科学研究机构、医疗卫生机构、社会公共文化机构、社会公共体育机构和社会福利机构等。"这里指的事业单位既包括编制部门准许的行政事业单位，也包括民政部门准许的公益性事业单位，还包括行业自律性组织如协会、学会等；既包括国家投资举办的事业单位，也包括其他经济成分投资举办的事业单位。这种口径与国家综合统计部门分类"非营利机构"相对应。

二是广义的界定。《事业单位登记管理暂行条例》将事业单位界定为"国家为了社会公益目的，由国家机关举办或者其他组织利用国有资产举办的，从事教育、科技、文化、卫生等活动的社会服务组织。"这里指的事业单位主要强调经编制部门准许的、由国家机关举办或者其他组织利用国有资产举办行的社会服务组织，排除了民政部门准许的公益性事业单位。但它强调事业单位国家拥有、服务和公益性的同时，也包括了实际已经纳入狭义政府的事业单位，如党校等，还包括了国有企业举办的事业单位。

三是财政部门的界定。即财政部门根据编制部门的定性意见，再考虑预算情况确定事业单位的范围。对于事业单位界定的口径，编制部门与财政部门并不完全一致。实际情况是，编制部门确定的事业单位的范围要大于财政部门确定的范围，有些参公管理的事业单位已纳入狭义政府，国有企业设立的事业单位也未纳入预算之中。

四是狭义的界定。我们认为，事业单位是由国家机关举办或者其他组织利用国有资产举办，以公益性活动为目标、经编制部门批准，从事教育、科技、文化、卫生等活动的社会服务实体。判断机构是否属于事业单位标准有：其一是由编制部门批准。事业单位提供公共服务，需要财政提供资金支持，因此它的准入需要编制部门准许并核定职能和编制等，为财政提供资金支持提供依据。企业的市场准入由工商管理部门准许，社会团体和民办非企业组织的准入由民政部门准许。从准入维度我们就可以将企业、社会团体和民办非企业排除在外。其二是活动的公益性。这把企业排除在外。其三是活动的服务性。即事业单位提供的是专业化服务，而非行政管理，即活动不具有强制性；其内部管理也不采取行政管理模式。这就把纳入狭义政府的某些特定事业单位排除在外。其四是组织的实体性，这可以把社会团体和民办非企业组织等排除在外，包括中国科协等。其五是资产的国有性。这可以把非国有的社会组织和法人排除在外。我们认为纳入广义政府的事业单位应该是狭义事业单位。

二、事业单位的构成与分类

据统计，2015 年全国事业单位有 112 万个，实有工作人数 3300 余万人。其中，中央直属及部委直属事业单位 7000 个，实有工作人数 160 万人。事业单位一般按行业、经费来源以及隶属关系分类。

（一）事业单位的行业分类

按行业分类，事业单位可以划分为：教育、科研、文化艺术、卫生、体育、农林牧渔和水利、社会福利、城市公用、交通、信息咨询、中介服务、勘察（探）、气象、地震测防、海洋、环保、检验检测、知识产权、机关后勤服务等19 个大类事业单位。

1. 教育事业单位。包括高等教育事业单位：各类大专院校、独立设置的研究生院（部）等；中等教育事业单位：各类中等学校、中等职业技术学校、中等师范学校、技工学校等；基础教育事业单位：中小学、幼儿园、托儿所等；成人教育事业单位：各类干部管理院校、进修学院、党校、广播电视学校等；特殊教育事业单位：盲聋哑学校等；以及其他教育事业单位。

2. 科研事业单位。包括自然科学研究事业单位：基础型科研院所、公益型科研院所等；社会科学研究事业单位：基础理论研究院所、人文历史研究院所等；综合科学研究事业单位；其他科技事业单位。

3. 文化艺术事业单位。包括演出事业单位：各类演出（院、队）等；艺术创作事业单位：艺术创作院所、艺术创作中心、音像影视制作中心等；图书文献事业单位：图书馆、档案馆、文献中心等；文物事业单位：文物保护站、文物考古队、博物馆、纪念馆等；群众文化事业单位：群众艺术馆、文化馆、青少年宫、俱乐部等；广播电视事业单位：广播电台（站）、电视台等；报纸杂志事业单位：各类报社、期刊社等；编辑事业单位：各类编辑部、党史编纂室、地方志编纂室等；新闻出版事业单位：各类图书出版社、音像出版社、新闻中心、新闻社等；其他文化事业单位。

4. 卫生事业单位。包括医疗事业单位：疾病预防控制中心、各类医院、卫生院、保健院等；卫生防疫检疫事业单位：疾病预控中心、各类地方病防治院站、防疫站、检疫站等；血液事业单位：采血中心、血库等；计划生育事业事业单位：计划生育技术指导中心（站）、妇幼保健院（所、站）等；卫生检验事业单位：药品检验所（站）、食品检验所（站）等；卫生监督事业单位：卫生监督所、站等；其他卫生事业单位。

5. 体育事业单位。包括体育竞技事业单位：各类运动队、俱乐部等；体育设施事业单位：各类训练基地、比赛场馆等；其他体育事业单位。

6. 农林牧渔和水利事业单位。包括农业技术推广事业单位：农业技术推广站、农经站、林业站、水利站、畜牧兽医站、水产站、农业机械化推广站等；良种培育事业单位：种子（苗圃）站、实验（养殖、试验）站、良种配种站等；综合服务事业单位：土肥站、水土保持站、植物（森林防灾）保护站（所）、农业（林业）自然保护区管理机构等；动植物防疫检疫事业单位：动植物防疫所（站）、检疫所（站）等；水文事业单位：水文勘测站、水流域管理处（所）、水文站等；其他农林牧渔水事业单位。

7. 社会福利事业单位。包括福利事业单位：养老院、福利院、孤儿院等；康复事业单位：干休所、荣军院、疗养院、休养所、残疾人康复中心、残疾人用品供应站等；殡葬事业单位：殡仪馆、火葬场等；其他社会福利事业单位。

8. 城市公用事业单位。包括园林绿化事业单位：园林绿化队（站）、公园、游乐园等；城市环卫事业单位：环卫所、清洁卫生队（站）等；市政建设事业单位：市政工程队、市政工程维护队等；房地产服务事业单位：住房公积金中心、房屋建设服务中心、房地产交易中心、房屋安全鉴定所（站）等；其他城市公用事业单位。

9. 交通事业单位。包括公路建设维护事业单位：公路养护段（站）、公路工程监理站（处）、公路管理局（处、所）等；公路运输管理事业单位：公路运输管理局（处、所）、汽车检测中心（站）等；交通规费征收事业单位：稽查征费管理局（处、所）等；航务事业单位：航务港监船舶检验局（处、所）、航道养护段（站）、救助打捞队等；其他交通事业单位。

10. 信息咨询事业单位。包括信息中心、咨询服务中心（站）、计算机应用中心、价格信息事务所、农村社会经济调查队、企业经济调查队、城市社会经济调查队等。

11. 中介服务事业单位。包括信息咨询事业单位：信息中心、咨询服务中心等；技术咨询事业单位：技术创新中心、技术交流中心、计算机应用中心等；职业介绍（人才交流）事业单位：职业介绍中心、人才交流中心等；经济鉴证类社会中介服务事业单位：法律事务所、会计师事务所、审计事务所、价格事务所、专利事务所、商标事务所、版权事务所、各类交易所等；其他中介服务事业单位。

12. 勘察（探）事业单位。包括勘察事业单位、设计事业单位、勘探事业单位、其他勘察设计事业单位。

13. 气象事业单位。包括气象管理事业单位、气象预测事业单位、气象预报事业单位、其他气象事业单位。

14. 地震测防事业单位。包括地震测防管理事业单位、地震预报事业单位、其他地震测防事业单位。

15. 海洋事业单位。包括海洋管理事业单位、海洋保护事业单位、其他海洋事业单位。

16. 环保事业单位。包括环境标准、环境监测、其他环境保护事业单位。

17. 检验检测事业单位。包括标准计量事业单位、技术监督事业单位、质量检测事业单位、出入境检验检疫事业单位、其他检验检测事业单位。

18. 知识产权事业单位。包括专利事业单位、商标事业单位、版权事业单位、其他知识产权事业单位。

19. 机关后勤服务事业单位。包括机关后勤保障事业单位：食堂、水电班、车队、门诊部、医疗室等；修缮事业单位：修缮队等；文印通讯事业单位：总机班、文印室等；接待服务事业单位：招待所、宾馆等。

（二）事业单位按经费来源分类

按经费来源分类，事业单位可以划分为全额拨款、差额拨款和自收自支三种类型。（1）全额拨款事业单位，即全额预算管理的事业单位，其所需的事业经费全部由国家预算拨款。这种管理形式，一般适用于没有收入或收入不稳定的事业单位，即人员费用、公用费用都要由国家财政提供，如科研单位、卫生防疫、工商管理等事业单位。（2）差额拨款事业单位，按差额比例，财政承担部分，由财政列入预算；单位承担部分，由单位在税前列支，如养老院、疗养院、医院、考试管理中心等。（3）自收自支事业单位，是国家不拨款的具有生产经营性和能力的事业单位，如从事应用技术研究科研院所、广播电视台、报纸、刊物和出版社、城市公用方面的市政管理、房产管理、园林设计等单位。随着新的《事业单位财务规则》的实施，事业单位经费形式将不再划分为全额拨款、差额拨款和自收自支三种类型，"国家对事业单位实行核定收支、定额或者定项补贴、超支不补、结余留用的预算管理办法"，实际上就是将事业单位分为财政补贴和经费自理两类。

（三）事业单位按隶属关系分类

按照事业单位隶属的行政主管部门分类有两种方法：（1）按行政层次分为中央所属、省属、地市属、县属、乡属事业单位五类。（2）按行政系统分为党委、政府、人大、政协、检察院、法院、民主党派、社会团体、其他系统事业单位九类。

（四）事业单位按管理体系分类

事业单位按管理体系分为参照公务员管理的事业单位与非参照公务员管理的事业单位。

三、完善事业单位机构核算范围的探讨

在核算事业单位资产负债时，首要问题就是必须对事业单位的范围作出清晰的界定。虽然我们在前述章节给出了事业单位的定义和标准，并列示了事业单位的部分范围和分类。但是，在目前的资产负债核算实践当中，对于什么是事业单位，哪类机构应该纳入事业单位范围来核算仍有很多模糊之处，需要我们做进一步区分和界定。尤其是部分事业单位功能定位不清、政事不分、事企不分，包括：部分事业单位承担着政府行政和执法职能；不少事业单位集行政、技术服务和生产经营等职能为一体；服务定位朝向政府；内部管理模式上照搬行政管理模式。上述问题的存在，导致有些实质上没有履行事业单位功能和职

责的机构却纳入事业单位体系，有些承担了事业单位职能的却没有纳入事业单位体系，这将给资产负债核算带来挑战。

（一）按照事业单位改革原则重新厘定事业单位核算范围

自 1978 年以来，我国一直在推进事业单位管理体制的改革，主要原则：一是坚持政事分开；二是坚持事企分开；三是分类改革；四是因地制宜，先易后难。目前，通常将现有事业单位按照社会功能划分为承担行政职能、从事生产经营活动和从事公益服务三个类别。按照事业单位改革方向，承担行政职能的事业单位，即承担行政决策、行政执行、行政监督等职能的事业单位，逐步将行政职能划归行政机构，或转为行政机构。这类机构在资产负债核算时可以纳入狭义政府范围进行核算，不再纳入事业单位核算范围。

从事生产经营活动的事业单位，即所提供的产品或服务可以由市场配置资源、不承担公益服务职责的事业单位，要逐步转为企业。这类机构在资产负债核算时可以纳入企业范围进行核算，不再纳入事业单位核算范围。

从事公益服务的事业单位，即面向社会提供公益服务和为机关行使职能提供支持保障的事业单位。改革后，只有这类单位继续保留在事业单位序列。根据职责任务、服务对象和资源配置方式等情况，可以将从事公益服务的事业单位细分为两类，即公益一类和公益二类事业单位。公益一类事业单位，即承担义务教育、基础性科研、公共文化、公共卫生及基层的基本医疗服务等基本公益服务，不能或不宜由市场配置资源的事业单位，比如水利科学研究院、国际小水电中心、水利水电规划设计总院等等。这类单位的资产负债核算要纳入事业单位核算范围。公益二类事业单位，即承担高等教育、非营利医疗等公益服务，可部分由市场配置资源的事业单位，比如各类报社、出版社以及文艺团体等等。这类单位要具体问题具体分析，对于继续从事公益服务的事业单位在资产负债核算时纳入事业单位范围进行核算，对于转制之后转由市场化运作的不纳入事业单位进行核算。

（二）对于处于转制过程中的事业单位需要界定其机构性质

对于处于转制过程中仍旧没有完成转制的事业单位，在其资产负债核算时仍应作为事业单位来进行。我们判断一个事业单位是否完成转制，是以其在各级编制办公室注销其事业单位法人为判断标准。如果其还没有注销，那么在资产负债核算时就仍应作为事业单位来核算，如果注销了，那么就应纳入企业或其他类型机构（如非营利性机构）来核算。

如前所述，新中国成立之初，国家百业待兴，长期以来处于国家办事业、国家办企业的情况，形成了种类多样、管理关系庞杂的事业单位体系。党中央、国务院从战略考虑出发，对事业单位推行改革，放活相关体制机制。该纳入行政管理的，坚决纳入进来；该推行转企改制的，如文化等事业单位，坚决推向市场；该保留事业单位职能的，进一步从微观上放开搞活。目前，中共中央出台了《关于党和国家机构改革的决定》以及相关方案，这必将对我们的事业单位改革、管理产生意义重大而深远的影响，也将对我们核算事业单位资产负债产生重大的影响。

比如，就文化事业单位改革来讲，党的十七届六中全会通过了《关于深化文化体制改革推动社会主义文化大发展大繁荣若干重大问题的决定》。2011年，国务院办公厅印发了《关于分类推进事业单位改革中从事生产经营活动事业单位转制为企业的若干规定》。2014年，国务院办公厅印发了《关于文化体制改革中经营性文化事业单位转制为企业的通知》。据不完全统计，截至2017年，全国承担改革任务的580多家出版社、3000多家新华书店、850家电影制作发行放映单位、57家广电系统所属电视剧制作机构、38家党报党刊发行单位等已全部完成转企改制；各省（自治区、直辖市）已基本完成有线电视网络整合；完成改革任务的院团有2100家，占总数的99.86%，其中转企改制占61%；全国3388种应转企改制的非时政类报刊已有3271种完成改革任务，占总数的96.5%。全国共注销经营性文化事业单位法人6900多家、核销事业编制29万多个。对于上述已不再保留事业单位法人性质的机构，其资产负债核算时不应将其纳入。对于上述转制过程结束后仍保留事业单位性质的，还应纳入事业单位来核算。

（三）对于某些"神似但形不似"的机构应该纳入事业单位范围进行核算

如前所述，党中央、国务院对于事业单位的改革总体上属于"瘦身"，将非事业单位的职能从现有事业单位身上剥离出来。与此同时，我们也发现：现有的采取市场化运行的有些机构，履行的却是社会公益事业职能，在核算其资产负债时需要纳入事业单位。通常而言，判断一个机构是否属于事业单位，关键标准就是其是否纳入政府编制办批准设立的事业编制。但在实际当中，有些机构的编制性质、行政管理、资金来源等关系并不是完全匹配，造成有些编制上是事业单位的机构却吃"市场饭"，有些编制上不是事业单位的机构却吃"财政饭"，有些编制上不是事业单位的机构却干的全部是原本政府应该承担的"社会公益事业"。比如，当前各地采取市场化运作的城投公司、水务公司、公路维护公司、卫生保洁公司、港口公司、停车场以及政府设立的各类平台公司等，其从事的大部分都是社会公益事业，应该由政府来控制，该类机构在其资产负债核算时可以考虑纳入事业单位体系来核算。

（四）对于"一套人马，两块牌子"的机构资产负债核算应该区分处理

对于"一套人马，两块牌子"的机构，需要做区分和单独处理。比如，很多部委、省委省政府下设的培训中心、服务中心、接待办公室、疗养中心等，从内部管理来说这些部门是该行政机构的组成部分，但从承担的职能来看履行的是事业单位职责。在处理这类机构的资产负债核算时，就需要对其用于履行行政职能的财政资金以及用于履行事业单位职能的资产负债做区分处理，不能混同。

这种情况较为复杂的是，早先我们推行的改革是将上述机构或者服务职能尽量推向市场，采取市场化运作形式来提供，对于这些活动场所、固定资产和流动资产的处理一般是采取承包、租赁形式，有些采取出售和转让形式。后来，我们推行的改革导向是要将上述资产回收或者回购回来，其服务职能不再提供或者交由外部市场机构来提供，采取政府购买服务方式来进行。这样的话，承接这些服务职能的资产在所有权和控制权上就有个反复的问题，需要我们在核算时考虑清楚。

（五）对于机关、事业单位和企业自行设立的事业单位应纳入核算范围

在实际操作过程中，我们发现有些机关、事业单位和企业自行设立事业单位，这类事业单位往往没有获得相应政府的编制部门的批准，也没有纳入现有财政部门或者统计部门对事业单位的核算范围。例如，有的部委以及军队各部门和军种设有教育中心、培训中心、培训基地、会议中心、疗养基地、党校等，有些事业单位下设协会、学会、培训中心等，有的国有企业尤其是央企设立医院、学校、培训中心、疗养基地等。我们认为，上述这些机构履行的职能基本上符合我们前述界定的事业单位职能，在核算其资产负债过程中应将其纳入事业单位来核算。其中，对于企业举办的事业单位，国有企业纳入事业单位核算范围；非国有企业不再纳入事业单位核算范围而纳入民办非企业核算范围。

（六）对于事业单位举办企业的核算需要研究

事业单位举办企业的类型较为复杂，有的只挂牌子和缴纳管理费，实际已经是独立的企业，这类企业有的已经上市；有的是不分红的企业；还有其他承包类型的企业；等等。对于实际已经是独立的企业建议不再纳入事业单位核算范围，而纳入国有企业核算范围；对承包类型的企业，在其资产和负债充分界定

清楚的基础上纳入事业单位核算范围；对不分红的企业应纳入事业单位核算范围。

第二节 事业单位资产负债核算的范围与分类

事业单位在核算资产负债时主要依据会计制度。事业单位会计核算主要有以下特点：第一，收付实现制和权责发生制并用。第二，不计算盈亏，视情况进行成本核算。第三，核算组织机构具有多元化、多层次特点。

现行事业单位会计制度包括《事业单位会计准则》《事业单位会计制度》和若干行业事业单位会计制度以及内部会计管理规定等。与管理体制相适应，现有会计制度规定将事业单位资产负债核算分为四类来进行：一是参照《公务员法》管理的事业单位，由财政部另行规定。这类事业单位有适用自身的单独会计制度。二是纳入企业财务管理体系执行企业会计准则或小企业会计准则的事业单位。这类事业单位更多的是从事生产经营活动，与企业性质类似。这一类对应的是我们前述归类为企业化管理的事业单位。三是按规定执行行业事业单位会计制度的事业单位。目前我国有文化事业单位、广播电视事业单位、体育事业单位、文物事业单位、科学事业单位、人口和计划生育事业单位、医院事业单位和教育事业单位八大类别的行业事业单位会计制度。四是除上述类型之外的其他事业单位，这类事业单位执行《事业单位会计制度》。我们认为，在核算事业单位资产负债时应主要但不完全依靠事业单位会计制度所列示的会计科目信息。本节中我们将主要阐述事业单位会计制度中的资产负债科目，但同时还根据核算需要提出了其他相关核算内容。

一、事业单位资产核算的范围与分类

根据事业单位会计准则，资产是指事业单位占有或者使用的能以货币计量的经济资源，包括各种财产、债权和其他权利。事业单位资产分为流动资产与非流动资产。流动资产是指预计在 1 年内（含 1 年）变现或者耗用的资产。非流动资产是指流动资产以外的资产。

（一）流动资产

事业单位的流动资产包括货币资金、短期投资、应收及预付款项、存货（库存）等。

1. 货币资金。它包括库存现金、银行存款、零余额账户用款额度等。

库存现金是指存放在事业单位会计部门的现金，主要用于事业单位的日常零星开支。

银行存款是指事业单位存入银行或其他金融机构的各种存款，包括人民币存款和外币存款。

2. 短期投资。它是指事业单位依法取得的，持有时间不超过 1 年（含 1 年）的投资，主要是国债投资。

3. 应收及预付款。它包括应收票据、应收账款、预付账款和其他应收款等。

应收票据是指事业单位因开展经营活动销售产品、提供有偿服务等而收到的商业汇票，包括银行承兑汇票和商业承兑汇票。

应收账款是指事业单位因开展经营活动销售产品、提供有偿服务等而应收取的款项。

预付账款是指事业单位按照购货、劳务合同规定预付给供应单位的款项。

其他应收款是指事业单位除财政应返还额度、应收票据、应收账款、预付账款以外的其他各项应收及暂付款项，如职工预借的差旅费、拨付给内部有关部门的备用金、应向职工收取的各种垫付款项等。

4. 存货（库存）。它是指事业单位在开展业务活动及其他活动中为耗用而储存的各种材料、燃料、包装物、低值易耗品及达不到固定资产标准的用具、装具、动植物等的实际成本。事业单位随买随用的零星办公用品，可以在购进时直接列作支出，不纳入库存核算。它还包括：彩票机构中的库存材料和库存彩票；现有测绘事业单位中的库存材料和已完成测绘项目；地质勘查单位中的器材采购、材料、管材、管材摊销、器材成本差异、委托加工器材、产成品、地质成果等；科学事业单位中的库存材料、科技产品；医院事业单位中的库存物资、在加工物资。

5. 其他流动资产。其他流动资产是指除上述之外的流动资产。

（二）非流动资产

事业单位的非流动资产包括长期投资、在建工程、固定资产、无形资产等。

1. 长期投资。长期投资是指事业单位依法取得的，持有时间超过 1 年（不含 1 年）的股权和债权性质的投资。

2. 在建工程。它是指事业单位已经发生必要支出，但尚未完工交付使用的各种建筑（包括新建、改建、扩建、修缮等）和设备安装工程。

3. 固定资产。固定资产是指事业单位持有的使用期限超过 1 年（不含 1 年）、单位价值在规定标准以上，并在使用过程中基本保持原有物质形态的资产。单位价值虽未达到规定标准，但使用期限超过 1 年（不含 1 年）的大批同类物资，作为固定资产核算和管理。事业单位的固定资产一般分为六类：房屋及构筑物；专用设备；通用设备；文物和陈列品；图书、档案；家具、用具、装具及动植物。其中，房屋及构筑物是指事业单位自有的各种办公用房屋、生活用房屋、围墙、水塔、仓库以及与此相联系的不可分割的附属设备等。专用设备是指各种具有专门性能和专门用途的设备，包括：（1）医疗卫生单位的医疗器械、诊察器械及诊断仪器、医用射线设备、医用生化化验仪器及设备、体外循环设备及装置、人工脏器设备及装置、假肢设备及装置、手术室设备、急救室设备、诊察室设备、病房设备、消毒室设备、口腔设备及医疗用灯、兽医器械等。（2）广播电视单位的广播发射设备、电视发射设备、音频节目制作和播控设备、视频节目制作和播控设备、多工广播、立体电视及卫星广播电视设备、电缆电视分配系统设备、应用电视设备等。（3）科研单位的科研仪器仪表、电子和通讯测量仪器、计量标准器具及量具、衡器等。（4）文化体育教育单位的文艺设备、体育设备、娱乐设备、演出服装和舞台设备等。（5）新闻出版单位的新闻出版设备、印刷机械、装订机械等。（6）公安政法机关的交通管理设备、消防设备、取证及鉴定设备、安全及检查设备、监视及报警设备等。（7）其他行业的专用设备，如殡仪火化设备等。通用设备是指办公和事务用的通用性设备，包括文化办公机械、消防器材、电机、变压器、锅炉、空气调节电器、清洁卫生器具、通信设备、视频产品、音响设备、计算机及其外围设备、计算机软件、家具设备、被服装具等。文物和陈列品包括博物馆、展览馆和文化馆等的文物和陈列品。图书、档案包括专业图书馆的图书、档案和事业单位的技术图书和档案等。家具、用具、装具及动植物是指事业单位拥有的或持有的办公用和生活用的各类家具、用具、装具及动植物。

4. 无形资产。它是指事业单位持有的没有实物形态的可辨认非货币性资产，包括专利权、商标权、著作权、土地使用权、非专利技术、商誉等。专利权是指政府有关部门向发明人授予的在一定期限内生产、销售或以其他方式使用发明的排他权利。商标权是指商标主管机关依法授予商标所有人对其注册商标受国家法律保护的专有权。著作权是指文学、艺术和科学作品等的著作人依法对其作品所拥有的专门权利。土地使用权是指事业单位依照法定程序或依约定对国有土地或集体土地所享有的占有、利用、收益和有限处分的权利。非专利技术是指不为外界所知、在生产经营活动中已采用了的、不享有法律保护的、可以带来经济效益的各种技术和诀窍。商誉是指能在未来期间为事业单位活动带来超额利润的潜在经济价值，或超过可辨认资产正常获利能力（如社会平均投资回报率）的资本化价值。

二、事业单位负债核算的范围与分类

根据事业单位会计准则，负债是指事业单位所承担的能以货币计量，需要以资产或者劳务偿还的债务。事业单位负债分为流动负债与非流动负债。流动负债是指在 1 年内（含 1 年）偿还的负债。非流动负债是指流动负债以外的负债。

（一）流动负债

事业单位的流动负债包括短期借款、应缴款项、应付职工薪酬、应付及预收款项、其他流动负债等。

1. 短期借款。它是指事业单位借入的期限在 1 年内（含 1 年）的各种借款。

2. 应缴款项。应缴款项包括应缴税费、应缴国库款、应缴财政专户款。

应缴税费是指事业单位按照税法等规定计算应缴纳的各种税费，包括营业税、增值税、城市维护建设税、教育费附加、车船税、房产税、城镇土地使用税、企业所得税等。还包括事业单位代扣代缴的个人所得税。

应缴国库款是指事业单位按规定应缴入国库的款项（应缴税费除外）。

应缴财政专户款是指事业单位按规定应缴入财政专户的款项。

3. 应付职工薪酬。应付职工薪酬是指事业单位按有关规定应付给职工及为职工支付的各种薪酬。包括基本工资、绩效工资、国家统一规定的津贴补贴、社会保险费、住房公积金等。

4. 应付及预收款。它包括应付票据、应付账款、预收账款和其他应付款等。

应付票据是指事业单位因购买材料、物资等而开出、承兑的商业汇票，包括银行承兑汇票和商业承兑汇票。

应付账款是指事业单位因购买材料、物资等而应付的款项。

预收账款是指事业单位按合同规定预收的款项。

其他应付款是指事业单位除应缴税费、应缴国库款、应缴财政专户款、应付职工薪酬、应付票据、应付账款、预收账款之外的其他各项偿还期限在 1 年内（含 1 年）的应付及暂收款项，如存入保证金等。

5. 其他流动负债。它是指事业单位除上述流动负债之外的其他流动负债款项。如彩票机构中应付返奖奖金、应付代销费等；中小学校以及高等学校中的代管款项；医院中的预提费用。

（二）非流动负债

事业单位的非流动负债包括长期投资、长期借款、长期应付款、其他长期负债等。

1. 长期投资。长期投资是指事业单位从上级财政、外部事业单位或者非营利组织和企业获得的各种投资，包括有偿使用和捐赠等形成的固定资产、在建工程、无形资产等。

2. 长期借款。它是指事业单位借入的期限超过 1 年（不含 1 年）的各种借款。

3. 长期应付款。它是指事业单位发生的偿还期限超过 1 年（不含 1 年）的应付款项，如以融资租赁租入固定资产的租赁费、跨年度分期付款购入固定资产的价款等。

4. 其他长期负债。它是指事业单位除长期投资、长期借款、长期应付款之外的各类余项和漏损项。

三、完善事业单位资产负债核算需要探讨的问题

财政部颁发的《事业单位会计制度》以及各特定行业事业单位会计制度为核算事业单位资产负债提供了准则和标准，这对于规范事业单位资产负债核算和管理具有很大的促进作用。但在核算事业单位资产负债实际操作过程当中，我们仍然发现有很多问题需要进一步研究，包括有关科目的设置以及完善有关已有会计科目的核算覆盖范围。

（一）研究设置"事业投资基金"核算项目

目前，我国事业单位核算将负债分为流动负债和非流动负债。非流动负债只是包括长期借款和长期应付款等，而将事业单位从国家、外部企事业单位获取的直接投资或实物形成的资产归之为事业单位的净资产，设置了非流动资产基金项目与之对应。这样设置容易掩盖事业单位负债的真实状况。为了更为客观和直观地反映事业单位真实的负债状况，增强事业单位的财务硬约束，我们认为应该在事业单位的非流动负债项目下增设"事业投资基金"项目，用以核算其他实体对事业单位的投资，包括国家、外部单位等的直接拨款以及形成的在建工程、固定资产和无形资产等，这类投资既包括直接拨付，也包括捐赠形成的。同时，在该项目下，可以根据不同维度设置不同明细子项目：反映资金来源下设国家财政拨付、外部企业投资、外部事业单位投资等；反映有偿使用或者无偿使用下设投资、拨付以及捐赠等；反映投资载体形式下设拨款、在建

工程、固定资产和无形资产等。

（二）研究设立"非生产资产"核算项目

非生产资产作为非金融资产的一部分，是相对生产资产而言的，它不是作为生产过程的产出而产生，而是自然产生或作为社会构成物，包括自然资产和社会构成物。自然资产包括土地、其他自然资产和专利等无形资产。我们认为我国事业单位在这方面的核算还很薄弱，需要深入研究。

一是要研究设立土地核算项目。这里的土地是指地面本身，不包括地上的价值物如房屋、道路、农作物等。

二是探索其他自然资产的核算。其他自然资产包括非培育生物资源、水资源和电磁波谱。非培育生物资源是这样的动物和植物，即对它们行使所有权，但它们的自然生长或繁殖不在任何单位的直接控制、责任和管理之下。例如街道、公路、绿化的树林、公园的树林等。水资源是事业单位对其行使所有权的地下水或经管控的天然水。电磁波谱包括声音、数据和电视转播中的无线电频率。如果签订了电磁波的长期合同，就可计入资产。我国事业单位对上述其他自然资产的核算还没有建立相应的制度，还需进行探索。

三是完善社会构成物的核算。我国事业单位已把专利权、著作权、使用权等作为无形资产核算，但事业单位内部或对外租赁形成的资产还没有纳入非生产资产核算范围。需要注意的是：（1）随着经济社会的发展，无形资产的范围越来越广泛，比如我们所说的创意或者构思、冠名权和专营权、代理权和经纪人服务专营权等。（2）无形资产的判定越来越具有挑战性。无形资产界定的关键在于其可辨认性、对资源的控制和存在未来经济收益。但随着互联网技术和信息技术的高速发展，共享经济模式的出现，上述三个判定标准在日常生活经营管理中越来越难以判定。（3）租赁一般分为融资租赁和经营租赁两大类。融资租赁是指在实质上转移了与一项资产所有权有关的几乎全部风险和报酬的租赁；经营租赁，是指融资租赁以外的租赁。

（三）研究设立文物文化资产核算项目

我国事业单位持有很多的文物文化资产。这些文物文化资产并未形成完整的核算体系。用于展示、陈列的字画、古玩、雕塑等划为固定资产分类中的文物或陈列品之中。艺术品或古董的绘画、雕塑及其他物品等不具有固定资产的特征，不是生产经营的辅助工具，其价值不会随时间而退化，不需要提取折旧。我们建议在事业单位资产核算中设立文物文化资产核算项目。

（四）完善已有相关核算项目覆盖范围

从资产方来看，应该在固定资产项目下涵盖公共基础设施。公共基础设施应包括事业单位所拥有或控制的机场、公路、铁路、公园、桥梁、隧道、水上基础设施、操场等。在这里要对机场、公路和铁路进行相应的界定，因为按照有关法律法规这些设施属于国家所有。机场是指事业单位内部建设或者控制的小型停机坪以及机场附属设施。公路是指事业单位内部建设或者控制的小型道路以及公路基础设施。铁路是指事业单位内部建设或者控制的铁轨以及相应的基础设施等。在长期投资科目下，应该将事业单位以 SPV、SPT 形式产生的对外长期投资也纳入进来，例如，在当前的 PPP 热潮当中，城投公司下设各类产业基金，与其他机构联合成立产业基金以及高校、协会等机构纷纷设立 SPV、SPT 等，这些对外投资都要纳入长期投资项目中核算。

此外，在固定资产、无形资产、长期投资和短期投资核算项目下可以考虑设立换入、租赁、捐赠等子科目，以核算事业单位以资产换入资产、对外租赁和对外捐赠形成的资产。为了进一步准确核算固定资产、无形资产以及应收账款等核算项目，建议在固定资产、无形资产项目下研究设立减值准备备抵项目，应收账款项目下设坏账准备备抵项目，及时对冲固定资产、无形资产和应收账款因非生产因素带来的损失。

从负债方来看，应该将事业单位各类临时借款纳入短期借款项目。在其他流动负债项目下，应该将事业单位为下设子公司以及外部企事业单位提供一年期（含）内的担保或者还款连带责任的债务纳入进来；在其他长期负债科目下，应该将事业单位为下设子公司以及外部企事业单位提供一年期以上的担保或者还款连带责任形成的债务纳入进来。此外，在投资基金以及其他长期负债项目下设立换入、租赁和捐赠等子科目，以核算事业单位债务交换、从外单位获取的租赁物品以及接受外单位形成的捐赠形成的负债，同时还应单独设立以债权转换股权以及可转债等子科目，以核算事业单位在处理债权转换股权以及发行可转债形成的债务。

第三节　事业单位资产负债表的编制

我们在前面已经研究了事业单位资产负债表编制的主体——事业单位机构的构成，以及编制的客体——事业单位资产负债的范围与分类。接下来我们要研究事业单位资产负债表的编制，包括表式、数据搜集、估价、数据整理和填录等。

一、事业单位资产负债表表式

要反映事业单位资产负债核算的情况，就要设计一个表式。事业单位资产负债表表式的设计也要涉及与广义政府资产负债表和公共部门资产负债表的衔接问题。这里我们只研究事业单位资产负债表本身的设计。事业单位资产负债表的表式如同其他资产负债表一样，也涉及主栏项目和宾栏项目两个部分。

（一）表式主栏项目的设计

主栏项目是反映核算的主体及其分类。主体分类既有横向分类，也有纵向分类。主体横向分类前面研究已经指出，可以按行业分为教育、科研、文化艺术、卫生、体育、农林牧渔和水利、社会福利、城市公用、交通、信息咨询、中介服务、勘察（探）、气象、地震测防、海洋、环保、检验检测、知识产权、机关后勤服务等19个大类；也可按行政隶属系统分为党委、政府、人大、政协、检察院、法院、民主党派、社会团体、其他系统事业单位等十类；还可划分为全额拨款、差额拨款和自收自支三种类型。主体纵向分类包括中央所属、省属、地市属、县属、乡属事业单位五类。表式主栏项目的设计详见表3-1。

（二）宾栏项目的设计

宾栏项目是反映核算的客体及其分类。宾栏项目设计是在原有核算项目的基础上新设、分类和归并。宾栏项目也分为资产项目和负债项目两个方面。资产项目又分为流动资产与非流动资产。流动资产包括货币资金、短期投资、应收及预付账款、存货和其他流动资产五大类。非流动资产包括长期投资、固定资产、在建工程、文物文化资产、非生产资产、其他非流动资产六大类。负债分为流动负债与非流动负债。流动负债包括短期借款、应缴款、应付及预收款、其他流动负债等。非流动负债包括长期借款、长期应付款、其他长期负债等。表式宾栏项目的设计详见表3-1。

（三）整个表式的设计

综合主栏项目的设计和宾栏项目的设计，事业单位资产负债表的表式如表3-1所示。

从主栏看，依次为教育、科研、文化艺术、卫生、体育、农林牧渔和水利、社会福利、城市公用、交通、信息咨询、中介服务、勘察（探）、气象、地震测防、海洋、环保、检验检测、知识产权、机关后勤服务等19个大类行业的事业单位；最后一项为合计栏目，为前述19个大类的计总。从宾栏看，主要是资产和负债项目的分列。

表 3 – 1　　　　　　　　　　　事业单位资产负债表

　　　　　　　　　　　_____年____月____日　　　　　　　　　单位：万元

项目 ＼ 单位	教育	科研	文化艺术	卫生	体育	农林牧渔和水利	社会福利	城市公用	……	机关后勤服务	合计
一、资产											
（一）流动资产											
货币资金											
短期投资											
应收/预付款											
存货											
其他流动资产											
（二）非流动资产											
长期投资											
固定资产											
在建工程											
文物文化资产											
非生产资产											
其他非流动资产											
二、负债											
（一）流动负债											
短期借款											
应缴款											
应付预收款											
其他流动负债											
（二）非流动负债											
长期借款											
长期应付款											
其他长期负债											
三、净值											

二、数据搜集

编制事业单位资产负债表所需数据主要从两个方面搜集：一是现有报表，二是统计调查。

（一）现有事业单位资产负债表

财政部门或者统计部门在编制整体事业单位资产负债表时其数据主要来自所辖各事业单位根据相应的会计制度编制且向其提供的资产负债表，这主要包括事业单位资产负债表以及八个特定行业事业单位的资产负债表（见表3-2至表3-10）。

表3-2

事业单位资产负债表

_____年___月___日　　　　　　　　　　　单位：万元

资产	期末余额	年初余额	负债和净资产	期末余额	年初余额
流动资产：			流动负债：		
货币资金			短期借款		
短期投资			应缴税费		
财政应返还额度			应缴国库款		
应收票据			应缴财政专户款		
应收账款			应付职工薪酬		
预付账款			应付票据		
其他应收款			应付账款		
存货			预收账款		
其他流动资产			其他应付款		
流动资产合计			其他流动负债		
非流动资产：			流动负债合计		
长期投资			非流动负债：		
固定资产			长期借款		
固定资产原价			长期应付款		
减：累计折旧			非流动负债合计		
在建工程			**负债合计**		
无形资产			净资产：		
无形资产原价			事业基金		
减：累计摊销			非流动资产基金		
待处置资产损溢			专用基金		
非流动资产合计			财政补助结转		
			财政补助结余		
			非财政补助结转		
			非财政补助结余		
			1. 事业结余		
			2. 经营结余		
			净资产合计		
资产总计			**负债和净资产总计**		

表3-2源自2012年财政部下发的《事业单位会计制度》中的资产负债表，采取平衡表式。该表将资产以及负债和净资产分列，并设置期末余额和期初余额两栏以反映相应科目在一个会计报告期内的动态变化。其中，资产又分为流

中国政府资产负债表编制研究

动资产和非流动资产两大类。负债分为流动负债和非流动负债两大类。在上述分类的基础上，下设不同的会计科目以反映不同科目的数额。

表3-3 彩票机构资产负债表

_____年___月___日 单位：万元

资产	期末余额	年初余额	负债和净资产	期末余额	年初余额
流动资产：			流动负债：		
货币资金			短期借款		
短期投资			应缴税费		
应收票据			应缴国库款		
应收账款			应缴财政专户款		
预付账款			应付职工薪酬		
其他应收款			应付票据		
库存材料			应付账款		
库存彩票			预收账款		
其他流动资产			其他应付款		
流动资产合计			应付返奖奖金		
非流动资产：			应付代销费		
长期投资			其他流动负债		
固定资产			流动负债合计		
固定资产原价			非流动负债：		
减：累计折旧			长期借款		
在建工程			长期应付款		
无形资产			非流动负债合计		
无形资产原价			**负债合计**		
减：累计摊销			净资产：		
待处置资产损溢			事业基金		
非流动资产合计			库存彩票基金		
			非流动资产基金		
			专用基金		
			财政专户核拨资金结转		
			财政专户核拨资金结余		
			非财政专户核拨资金结转		
			非财政专户核拨资金结余		
			1. 待分配事业结余		
			2. 经营结余		
			净资产合计		
资产总计			**负债和净资产总计**		

74

表 3-3 源自 2013 年 12 月财政部下发的《彩票机构会计制度》中的资产负债表。

表 3-4　　　　　　　　测绘机构资产负债表

_____年___月___日　　　　　　　　单位：万元

资产	行次	年初数	期末数	负债及净资产	行次	年初数	期末数
现金	1			一、负债			
银行存款	2			借入款项	18		
应收票据	3			应付票据	19		
应收账款	4			应付账款	20		
预付账款	5			预收账款	21		
备用金	6			应付工资	22		
其他应收款	7			应付社会保障金	23		
库存材料	8			应缴预算款	24		
在产品成本	9			应缴财政专户款	25		
已完测绘项目	10			应交税金	26		
经营产品	11			其他应付款	27		
待摊费用	12			预提费用	28		
固定资产	13			长期应付款	29		
无形资产	14						
对外投资	15			二、净资产			
待处理财产损溢	16			事业基金	30		
				其中：一般基金	31		
				投资基金	32		
				固定基金	33		
				专用基金	34		
				财政补助结存	35		
				专款结余	36		
				经营结余	37		
资产合计	17			负债和净资产合计	38		

表 3 – 4 源自 1999 年财政部和国家测绘局联合下发的《测绘事业单位会计制度》中的资产负债表。

表 3 – 5 　　　　　　　　　　地质勘查机构资产负债表

　　　　年　　　月　　　日　　　　　　　　　　　单位：万元

资产	行次	年初数	期末数	负债及净资产	行次	年初数	期末数
现金	1			一、负债			
银行存款	2			借入款项	18		
应收票据	3			应付票据	19		
应收账款	4			应付账款	20		
预付账款	5			预收账款	21		
备用金	6			应付工资	22		
其他应收款	7			应付社会保障金	23		
库存材料	8			应缴预算款	24		
在产品成本	9			应缴财政专户款	25		
已完成测绘项目	10			应交税金	26		
经营产品	11			其他应付款	27		
待摊费用	12			预提费用	28		
固定资产	13			长期应付款	29		
无形资产	14						
对外投资	15			二、净资产			
待处理财产损溢	16			事业基金	30		
				其中：一般基金	31		
				投资基金	32		
				固定基金	33		
				专用基金	34		
				财政补助结存	35		
				专款结余	36		
				经营结余	37		
资产合计	17			负债和净资产合计	38		

表 3 - 5 源自 1996 年财政部下发的《地质勘查单位会计制度》中的资产负债表。

表 3 - 6   中小学校资产负债表

_____年___月___日   单位：万元

资产	期末余额	年初余额	负债和净资产	期末余额	年初余额
流动资产：			流动负债：		
货币资金			短期借款		
短期投资			应缴税费		
财政应返还额度			应缴国库款		
应收账款			应缴财政专户款		
其他应收款			应付职工薪酬		
存货			应付账款		
流动资产合计			其他应付款		
非流动资产：			流动负债合计		
长期投资			非流动负债：		
固定资产			长期借款		
在建工程			长期应付款		
无形资产			代管款项		
待处置资产损溢			非流动负债合计		
非流动资产合计			**负债合计**		
			净资产：		
			事业基金		
			非流动资产基金		
			专用基金		
			财政补助结转		
			财政补助结余		
			非财政补助结转		
			非财政补助结余		
			1. 事业结余		
			2. 经营结余		
			净资产合计		
资产总计			**负债和净资产总计**		

表 3 - 6 源自 2013 年财政部下发的《中小学校会计制度》中的资产负债表。

表 3 - 7 　　　　　　　　　　　高等学校资产负债表

_____年____月____日　　　　　　　　　　　单位：万元

资产	期末余额	年初余额	负债和净资产	期末余额	年初余额
流动资产：			流动负债：		
货币资金			短期借款		
短期投资			应缴税费		
财政应返还额度			应缴国库款		
应收票据			应缴财政专户款		
应收账款			应付职工薪酬		
预付账款			应付票据		
其他应收款			应付账款		
存货			预收账款		
其他流动资产			其他应付款		
流动资产合计			其他流动负债		
非流动资产：			流动负债合计		
长期投资			非流动负债：		
固定资产			长期借款		
固定资产原价			长期应付款		
减：累计折旧			代管款项		
在建工程			非流动负债合计		
无形资产			**负债合计**		
无形资产原价			净资产：		
减：累计摊销			事业基金		
待处置资产损溢			非流动资产基金		
非流动资产合计			专用基金		
			财政补助结转		
			财政补助结余		
			非财政补助结转		
			非财政补助结余		
			1. 事业结余		
			2. 经营结余		
			净资产合计		
资产总计			**负债和净资产总计**		

表 3 - 7 源自 2013 年财政部下发的《高等学校会计制度》中的资产负债表。

表 3 - 8   基层医疗卫生机构资产负债表

_____年____月____日   单位：万元

资产	期末余额	年初余额	负债和净资产	期末余额	年初余额
流动资产：			负债：		
货币资金			借入款		
财政应返还额度			待结算医疗款		
应收医疗款			应缴款项		
其他应收款			应付账款		
库存物资			预收医疗款		
待摊支出			应付职工薪酬		
流动资产合计			应付社会保障费		
非流动资产：			应交税费		
固定资产			其他应付款		
在建工程			**负债合计**		
无形资产			净资产：		
非流动资产合计			固定基金		
			事业基金		
			专用基金		
			财政补助结转（余）		
			其他限定用途结转（余）		
			本期结余		
			未弥补亏损		
			净资产合计		
资产总计			**负债和净资产总计**		

表 3 - 8 源自 2010 年财政部下发的《基层医疗卫生机构会计制度》中的资产负债表。

中国政府资产负债表编制研究

表 3-9

科学事业单位资产负债表

_____年___月___日

单位：万元

资产	期末余额	年初余额	负债和净资产	期末余额	年初余额
流动资产：			流动负债：		
货币资金			短期借款		
短期投资			应缴税费		
财政应返还额度			应缴国库款		
应收票据			应缴财政专户款		
应收账款			应付职工薪酬		
预付账款			应付票据		
其他应收款			应付账款		
库存材料			预收账款		
科技产品			其他应付款		
其他流动资产			其他流动负债		
流动资产合计			流动负债合计		
非流动资产：			非流动负债：		
长期投资			长期借款		
固定资产			长期应付款		
固定资产原价			非流动负债合计		
减：累计折旧			**负债合计**		
在建工程			净资产：		
无形资产			事业基金		
无形资产原价			非流动资产基金		
减：累计摊销			专用基金		
待处置资产损溢			财政补助结转		
非流动资产合计			财政补助结余		
			非财政补助结转		
			非财政补助结余		
			1. 事业结余		
			2. 经营结余		
			净资产合计		
资产总计			**负债和净资产总计**		

表3-9源自2013年12月财政部下发的《科学事业单位会计制度》中的资产负债表。

表3-10

医院资产负债表

_____年___月___日　　　　　　　　　　　　　　单位：万元

资产	期末余额	年初余额	负债和净资产	期末余额	年初余额
流动资产：			流动负债：		
货币资金			短期借款		
短期投资			应缴款项		
财政应返还额度			应付票据		
应收在院病人医疗款			应付账款		
应收医疗款			预收医疗款		
其他应收款			应付职工薪酬		
减：坏账准备			应付福利费		
预付账款			应付社会保障费		
存货			应交税费		
待摊费用			其他应付款		
一年内到期的长期债权投资			预提费用		
流动资产合计			一年内到期的长期负债		
非流动资产：			流动负债合计		
长期投资			非流动负债：		
固定资产			长期借款		
固定资产原价			长期应付款		
减：累计折旧			非流动负债合计		
在建工程			**负债合计**		
固定资产清理			净资产：		
无形资产			事业基金		
无形资产原价			专用基金		
减：累计摊销			待冲基金		
长期待摊费用			财政补助结转（余）		
待处理财产损溢			科教项目结转（余）		
非流动资产合计			本期结余		
			未弥补亏损		
			净资产合计		
资产总计			**负债和净资产总计**		

表 3-10 源自 2010 年 12 月财政部下发的《医院会计制度》中的资产负债表。

（二）统计调查

各事业单位在编制资产负债表时一般都是依据财政部门或统计部门提供的表样，其数据主要源自会计财务报表。但有些数据可能不能直接从现有报表中搜集到，需要做相应的统计调查。调查的内容大体分为两部分：一是需要调查确定事业单位（机构）及其资产负债增减比例。从减除方面来说，现有报表数字包括参公管理的事业单位，而这些事业单位应纳入狭义政府核算范围，这就需要调查确定所占比例，推算出全部减除数字。从增加方面来说，现有报表数字不包括国有企业所办的学校、医院等事业单位，而这些机构应纳入事业单位核算范围，这就需要调查确定所占比例，推算出全部增加数字。二是核算项目的调查，这主要是现在还没有纳入核算的项目，如文物文化资产、非生产资产等。

三、估价

估价是指以一定的货币单位计量事业单位的资产负债。估价是会计核算的重要基础，不论事业单位的资产负债具体形态如何，对其准确地估价有助于保持事业单位的资产负债核算的可计量性、可比性和公平。会计核算基本原则决定了估价的基本方式。《事业单位会计制度》明确规定，事业单位会计核算一般采用收付实现制，但部分经济业务或者事项的核算应当按照本制度的规定采用权责发生制，这与事业单位不以营利为目的是一致的。根据《事业单位会计制度》的相关规定以及国家制定的事业单位各项管理规定以及核算、清查等规定，事业单位资产负债估价可以划分为以下类别：

（一）直接以票面金额或账面金额估价。如库存现金、银行存款、零余额账户用款额度、应收票据、应收账款、预付账款、其他应收款、待处置资产损溢、接受捐赠、短期借款、应缴税费、应缴国库款、应缴财政专户款、应付职工薪酬、应付票据、应付账款、预收账款、其他应收款、长期借款、长期应付款等直接以票面金额或账面金额估价。这里的账目金额是指有关券物标记的金额面额。账面金额是指某科目的账面实际余额。

（二）以实际成本估价。实际成本包括购买价款、税金、手续费、运输费、安装费、建造费、维修费等。如短期投资、购入存货、长期投资、固定资产、贵重物品、无形资产。这里的实际成本是指资产的现价或历史成本而非重置成本。历史成本亦称原始购置成本或原始价值，是指企业购建某项固定资产达到可使用状态前所发生的一切合理、必要的支出。而重置成本也称现行成本或重置价值，它是指在现时条件下，按功能重置资产，并使资产处于在用状态所耗费的成本。重置成本与历史成本一样，也是反映资产购建、运输、安装、调试等建造过程中全部费用的价格，所不同的是重置成本是按该项资产的原设计方案套用现行的费用标准和定额计算确定的购建价格。

（三）以年限平均法或工作量法估价。如累计折旧和累计摊销。其中，规定事业单位一般应当采取年限平均法或工作量法计提固定资产折旧，采用年限平均法对无形资产进行摊销。年限平均法是指按固定资产使用年限平均计提折旧。工作量法是指按固定资产所能工作的时数平均计算折旧额。

（四）以先进先出法、加权平均法或者个别计价法估价。此类方法主要是针对发出的存货。其中，先进先出法是指根据先入库先发出的原则，对于发出的存货以先入库存货的单价计算发出存货成本的方法。加权平均法是指根据本期期初结存存货的数量和金额与本期存入存货的数量和金额计算本期存货的加权平均单价，作为本期发出存货和期末结存存货的价格，一次性计算本期发出存货的实际成本。个别计价法是指对库存和发出的每一特定存货或每一批特定存货的个别成本或每一批成本加以认定的一种方法。

四、数据整理和填录

我们从机构范围层次和核算科目两个角度来研究数据整理。

首先，从机构范围层次来讲，需要从三个层次来研究数据整理。一是就单个事业单位而言，它附属机构的资产负债也应纳入该单位的资产负债核算范围。附属机构与事业单位本身之间的交叉经营活动形成的资产负债，在核算事业单位资产负债时要做相应的汇总、合并和轧差处理，防止重复计算、漏算和少算等。比如高校下设很多校办企业、医院下设很多企业和研发机构等、城投公司下设基金公司等。这里要区分两种情形，其一是其下属公司或法人机构仍旧是事业单位，如有些高校下辖多个医院，这类机构应该完全纳入其上一级事业单位的资产负债核算当中来。其二是其下属子公司或法人机构是企业性质或其他类型机构，我们认为这类机构的资产负债也应纳入其上一级事业单位的资产负债核算，并且应该在资产负债表单独列示，或者在备注栏中标示出来。

二是对于"混合所有制"的事业单位而言，在核算其资产负债时也要做好相应的汇总、合并和轧差。例如，某些在转制过程中与其他企业相互交叉持股的事业单位兼具事业单位和企业单位性质，对于这类机构在核算其资产负债时需要做进一步剥离和处理。比如，有些医院在转制过程中与企业相互交叉持股，有些学校在转制过程中被企业持股等。在核算该类机构资产负债时，有多少资产负债需要纳入事业单位范畴，需要根据股权或合同约定来判断。到底是多数股权还是少数关键股权或是少数非关键股权，需要根据合同约定依据法律法规来判断，在此基础上将相应比例的资产负债纳入事业单位核算范畴。

三是对于多个事业单位而言，财政部门或者统计部门在核算全体事业单位的资产负债时也要对这些事业单位相互经济往来形成的资产负债进行相应的汇总、合并和轧差处理。按照我们前述分类，八个特定行业事业单位大类中单就其中一个行业内部而言，都有很多事业单位之间会发生经济往来，比如中小学校、医院等。不同类型的事业单位也可能发生经济往来，如中小学校和高等学校之间，比如我们很多大学都有自己的附属小学和中学。又如，基层医疗卫生机构和医院之间也经常会产生经济往来。

其次，就有些会计科目而言，也需要做好相应的汇总、合并和轧差处理。

五、编制事业单位资产负债表需要探讨的问题

为了准确反映我国事业单位的资产负债状况，我国财政部门和统计部门出台了大量的会计制度和资产管理制度，包括不同行业事业单位的会计制度、资产管理制度、资产清查和评估制度等。尤其是 2012 年底新修订的《事业单位会计制度》为规范真实反映事业单位资产负债状况的会计信息披露发挥了重要作用。但在核算事业单位资产负债实际过程当中，仍旧有大量的工作要做。其中最为关键的，就是编制质量较好的资产负债核算表。

（一）根据不同需要制定不同的核算表式

随着事业单位的经济活动日益复杂，我们认为仅仅依靠会计制度提供的资产负债表不能完全满足事业单位资产负债核算的需要，虽然其资产负债表是核算其资产负债的基础。为了反映单个事业单位在一定时期内的资产负债变动情况，以及为了掌握各级政府所管辖或下辖所有事业单位在一个时点上的资产负债状况，我们认为应该制定不同的核算表式满足上述不同的需要。

就单个事业单位而言，我们认为应该设置平衡表表式，以反映该事业单位在一定时期资产负债变动情况，同时也能更为直观地判断其资产负债平衡状况。同时，为了充分反映事业单位负债整体情况，我们在负债端设置了投资基金和其他非流动负债等科目，以核算事业单位从国家、外部企事业单位获取的长期

投资，包括长期拨款以及形成的在建工程、固定资产和无形资产等，以及除长期借款、长期应付款和长期投资之外的负债漏损项。

就财政部门或统计部门而言，在统计核算同级政府所管辖或下辖所有事业单位在一个时点上的资产负债状况时，应该设置事业单位资产负债汇总核算表式，该表式采取矩阵表表式，纵列为各类事业单位和事业单位总计，横列为资产负债各核算项目，这一安排可以让相关部门对该级政府所管辖或下辖所有事业单位在一个时点上的资产负债状况一目了然，既可以看到所有事业单位资产负债总计状况，也能看到各类事业单位资产负债各核算科目具体情况，从而可以判断出各类事业单位资产负债在所有事业单位总体资产负债中的比重，为判断该地方事业单位资产负债状况提供决策信息。

（二）数据来源要有交叉验证

要确保事业单位资产负债表中的数据来源充分、完整和准确，就必须有充分的数据来源渠道，这就不仅仅需要会计核算，还需要统计调查、资产清查等渠道。同时，为了确保数据的真实性，除了要做好不同会计凭证、会计簿记、会计报表之间的交叉验证，更重要的是要保持数据收集和数据检查是通过两个独立的渠道来进行，这样才能做到有效验证。只有数据获取和数据验证是通过两个独立的闭循环来进行，才能真正发现数据是否可靠。

（三）要高度重视资产负债的估价

相对于企业的资产负债估计而言，事业单位的资产负债估计相对简单。但随着经济活动的进一步深入，事业单位有些活动也变得复杂起来。根据会计制度规定，事业单位大部分资产负债科目在会计核算时采用收付实现制，这一做法虽然与事业单位经营活动的非营利目的相一致，但这不能完全、及时准确地反映事业单位真实的资产负债状况和权益状况。

事业单位采取收付实现制来核算资产负债主要存在以下弊端：一是不能真实反映对外投资业务。收付实现制在投资时作一项资产的增加和另一项资产的减少，到收回时才一次确认为收益，也不计提减值准备，无法反映各期的投资收益，有的长期投资在几年内只反映其成本，不能反映投资的真实情况，不利于加强投资管理，评价投资的效益。比如，事业单位的长期投资，包括债权投资和股权投资等可能会因为外部经济金融环境剧烈波动导致其账面盈亏变化剧烈，这时候就不能仅仅以投资成本简单计价。

二是不能完全准确反映固定资产的真实价值。由于目前事业单位固定资产不计提折旧，无法反映固定资产的实际净值，不能在费用和成本中反映资产的损耗，以致固定资产账面与实际价值严重背离，不能真实反映单位的固定资产状况。比如，事业单位自建或购买的房屋等固定资产可能因为地产升值而带来大幅升值，这种情况下仅仅以购入成本或建造成本估价也会大幅低估事业单位的固定资产价值。比如，会计制度中对存货的盘盈盘亏、固定资产折旧、无形资产摊销、待处置资产损溢如何估价都做了原则规定，但在实际操作过程中都有很大的弹性，需要我们慎重处理。以年限平均法折旧固定资产和摊销无形资产有时不太符合实际情况。比如，对于事业单位拥有的贵重物品、文物和陈列品如何估价，也是一个比较大的挑战，需要我们认真研究和思考。通常而言，文物和陈列品如果是拍卖所得或者在拍卖市场有公开的市场价格的话，以购入价格或者公开市场价格估价；如果没有公开市场价格或没有可参考的市场价格，那么以行业内的权威专家估价为准。但如果专家不能给予专业评估价格，可以在技术上象征性估价，但在附注中加以注释，在日常管理中单独管理。

三是不能全面准确记录和反映单位的负债情况，不利于防范财务风险。收付实现制下的财务支出只包括现金实际支付的部分，不能反映那些当期虽已发生但尚未用现金支付的债务，单位的负债和一些隐性债务不能得到反映，不利于防范未来的财务风险。比如，事业单位从外部获取的有偿使用的长期投资，因为经济金融市场环境短期剧烈变动而导致事业单位实际上负债情况大幅恶化，但在收付实现制中不能在当期及时反映，如现有很多城投公司的对外融资等。

所以，在核算事业单位资产负债时，可以考虑引入权责发生制来对事业单位某些资产负债科目进行估价，以更完整真实反映其资产负债状况。比如，对外投资的权责发生制处理。对外投资包括债权性投资和股权性投资，应当按照权责发生制确认投资成本和投资收益，不能在投资收回时一次性确认收益。如购买债券，利息的确认应当分月确认投资收益。股权性投资应当采用成本法或权益法参照企业会计制度确认投资收益或损失。确认利息收入时，借：其他应收款应收利息，贷：其他收入利息。比如，固定资产的权责发生制处理。对固定资产应按照权责发生制计提折旧（可采用使用年限法、工作量法、年数总和法等），分月计提，列为支出，计入成本，而不是在购买时一次性列为支出，以全面、正确反映固定资产的实际耗费和净值。计提折旧时，借：事业支出折旧，贷：累计折旧，并取消"固定基金"科目。此外，对于某些长期投资，要及时根据市场变化提高估值频率。对于换入、租赁、捐赠形成的资产或负债，以及债转股或者发行债转股的估价处理，按照涉及补价和不涉及补价两种情形，可以参照企业会计制度来处理。

参考文献

［1］联合国等：《2008 国民账户体系》，北京，中国统计出版社，2012。

［2］杜金富等：《政府资产负债表：基本原理及中国应用》，北京，中国金融出版社，2015。

［3］中华人民共和国财政部：《行政单位会计制度》，上海，立信会计出版社，2014。

［4］黄恒学：《分类推进我国事业单位管理体制改革研究》，北京，中国经济出版社，2012。

［5］李世龙：《事业单位会计制度讲解》，北京，地震出版社，2017。

［6］事业单位会计制度研究组：《事业单位会计制度讲解》，大连，东北财经大学出版社，2016。

［7］编委会：《事业单位会计制度案例讲解与操作示范》，北京，地震出版社，2016。

［8］编委会：《2016 年事业单位会计制度讲解》，北京，地震出版社，2016。

第四章　政府控制的非营利组织资产负债表

非营利组织是社会管理和社会服务的重要力量。政府控制的非营利组织属于政府的范围。研究编制政府控制的非营利组织资产负债表是研究编制政府资产负债表的重要组成部分。

第一节　政府控制的非营利组织的范围与层次

研究编制政府控制的非营利组织资产负债表首先要明确政府控制的非营利组织的划分标准和定义，然后在此基础上研究政府控制的非营利组织的分类构成等。而要清楚界定政府控制的非营利组织的范围，就需要界定非营利组织的范围。

一、非营利组织范围的界定

非营利组织在不同的国家和地区有多种不同的称谓，如非政府组织、公民社会、第三部门或独立部门、志愿者组织、慈善组织、免税组织等。这些叫法在内涵上区别不大。《2008 国民账户体系》（简称 SNA2008）把非营利性组织作为国民经济核算五大主体之一。

我国对非营利组织还没有完整的定义，使用这一概念是从定义社会团体、基金会、民间非企业单位等社会组织延伸出来的。

（一）我国非营利组织概念的演变

1942 年中国共产党领导的边区政府颁布了《陕甘宁边区民众团体登记办法》，规定成立民众团体的程序和登记机关：边区内一切民众团体皆须呈报当地政府转呈民政厅申请登记，由厅审核后发给登记证。1949 年公布的《陕甘宁边区人民团体登记办法》确定了分级登记的管辖原则。1950 年 10 月 19 日政务院颁布了《社会团体登记暂行办法》，规定了社会团体的类别：人民群众团体、社会公益团体、文艺工作团体、学术研究团体、宗教团体以及其他符合人民政府法律组成的团体。该暂行办法用列举法对社会团体进行界定。1989 年国务院颁布《社会团体登记管理条例》，虽未明确定义其概念，但规定名称中带有协会、学会、联合会、研究会、基金会、促进会、商会等组织属于社会团体。1998 年修订的《社会团体登记管理条例》定义社会团体是指，中国公民自愿组成，为实现会员共同愿望，按照其章程开展活动的非营利社会组织。这一定义既明确了社会团体的含义，也提出了非营利社会组织的称谓，同时明确社会团体属于非营利社会组织。同年，国务院颁布《民办非企业单位登记管理条例》，定义民办非企业单位是指企业事业单位、社会团体和其他社会力量以及公民个人，利用非国有资产举办的从事非营利性社会服务活动的社会组织。这不仅明确了民办非企业单位属于社会组织，而且也明确了民办非企业单位的非营利性的属性。1999 年中共中央办公厅、国务院办公厅发布的《关于进一步加强民间组织管理工作的通知》，明确了对民间组织实行业务主管单位和登记管理双重负责的管理体制，该文件正式提出"民间组织"的官方称谓。2004 年颁布实施的《基金会管理条例》，将基金会定义为"利用自然人、法人或者其他社会组织捐赠的财产，以从事公益事业为目的，依法成立的非营利性法人"。基金会从原来的社会团体中分离出来，成为民间组织的第三种类型，也属于社会组织的范围。党的十六届六中全会和党的十七大把民间组织纳入了社会建设与管理、构建和谐社会的工作大局，对传统的提法进行改造，提出了社会组织这一称谓。2007 年，我国开始正式用"社会组织"代替"民间组织"。社会组织称谓的提出和使用，有利于纠正社会上对这类组织存在的片面认识，形成各方面重视和支持这类组织的共识。2015 年中共中央办公厅印发的《关于加强社会组织党的建设工作的意见（试行）》指出，"社会组织主要包括社会团体、民办非企业单位、基金会、社会中介组织以及城乡社区社会组织"。其中，社会中介组织是指在政府、市场、公众之间发挥组织、协调、服务等纽带中介职能，不以营利为目的的自治性的非政府机构。社区社会组织是指以本社区为主的公民、法人和其他组织自愿组成，以本社区为活动范围，满足居民多样化需求，不以营利为目的的自治性的社会组织。2016 年中共中央办公厅、国务院办公厅印发的《关于改革社会组织管理制度促进社会组织健康发展的意见》中，定义社会组织是以社会团体、民办非企业单位、基金会、社会服务机构为主体组成。

　　我国在应用社会组织这一概念的同时，也逐步使用"非营利组织"这一称谓，来覆盖更广的机构范围。比如，2004 年财政部颁布的《民间非营利组织会计制度》中首次明确使用了民间非营利组织的概念，并指出非营利组织包括社会团体、基金会、民办非企业单位和寺院、宫观、清真寺、教堂等；2007 年 12

月，国务院颁布《中华人民共和国企业所得税法实施条例》，对符合给予企业所得税优惠的非营利组织进行了定义；2014 年 1 月，财政部、国家税务总局颁布《关于非营利组织免税资格认定管理有关问题的通知》（财税〔2014〕13 号），使用了非营利组织的称谓；2017 年 3 月 15 日颁布的《中华人民共和国民法总则》，也提出了非营利法人的概念。

（二）非营利组织的发展变化

尽管我国非营利组织不够发达，但我国非营利组织的发展有着悠久的历史和漫长的过程。新中国成立前，中国社会也出现了大量的民间非营利组织，比如各种"行会""会馆""互助会""慈善堂""研究会""学社"等。

1949 年新中国成立后，政府按照社会主义原则对民间结社进行了治理整顿，并一直持续到 20 世纪 50 年代早期。在整顿的过程中，一些政治倾向明显的团体被定义为"民主党派"，转变为政党组织①。一大批"封建组织"和"反动组织"被取缔，其中包括一些封建色彩浓厚的互助组织、慈善组织和宗教组织，在许多领域中民间社团鲜有存在。这一时期新成立的社团数量很少，主要是在科技和学术领域中。1950 年，我国通过《社会团体登记暂行办法》，规定了社团管理的基本原则和办法。社会团体在 50 年代中期到 60 年代中期经历了一个较为迅速的发展时期。据统计，1965 年我国全国性社会团体发展到近 100 个，地方性社会团体达到 6000 余个。1966 年，"文化大革命"开始，社会组织绝大多数被停止活动，非营利组织发展进入了低谷。

1978 年，我国开始改革开放，伴随着计划体制向市场体制的转变，以及行政管理体制和社会管理体制的改革，非营利组织在各个领域发展壮大起来。

从改革开放之初到 20 世纪 90 年代初期，是我国非营利组织全面兴起的阶段。非营利组织从无到有、由点到面，登记注册的社会组织从 1978 年的不足 5000 家迅速攀升到 1992 年底的 15.5 万家，数量上出现了爆发式增长。一方面，学术类非营利组织恢复和蓬勃发展，并在 80 年代中后期达到高潮②。另一方面，社会经济领域涌现出各种非营利组织。比如 1978 年国务院明确红十字会恢复国内活动，揭开了公益类社会组织恢复发展的序幕。地方各级佛教等宗教协会恢复成立，一批具有社区福利性③和行业协会性质的社会组织④相继成立，各级个

---

① 如中国民主同盟、九三学社、中国民主建国会等。

② 据统计，1987 年底，中国科协下属的全国性学会有 146 家，分科学会 1555 家，乡镇科普协会 4.7 万家。

③ 比如当时在全国铁路系统，陆续建立了 157 个老战士协会。

④ 比如食品工业协会、全国广告协会、交通运输协会等。

体劳动者协会、消费者保护协会和计划生育协会蓬勃发展。在农村地区，除了各种农业生产和技术专业研究会外，关注农村社区建设的基层组织也出现并发展起来。此外，各种基金会开始发育和生长，基层非营利组织开始萌芽，一些主要服务于社区居民的民间组织开始成长起来。

从20世纪80年代后期开始，我国的非营利组织开始走向制度规范的曲折道路，主要体现为非营利组织数量增长减缓和一系列规范发展的政策措施陆续出台。相对于20世纪80年代中期的迅速增长，这一时期非营利组织数量增长明显放缓，政府加强了对非营利组织的政治管制和行政干预，并分别在1990年和1997年对社会组织进行了两次清理整顿，对农村合作基金会也进行了整顿和取缔。据民政部统计，1999年在民政部门登记的社会组织数量为14.3万家，比1996年减少4.2万家。与此同时，我国在非营利组织管理体制和制度建设层面进一步规范。1988年通过《基金会管理办法》；1988年成立民政部社会团体管理司，社会组织从此有了专门的登记管理机关；1989年通过《社会团体登记管理条例》，以取代1950年的《社会团体登记暂行办法》；1998年，国务院颁布了新的《社会团体登记管理条例》和《民办非企业单位登记管理暂行条例》，这使得社会组织等非营利组织的双重管理体制更加明确和完善。

从1999年到现在，我国非营利组织数量迅速增长，类型趋于丰富，非营利组织发展从曲折逐步走向新的高潮。首先是各种工商协会和新兴的商会组织迅速发展起来，一个由各类企业和企业家所构成的结社主体日益清晰地呈现出来。相应的是民办非企业单位的发展。公民个人以及其他社会力量投资兴办学校、医疗机构、社会福利机构、研究机构等非营利性社会服务组织的积极性迅速高涨。与此同时，各类基金会迅速发展。国务院2004年颁布的《基金会管理条例》区分了公募和非公募基金会，形成了鼓励私人兴办基金会的倾向，使得基金会发展进入了一个新时期。根据民政部统计，1999年末，在各级民政部门登记注册的社会团体、基金会、民办非企业单位等社会组织合计为14.3万家，而2016年末达到70.2万家，是1999年的4.91倍，年均增长10%。

在社会组织等传统非营利组织快速发展的同时，随着经济持续快速增长、生活水平显著改善、市场经济趋向成熟、信息技术不断进步、社会转型全面展开，各种新型的非营利组织蓬勃发展。首先，随着全球化和对外开放程度进一步加深，非营利组织引进来、走出去现象增多。一大批境外商会、行业协会纷纷进入中国，境外在华非营利组织本土化加快，同时我国非营利组织参与国际事务也逐渐增多。其次，经济社会发展导致社会分层更加显著，新的社会阶层和利益集团的形成推动新的非营利组织不断涌现。比如，由投资人组成的异地商会、面向高收入阶层的富人俱乐部、外来人口协会等新的非营利组织形态逐步发展起来，各种形式联合会、沙龙、车友会以及五花八门的结社组织等快速涌现。最后，互联网和通信技术快速发展，各种搜索引擎、BBS、博客、微信等层出不穷，使得社会关系的形式、内容、手段、范围等都发生了变革，各种形式的网络社团、虚拟社团不断出现，"互联网＋公益"模式迅猛发展，第三方网络捐赠平台规模显现①。这些新型的非营利组织大多未在民政部门等进行登记，根据有关测算，其数量至少是现有合法登记非营利组织数量的十倍以上。

（三）非营利组织的定义和特征

1. 非营利组织的定义

从社会的宏观组成体系来看，现代社会可划分为国家、市场和社会这三个既相对独立又相互结合的体系，它们对立统一地构成现代社会的整体。其中，国家体系的主体是各级政府等公共组织，市场体系的主体是各类营利性企业，社会体系的主体是各种具有非营利性、非政府性、志愿公益性或互益性特点的组织机构，通常被称为非营利组织②。非营利组织（Non-Profit Organization，NPO)③ 不是一个具有明确内涵和外延的概念，国内外对其有着相近但不同的定义。

SNA2008 定义非营利组织为这样一类法律或社会实体：其创建目标虽然也是生产货物和服务，但其法律地位不允许那些建立它们、控制它们或为其提供资金的单位利用该实体获得收入、利润或其他财务收益④。我国官方目前对非营利组织没有明确和统一的定义，已有的定义散见于各种法规制度和学者的分析之中。比如，2004 年财政部颁布的《民间非营利组织会计制度》规定民间非营利组织包括：依照国家法律、行政法规登记的社会团体、基金会、民办非企业单位和寺院、宫观、清真寺、教堂等，并指出民间非营利组织应当同时具备的特征有：该组织不以营利为宗旨和目的，资源提供者向该组织投入资源不取得

① 比如新浪、阿里巴巴、腾讯都建立了自己的网络公益平台，并且发展迅速。

② 政府体系和市场体系各有其结构和运行规则，也各有其不足。政府体系的不足主要表现在缺乏效率上，而以企业为代表的市场体系的不足主要是缺乏公平。当政府体系不能有效地配置社会资源（政府失灵），而企业等由于没有利润而不愿提供产品（市场失灵）时，非营利组织便应运而生。目前来看，由非营利组织构成的公共事业部门的平均规模是：占各国 GDP 的 4% 左右，占非农就业人口的 5% 左右，占服务业就业人口的 10% 左右，占公共部门就业人口的 27% 左右，发达国家占比则更高。

③ 非营利组织有时也简称为 NPI（Non-profit Institutions）。

④ 实践中，非营利组织的生产活动一定会产生盈余或亏损，但产生的任何盈余都不能分配给其他机构单位。正因为如此，非营利组织经常被免除多种税收。

经济回报，资源提供者不享有该组织的所有权。

2007 年国务院颁布《中华人民共和国企业所得税法实施条例》，对符合给予企业所得税优惠的非营利组织进行了定义：依法履行非营利组织登记手续；从事公益性或者非营利性活动；取得的收入除用于与该组织有关的、合理的支出外，全部用于登记核定或者章程规定的公益性或者非营利性事业；财产及其孳息不用于分配；投入人对投入该组织的财产不保留或者享有任何财产权利等。

2014 年财政部、国家税务总局颁布《关于非营利组织免税资格认定管理有关问题的通知》（财税〔2014〕13 号），提出符合免税资格的非营利组织包括依照国家有关法律法规设立或登记的事业单位、社会团体、基金会、民办非企业单位、宗教活动场所以及财政部、国家税务总局认定的其他组织，并同时满足从事公益性或者非营利性活动等八项条件。

2017 年 3 月 15 日颁布的《中华人民共和国民法总则》第八十七条规定：非营利法人是为公益目的或者其他非营利目的成立，不向出资人、设立人或者会员分配所取得利润的法人。非营利法人包括事业单位、社会团体、基金会、社会服务机构等。

我们认为，非营利组织是指从事公益性或者非营利性活动，不向出资人、设立人或者会员分配所取得利润，投入人对投入该组织的财产不保留或者享有任何财产权利的事业单位、社会团体、基金会和社会服务机构等。

2. 非营利组织的基本特征

对于非营利组织的基本特征，也有不同的见解。比如美国约翰·霍普金斯大学莱斯特·萨拉蒙教授在其非营利组织国际比较研究项目中，列举了非营利性、非政府性、组织性、志愿性和自治性五个方面。日本学者重富真一结合亚洲国家的国情，提出非营利组织应具有非政府性、非营利性、自发性、持续性、利他性、慈善性等特点。我国台湾学者官有垣认为非营利组织具有公益性、志愿性、限制利益分配等特性。

SNA2008 提出非营利组织的主要特征有：一是非营利组织是按照法律程序成立的法律实体，被承认独立于成立它、向它提供资金、控制或管理它的个人、公司或政府单位而存在。二是许多非营利组织的控制者是团体等，团体的成员拥有平等的权利，包括对所有影响非营利组织事务的重大决定的平等投票权。成员对非营利组织的运营承担有限责任。三是不存在对非营利组织的利润或权利具有索取权的股东，所有成员都无权分享非营利组织通过生产活动所创造的任何利润或盈余，这些利润要存留在非营利组织中。四是非营利组织的政策决定权通常归属于一组管理人员、理事会或类似的团体，它们是全体成员以简单多数原则投票选出来的。这些管理人员就相当于公司董事会中的董事，并负责任命付酬的经理人员。五是控制非营利组织的团体的任何成员都不可以从其运营中获得财务利益，也不能将其所挣得的任何盈余划归己有。但这并不意味着非营利组织不能通过其生产获得营业盈余。

在这些特征中，有一个显著特征可用于非营利组织的识别，那就是非营利组织的地位要求，设立、控制或资助它的单位不能将它作为获取收入、利润或其他金融收益的来源。非营利组织可产生利润，可免除税收，可带有慈善目的，但这些都不是决定性的特征。将一个单位作为非营利组织处理的唯一本质标准是它不可以成为其所有者收入、利润或金融收益的来源。

我们认为非营利组织应该具有非营利性、非政府性、志愿性三个基本特征。

（1）非营利性。非营利性是非营利组织的第一个基本特征，是区别于企业的根本特征。非营利组织的非营利性主要体现在以下三个方面：一是不以营利为目的。企业尽管千差万别，但都离不开营利这一本质。非营利组织虽然形式各不相同，但不以营利为目的是一切非营利组织的根本宗旨。二是不能进行剩余收入或利润的分配。非营利组织在开展经营性业务中往往会产生超出经营总成本的剩余收入或利润，但这种剩余收入或利润不能像企业那样在成员之间进行分配，而只能用于组织所开展的各种社会活动及自身发展。三是不得将组织的资产以任何形式转变为私人财产。非营利组织的资产严格地说并不属于组织所有，也不属于捐赠者，它们是一定意义上的"公益或互益资产"，属于社会。如果非营利组织解散或破产，它们的剩余资产不能像企业那样在成员之间分配，而只能转交给政府或其他的非营利组织。

（2）非政府性。非政府性是非营利组织区别于政府的根本特征。相对于企业来说，非营利组织和政府都属于社会的公共部门，但是非营利组织不是政府机构或其附属部分，而是非政府的社会组织。非营利组织的非政府性体现在以下三个方面：一是独立自主的自治组织。政府尽管其各个部门、机构以及各级都有相对的独立性，但不能完全独立自主，否则就难以行使国家的职能，非营利组织则是相互独立的自治组织，它们既不隶属于政府也不隶属于企业，每一个非营利组织都有独立自主的判断、决策和行为的机制与能力，是一个个独立的自治组织。二是自下而上的民间组织。政府基本的组建原则和权力行使方式是自上而下的，形成的是大大小小的金字塔结构。非政府组织依靠的是广大的公民，通过横向的网络联系与坚实的民众基础动员社会资源，形成自下而上的民间社会组织。三是属于竞争性的公共部门。政府作为以政权为基础的公共部门，无论资源的获取还是公共物品的提供，其基本方式都是垄断性的。非营利组织只能采取各种竞争性的手段，来获取各种必要的社会资源并提供竞争性的公共物品。

（3）志愿公益性或互益性。志愿公益性或互益性是非营利组织区别于事业单位最具特色的一个特征。非营利组织的内在驱动力不是利润，也不是权力，而是以志愿精神为背景的利他主义和互助主义①。非营利组织的志愿公益性或互益性主要体现在以下三个方面：一是志愿者和社会捐赠是非营利组织的重要社会资源。企业主要以资本的形式获取社会资源，政府主要通过税收集中社会资源，而非营利组织的主要社会资源则是基于志愿精神的志愿者和社会捐赠②。二是非营利组织活动的社会公开性和透明性。非营利组织由于使用的是社会公共资源，提供的是社会公共物品，其运作过程和开展的各种活动都要向社会公开，保持透明，并接受社会的监督③。三是非营利组织提供两种类型的竞争性公共物品。一类是提供给整个社会不特定多数成员的所谓"公益性公共物品"，其受益者是社会大众，但无法界定受益者，比如公害治理、植树绿化等都属于这种类型；另一类是提供给社会中某一部分特定成员的所谓"互益性公共物品"，其受益者尽管也是多数社会成员，但是能够通过某种方式界定受益者，比如行业互助、会员福利等。

（四）非营利组织的构成

我们认为我国非营利组织包括事业单位，社会服务机构，寺院、宫观、清真寺、教堂等宗教机构④，以及各种转登记和未进行登记的非营利组织等。

---

① 正像企业是组织化的资本、政府是组织化的权力一样，非营利组织可以算是组织化的志愿精神。

② 志愿者是志愿精神的直接体现或人格化，表现为那些为追求一定的价值观并无偿地参加各种社会公益或互益性活动的人们；社会捐赠则是志愿精神的货币化或物质化，表现为人们为各种社会公益或互益性活动无偿提供货币或其他物资。这两者构成了非营利组织重要的社会资源。

③ 企业作为相对独立的实体，其活动具有一定的内部性或排他性，政府则不可避免地要面临安全或保密等问题。

④ 需要指出的是，关于是否将宗教机构纳入非营利组织的范畴有不同看法。萨拉蒙教授根据"政治性"和"宗教性"的标准，认为非营利组织中一般不包含政党组织和宗教组织；我国学者王名也认为不宜将宗教机构纳入非营利组织。但也有不少机构认为非营利组织中应包括宗教机构，比如 SNA2008 列举的非营利组织中就包括宗教机构；2004 年财政部颁布的《民间非营利组织会计制度》指出民间非营利组织也包括寺院、宫观、清真寺、教堂等；2009 年，国家宗教事务局在转发《关于非营利组织免税资格认定管理有关问题的通知》和《关于非营利组织企业所得税免税收入问题的通知》中，指出宗教团体、宗教活动场所及宗教院校属于非营利组织；2017 年 3 月 15 日新颁布的《中华人民共和国民法总则》，也将宗教机构放入非营利法人一节进行阐述。因此总体来看，宗教机构符合非营利组织的定义和特征。

其中，事业单位我们在第三章已经进行阐述，因此不在本章的讨论范围之内。

社会服务机构是指民政所有业务机构。根据民政部统计，截至 2016 年底，我国有 174.5 万个社会服务机构。其中，提供住宿的社会服务机构 3.2 万个，不提供住宿的社会服务机构和设施 34.3 万个，社会组织 70.2 万个，自治组织 66.2 万个，其他社会服务机构 0.6 万个。从登记类型来看：有一小部分社会服务机构是在机构编制部门注册登记的，因此可以纳入事业单位统计①；另一小部分社会服务机构是在工商部门注册登记的②，这部分虽然具有部分非营利组织的特征，但多数以盈利为目的并分红给企业所有人，因此更类似于企业而不像非营利组织。因此我们综合考虑不将这一部分纳入非营利组织的讨论范围；还有一大部分社会服务机构是在民政部门登记的，这一部分属于非营利组织讨论的范围。

在民政部门登记的社会服务机构主要包括社会团体③、基金会和民办非企业单位等社会组织。对于在民政部门登记的提供住宿和不提供住宿的社会服务机构，以及民政登记的其他社会服务机构，由于其在统计时均归类为民办非企业单位等社会组织，因此不再单独列示④。

对于社会服务机构中的居委会和村委会等自治组织，截至 2016 年末，全国有 66.2 万个，其中居委会 10.3 万个，村委会 55.9 万个。因为是自治组织，因

---

① 主要包括三类：（1）编办登记的提供住宿的社会服务机构。主要包括：编办登记的老年人与残疾人服务机构（比如城市养老服务机构、农村养老服务机构、社会福利院、光荣院、荣誉军人康复医院、复员军人疗养院、军休所等），编办登记的智障与精神疾病服务机构（比如社会福利医院、复退军人精神病院等），编办登记的儿童收养救助服务机构（比如儿童福利机构、未成年人救助保护中心等），编办登记的其他提供住宿的服务机构（比如生活无着人员救助管理站、安置农场、军供站、其他提供住宿的机构等）；（2）编办登记的不提供住宿的社会服务机构（比如老龄机构、为残疾人提供服务的机构、救助低保服务机构、救灾储备仓库、福利彩票发行机构、军队离退休人员管理中心、军队离退休人员活动中心、烈士纪念建筑物管理机构、社区服务机构等）；（3）编办登记的其他社会服务机构（比如婚姻登记服务类单位、殡仪馆、公墓、骨灰堂和殡葬管理单位等）。

② 在工商部门登记的社会服务机构包括工商登记的提供住宿的服务机构、工商登记的不提供住宿的社会服务机构，以及工商登记的其他社会服务机构。具体来说，工商登记的社会服务机构主要包括三类：（1）工商登记的老年人与残疾人服务机构，比如部分城市养老服务机构、农村养老服务机构、社会福利院、光荣院、荣誉军人康复医院、复员军人疗养院、军休所等；（2）工商登记的不提供住宿的社会服务机构，包括部分为残疾人提供服务的机构、社区服务机构等；（3）工商登记的其他社会服务机构，比如部分殡仪馆、公墓、骨灰堂和殡葬管理单位等。

③ 由于参加中国人民政治协商会议的八大人民团体和经国务院批准可以免予登记的社会团体不由民政部门登记管理，且划入狭义政府部门，因此这部分社会团体不属于本章的讨论范围。

④ 在民政部门登记的提供住宿的社会服务机构主要包括老年人与残疾人服务机构、智障与精神疾病服务机构、儿童收养救助服务机构、其他提供住宿的服务机构；在民政部门登记的不提供住宿的社会服务机构主要包括老龄机构、救助低保服务机构、福利彩票发行机构、社区服务机构等；民政登记的其他社会服务机构主要有婚姻登记服务类单位、殡仪馆、公墓、骨灰堂和殡葬管理单位等。这些机构均可归类为民办非企业单位。

此目前有大约三分之二没登记，另外三分之一分别为编办登记、工商登记和民政登记。尽管统计局将自治组织纳入省、市、县、乡下面的广义政府进行核算，且其财务多执行事业单位财务制度①，但考虑到机构编制部门不对自治组织进行"三定"，财政部门也不对其按人头发放工资或经费（其从财政部门获得的资金主要是项目经费），而且从 2017 年开始，自治组织均由民政部门统一发放社会信用代码。因此，我们将居委会和村委会等自治组织纳入本章的讨论范围。

对于寺院、宫观、清真寺、教堂等宗教机构，其既不属于狭义政府和事业单位，也不属于企业部门，因此是本章讨论的内容。

此外，我国还存在不少未登记或转登记的非营利组织。转登记的非营利组织主要指在工商部门以企业形式登记，但主要从事各种非营利社会活动的非营利组织。这类非营利组织出现的原因，主要是在现行的机构编制部门或民政部门登记注册管理，门槛较高，条件较严格，因此采取通过工商注册成立企业的形式来进行变通。虽然转登记的非营利组织具有非营利组织的特征，但其往往具有盈利的动机和行为，因此我们综合考虑不将其纳入本章的讨论范围。

还有一些因为其他种种原因未按现行法律法规进行正式登记注册的各类非营利组织。包括机关、国有企事业单位内设的二级机构（比如各个大学内部的各种学生社团）或挂靠单位（如各种培训机构、咨询服务机构、教育机构等），以及民间的各种草根组织，比如各种阶层或企业联盟、群体俱乐部、网上社团、业主委员会等。这部分未登记的非营利组织体量小，多具有临时性，不能在银行开户，而且未登记则严格说来不能算是真正的组织，一些未登记的非营利组织也往往与非法的非营利组织相联系，因此我们不将其纳入本章的讨论范围。

在一般的研究和论述中，还常常出现群众团体、人民团体的概念。根据有关文件，人民团体的概念政治意味浓厚，主要指参加政治协商会议的八大组织②。群众团体比人民团体的范围更宽。群众团体除了八大人民团体外，还包括经国务院批准免于登记的 15 家组织③。这些人民团体和群众团体属于非营利组

---

① 根据民政部统计，截至 2016 年末，有超过 80% 的自治组织执行事业单位财务制度。

② 即全国总工会、共青团中央、全国妇联、中国科协、全国侨联、全国台联、全国青联、全国工商联。

③ 即中国作协、中国文联、中华全国新闻工作者协会、中国人民对外友好协会、中国人民外交学会、中国贸促会、中国残联、中国宋庆龄基金会、中国法学会、中国红十字总会、中国思想政治工作研究会、欧美同学会、黄埔军校同学会、中华职业教育社、中国计划生育协会。所以，全国性的群团组织共 23 家。这 23 家中，参照《公务员法》管理的有 21 家，适用《公务员法》管理的有 1 家（全国工商联），还有 1 家全国青联附属于共青团，是一个虚体，没有机构编制。

织中的社会团体①，但免于登记。由于它们参照或适用于《公务员法》管理，由中编办"定机构、定职责、定编制"，由财政进行拨款，因此我们通常将其归于政府的范畴，本章也不将其作为分析的对象。

因此，本章论述的非营利组织包括：（1）在民政部门登记的，提供住宿、不提供住宿及其他社会服务机构（这部分也统计在社会组织的民办非企业单位中）；（2）社会团体、基金会和民办非企业单位等社会组织；（3）居委会、村委会等自治组织；（4）宗教机构（包括寺院、宫观、清真寺、教堂等）。

事业单位，在工商部门和机构编制部门登记的提供住宿、不提供住宿及其他社会服务机构，转登记和未登记的非营利组织等，虽然属于非营利组织的范围，但由于可以放入事业单位等其他章节进行阐述，不在本章的讨论范围之列。我国非营利组织构成见表4-1。

表4-1　　　　　　　　　我国非营利组织的构成

序号	机构类型			登记类型	是否在本章的讨论范围内	执行的会计制度
1	事业单位			编办登记	否	事业
2	社会服务机构	提供住宿的社会服务机构		编办登记	否	事业、企业、民间
				工商登记	否	
				民政登记	是	
		不提供住宿的社会服务机构和设施		编办登记	否	事业、企业、民间
				工商登记	否	
				民政登记	是	
				民政登记为设施	是	
		社会组织	社会团体	免于登记	否	事业
				民政登记	是	民间
			基金会	民政登记	是	民间
			民办非企业单位			
		自治组织	居委会、村委会	编办登记	是	事业、企业、民间
				工商登记		
				民政登记		
				未登记		

---

① 根据1998年国务院发布的《社会团体登记管理条例》，参加中国人民政治协商会议的人民团体以及由国务院机构编制管理机关核定，并经国务院批准免于登记的团体不属于该条例规定登记的范围。因此，这23个群众团体都属于政府控制的社会团体范畴，是属于"免予登记"的一种特殊类型的社会团体，当然也属于非营利组织。

续表

序号	机构类型		登记类型	是否在本章的 讨论范围内	执行的 会计制度
2	社会服务 机构	其他社会服务机构	编办登记	否	事业、企业、 民间
			工商登记	否	
			民政登记	是	
3		宗教机构	宗教事务部门登记	是	民间
4	未登记或 转登记的 非营利组织	转登记的非营利组织	工商登记	否	企业
		未登记的非营利组织	未登记	否	不详

注：1. 登记类型分为编办登记、工商登记、民政登记、"一个机构多块牌子"、设施、未登记六类，其中，编办登记指在机构编制部门登记注册，主要是机关和事业单位；工商登记指在工商部门登记注册，主要指各类企业；民政登记指在民政部门登记注册，主要包括社会团体、基金会、民办非企业单位等，居委会、村委会自治组织等也有部分属于民政登记；"一个机构多块牌子"可以视同为"编办登记"；民政登记为设施指在民政部门登记为"设施"，主要指社会服务设施；未登记指未在政府相关部门进行登记注册。

2. 对于社会团体、基金会、民办非企业单位，其登记类型均为民政登记，即只能在民政部门登记。

3. 在执行的会计制度中，企业指企业会计准则，事业指事业单位会计制度，民间指民间非营利组织会计制度。在非营利组织的登记类型与执行的会计制度之间不存在一一对应的关系，但有着模糊的相关性，即编办登记的非营利组织多数执行事业单位会计制度，工商登记的更多可能执行企业会计准则，民政登记多执行民间非营利组织会计制度。

4. 免于登记的社会团体主要指群众团体和人民团体。

二、非营利组织的分类

非营利组织复杂繁多，其分类方式也是五花八门、角度多样。比如，从产业角度，可以按其从事活动的领域或其设想的目的进行分类；从法律角度，可以按其法人性质进行分类；从组织制度特征，可以分为会员制或非会员制；从与政府关系的角度，可以分为政府控制的和非政府控制的；从其职能分工，可分为资助型机构和运作型机构；按是否依法登记，可分为免登记、已登记、转登记和未登记；等等。本章提出的是目前存在的几种主要分类，也只是一种尝试。

（一）基于行业的非营利组织分类

依据行业（活动领域）对非营利组织进行分类和统计，可以反映非营利组织在各个行业、各个领域的发展状况和贡献。

2007 年，民政部为规范和统一社会组织的统计管理，更好地与国民经济行业分类标准衔接，在借鉴 ICNPO（国际非营利组织分类体系，International Classification of Non-profit Organizations，基于联合国国际产业标准分类体系编制）分类的基础上，制定了我国按行业（活动领域）的社会组织分类标准。该标准将社会组织分为5大类14小类（见表4-2），除社会组织外的其他非营利组织也可参照这一分类。

表4-2　　　　　　　　民政部社会组织分类标准（按行业）

序号	大类	类别名称	指标解释
1	经济发展	工商服务业	从事工业、商业、服务业等经济类组织，包括商会
2		农业及农村发展	直接为农业及农村发展服务的组织
3	科学研究	科学研究	从事自然科学研究、社会科学研究的组织，包括思想政治工作研究会
4		教育	从事各种教育活动的组织
5		卫生	从事各种医疗、卫生、保健服务的组织
6	社会事业	文化	从事文学、艺术、娱乐、收藏、新闻、媒体、出版等方面的组织
7		体育	从事各种体育运动、健身活动的组织
8		生态环境	从事动、植物保护，环境保护，以及环境治理的组织
9	慈善	社会服务	从事社会福利、救灾救助、社会保障及社会事务的组织
10		法律	从事各项法律研究、咨询、援助、代理的组织
11		宗教	各类宗教及宗教交流组织
12	综合	职业及从业者组织	职业协会、专门行业从事者组织
13		国际及涉外组织	国际性组织、外国商会、境外组织驻华机构等
14		其他	校友会、友好协会及其他未列明的组织

（二）基于机构的非营利组织分类

根据前文，纳入本章讨论的我国非营利组织包括：在民政部门登记的社会服务机构；社会团体、基金会和民办非企业单位等社会组织①；居委会、村委会等自治组织；宗教机构。这些非营利组织的分类方式差别较大，因此分别加以论述。

1. 提供住宿的社会服务机构

提供住宿的社会服务机构可分为以下几类：为老年人与残疾人提供收留抚

---

① 将社会组织划分为社会团体、基金会和民办非企业单位三个大的类别，这体现了社会组织在组织构成、性质和运作机制上的重大区别，即将社团性、财团性和服务实体性三种类别的社会组织做了合理的划分。需要指出的是，本书对我国政府控制的社会团体、基金会、民办非企业单位等社会组织的分类，主要参考了民政部的社会组织登记和统计制度。

养服务的机构，为智障与精神病人提供收留抚养服务的机构，为儿童提供收留抚养和救助服务的机构，以及其他提供住宿的服务机构。

2. 不提供住宿的社会服务机构和设施

不提供住宿的社会服务机构和设施可分为：为社区居民提供服务的机构，为老年人提供服务的机构，为残疾人提供服务的机构，为生活困难群众提供服务的机构，为受灾群众提供服务的机构，为弱势群体筹集资金而设立的机构，为军队有关人员提供服务的机构等。

3. 社会团体分类方式

社会团体的分类方式有多种。

（1）按性质分

社会团体按性质可分为学术性社团、行业性社团、专业性社团和联合性社团等。

学术性社团一般以学会、研究会等命名。其中又可以分为自然科学类、社会科学类及自然科学与社会科学的交叉科学类。如中国化学会、中国电影电视技术学会、中国造纸学会、中国土木工程学会等。

行业性社团一般以协会（包括工业协会、行业协会、商会、同业公会等）命名。这类社团主要是经济性团体，其中可分为农业类、工业类和商业类等。如中国信托业协会、中国制冷空调工业协会、中国质量协会、中国注册会计师协会等。

专业性社团一般以协会命名。这类社团一般是非经济类的，主要是由专业人员组成或以专业技术、专门资金为从事某项事业而成立的团体。如中国职工焊接技术协会、中国内部审计协会、中国女摄影家协会等。

联合性社团一般以联合会、联谊会、促进会、协会等命名。这类社团主要是人群的联合体或学术性、行业性、专业性团体的联合体。联合性社团如中国青少年宫协会、中国报关协会、中国职工技术协会、中国投资协会、中国纺织摄影协会、中日韩经济发展协会等。

（2）按活动区域分

社会团体按活动区域可分为中央级社团、省级社团、地级社团、县级社团。

中央级社团如中国中药协会、中国渔业互保协会、中国燃料工业协会、中国机械工程学会、中国金属学会、中国国际民间组织合作促进会等。

省级社团如青海省警察协会、山东省统计学会、云南省杂文与新闻评论学会、青海关公文化促进会、福建省宗教研究会、海南省旅游协会等。

地级社团如芜湖市物流行业协会、齐齐哈尔市青年志愿者协会、南昌市宗教文化交流协会等。

县级社团的例子有宜丰县消费者协会、小金县作家协会、小金县生猪养殖协会、小金县书画家协会等。

（3）按隶属行业分

社会团体按隶属行业可分为工商服务业、科技研究、教育、卫生、社会服务、文化、体育、生态环境、法律、宗教、农业及农村发展、职业及从业组织、其他等几类[①]。

此外，社会团体还可以分为公益性社会团体和互益性社会团体等。

4. 基金会分类方式

基金会按募集资金来源分为面向公众募捐的基金会（简称公募基金会）、不得面向公众募捐的基金会（简称非公募基金会）和境外基金会。其中，公募基金会按照募捐的地域范围，分为全国性公募基金会和地方性公募基金会。

全国性公募基金会如中国社会福利基金会、中国关心下一代健康体育基金会、中国美术馆事业发展基金会、中国京剧艺术基金会等。

地方性公募基金会如上海市志愿服务公益基金会、广东省广州外国语学校教育发展基金会、西藏自治区珠峰冰川环保基金会等。

非公募基金会如中国和平发展基金会、吉林大学第一医院医学发展和医学援助基金会、清华大学教育基金会、国寿慈善基金会、中远慈善基金会等。

5. 民办非企业单位[②]分类方式

民办非企业单位按性质可分为法人、合伙和个体三种[③]。民办非企业单位（个体）是指个人出资且担任民办非企业单位负责人；民办非企业单位（合伙）是指两人或两人以上合伙举办；民办非企业单位（法人）是指两人或两人以上合伙举办且具备法人条件的，或者由企业事业单位、社会团体和其他社会力量举办的，或由上述组织与个人共同举办的情形。法人型民办非企业单位如北京广安中医肿瘤研究院等。

民办非企业单位按隶属行业分为科技服务、生态环境、教育、卫生、社会

---

① 参照前文民政部社会组织分类标准（按行业）。

② 2016 年 5 月，民政部公布的《民办非企业单位登记管理暂行条例》修订草案征求意见稿提出，将"民办非企业单位"更名为"社会服务机构"，并将其定义为：自然人、法人或者其他组织为了提供社会服务，主要利用非国有资产设立的非营利性法人。

③ 民政部 2016 年 5 月公布的《民办非企业单位登记管理暂行条例》修订草案征求意见稿，取消个体型、合伙型，将社会服务机构统一为非营利性法人。

服务、文化、体育、商务服务、宗教、国际及其他涉外组织、其他等[①]。

6. 其他社会服务机构分类方式

其他社会服务机构可分为两类：提供婚姻服务的机构和提供殡葬服务的机构。

7. 宗教机构分类方式

宗教机构可分为寺院、宫观、清真寺、教堂等；按教派也可分为佛教机构、道教机构、伊斯兰教机构、天主教机构、基督教机构等。

三、政府控制的非营利组织

政府与非营利组织的关系有多种。比如罗伯特·伍思努提出政府与非营利组织的相互依赖论，萨拉蒙、基伦德等提出非营利组织与政府之间存在政府主导模式、非营利组织主导模式、并存模式、合作模式等多种关系。本章主要讨论的是政府对其有直接控制和较大影响力的非营利组织。

（一）政府控制的标准

根据SNA2008，控制一个非营利组织是指：具有决定其总体政策或规划的能力。判断一个非营利组织是否被政府所控制，要考虑以下五个方面：

一是官员的任命。根据非营利组织的章程、协会的规定，或其他可授权文书，政府有权任命管理非营利组织的高级管理人员。

二是可授权文书的其他条款。可授权文书可能含有与高级管理人员任命无关的，但实际上允许政府有决定非营利组织总体政策或规划的重要方面的条款。例如，可授权文书可以规定或限制非营利组织的功能、目标或其他一些经营事项，从而使得管理层的任命变得较不重要，甚至无所谓；可授权文书也可以赋予政府更换关键人员或否决任命提名的权利；其他可形成控制的条款还包括：要求在预算和资金安排上预先征得政府的同意，不允许非营利组织未经政府同意而修改章程、宣布解散或终止与政府的关系等。

三是合约安排。政府和非营利组织间可能存在合约安排，以支持政府决定非营利组织总体政策或规划的关键方面。只要非营利组织对其政策或规划的最终决定权达到一个显著的程度，比如能够违反合约安排并承担后果，除了通行的规则要求外，无需征得政府同意即可修订自己的章程或宣布解散，则可认为它未受政府控制。

[①]　参照前文民政部社会组织分类标准（按行业）。

四是资金来源。一个非营利组织的资金若主要来源于政府，则可能受政府控制。但如果非营利组织能够保持其对政策或规划的决定权达到如上条所述的显著程度，则可认为它未受政府控制。

五是风险暴露。如果政府公开地让自己暴露在与非营利组织活动有关联的所有或大部分的财务风险面前，则也可以形成控制。

需要指出的是，在有些情况下，某一个指标就足以证明存在政府控制，但有时可能需要几个指标综合起来看。从根本上说，判断一个非营利组织是否是政府控制，要看所有指标，而且对于相似的情形应做出一致的判断。当然，综合各方面指标来做出判断肯定会具有主观性。

（二）我国现有的政府控制的标准

在我国，政府与非营利组织的关系千丝万缕。即使有许多非营利组织宣布与政府部门脱钩，成为独立存在的法人，但与政府仍存在多种关系。我国政府对非营利组织的控制可以体现在很多方面。比如，提供财政拨款，给予基本的办公场所、活动条件等；组织的领导者、管理者由政府推荐出任；很多非营利组织是因政府前瞻性的政策帮助成立的，而不是因为社会自身需要而产生的；政府通过业务主管单位对非营利组织实现部分拥有，业务主管单位成为政府资源的提供渠道；在某些时期，非营利组织的产生还要有行政编制，撤销时要为其工作人员解决出路等。

从调查的数据来看，我国政府与非营利组织之间也存在着各种各样的联系。比如对青岛市社会团体的调查①表明：32% 的社会团体由党政部门脱钩而来，53.5% 的社会团体仍然由党政领导干部兼任社团领导职务；52% 的社会团体，业务主管单位对其有人事任免权；10.7% 的社会团体接受政府全额拨款，22.8% 的社会团体接受部分拨款；15.6% 的社会团体具有政府授予的特许经营权；5.4% 的社会团体还有政府部门参与利润分配；16.2% 的社会团体还有政府部门的经营业绩要求。并且，28.7% 的社会团体认为自己与政府业务主管单位是领导与被领导的关系，62.9% 的社会团体认为是指导与被指导的关系；绝大多数社会团体认为业务主管单位对社团有实质性作用，其中 55.5% 认为作用很大。

从我国目前实践的情况来看，一般认为政府对一个非营利组织存在控制，最主要的是指人员控制，人员控制体现为政府部门对非营利组织主要管理人员的直接任命有较大影响力。资金控制可以作为参考标准，表现在政府对非营利组织直

① 陶传进、王名：《中国民间组织研究报告——以青岛为背景的实证调研及相关政策建议》，选自由吴玉章主编，社会科学文献出版社出版的《社会团体的法律问题》一书。

接的资金投入或通过政府购买服务等手段的间接控制①。当然，除了人员和资金外，政府在合约安排、风险暴露等其他方面也可实现对非营利组织的控制。

（三）我国目前政府控制的非营利组织的统计状况

目前，我国对政府控制的非营利组织的统计核算是薄弱的。对于社会服务机构，除了居委会、村委会可归为政府控制外，其他均尚未按是否为政府控制的属性进行分类和统计；对于宗教场所，其多为民间性质组织，但不少场所占有和使用国有资产，主要管理人员的任命也多需政府宗教事务部门批准，因此要判断是否政府控制也有难度。

尽管目前无法从登记注册的属性去区分一个非营利组织是否为政府控制，但我们仍可以尝试从其他一些角度对其进行甄别，包括从非营利组织的名字、主管单位情况、管理者背景等方面来进行区分，也可以通过抽样调查来估计总体的状况。

四、完善政府控制的非营利组织核算范围的建议

（一）非营利组织登记注册或备案时，在属性设置上增加"是否为政府控制"这一分类

我国现有的非营利组织，大多数是在各级民政部门登记注册，还有一部分是在工商部门登记②。在机构编制部门登记的非营利组织，绝大部分都是政府控制的。在宗教事务部门登记的宗教机构，多为民间性质，但部分宗教机构占有使用国有资产；在民政部门和工商部门登记的非营利组织，性质更为复杂，现有登记注册的信息中没有包含是否为政府控制这一属性，而且从名字、主办主管单位等其他信息中区分是否为政府控制也有难度。因此，建议民政等部门在给广大非营利组织登记审核时，在属性上增加"是否为政府控制"这一分类，以提高核算的准确性。

（二）逐步将按企业登记的非营利组织改为民政登记并纳入核算

目前，按企业登记的非营利组织包括两部分。一部分是在民政部门统计的社会服务机构中，由于历史等原因，有一些没有在机构编制部门或民政部门登记，而是在工商部门登记。这一部分数量相对不多，远远少于在民政部门登记

---

① 需要指出的是，我国政府控制的标准以人员任命等为主，资金控制可以作为参考。因为目前看，民政部门通过项目招标或政府采购等方式提供资金给一些非营利组织，政府却对其实现了资金的控制，但这其中的不少非营利组织基本由民间主导。

② 在机构编制部门登记的非营利组织，绝大部分都是政府控制的，因此较好区分。

的非营利组织的数量规模，而且因为纳入民政部门统计管理，所以对这一部分非营利组织的核算还是较为清楚。

还有一部分按企业登记的非营利组织属于转登记。即由于在民政等部门登记的门槛较高、条件较多、成本较大等原因，获得合法身份较难，一些公民和单位难以通过民政登记或编办登记注册成立非营利组织，只能转而寻求在登记相对容易的工商部门注册。这种情形在环境保护、社区发展等领域较多。这一部分数量较多，据相关估算大大超过现有在民政部门登记的非营利组织数量规模，而且没有纳入民政部门的统计管理范围。

这些在工商部门登记注册的非营利组织以企业形式存在，无法享受非营利组织应该享有的税收等优惠，但实际上主要从事着非营利组织的工作。对这一部分非营利组织，应该通过降低门槛、放松条件，将其纳入正常的非营利组织统计管理范围中来。

（三）将国家机关、国有企事业单位等挂靠的或内部设立的非营利组织性质的机构，逐步纳入民政部门的非营利组织登记管理核算范围

除了转登记的非营利组织，我国还有大量未登记的非营利组织。这些未登记的非营利组织一部分是国家机关、国有企事业单位等挂靠的或内部设立的非营利组织性质的机构。比如，各个大学内部的各种学生社团，挂靠的各种培训机构、咨询服务机构、教育机构等。这些挂靠或内设的机构，不少由政府直接控制或具备政府背景，而且有一定的统计和管理基础，因此可以先行考虑将其纳入民政部门的非营利组织登记、统计和管理范围。

（四）确保政府对非营利组织控制的下属企业等机构的资产负债表，与非营利组织本身分别进行核算

目前，我国法律不允许社会团体、基金会、民办非企业单位等非营利组织，独立或参与设立法人性质的营利性企业和非营利性事业单位等机构。但在现实中，一些非营利组织对某些法人企业或事业单位通过各种形式实现了直接或间接控制，而且一些非营利组织控制的所谓下属企业或事业单位的资产负债规模不小，有些还超过了非营利组织本身。

我们在进行政府控制的非营利组织资产负债核算时，如果将非营利组织控制的企业或事业单位等机构的资产负债表并入非营利组织进行核算，将导致误判非营利组织的规模。尤其是当受控制的是企业等营利性机构时，其业务与非营利组织性质特点相去甚远。因此，我们建议在对非营利组织进行资产负债核算时，不对其控制的企业或事业单位等进行并表。

第二节 政府控制的非营利组织
资产负债核算的范围与分类

一、非营利组织会计核算的几个问题

目前我国非营利组织资产负债核算还仅限于会计核算，我们在研究会计核算时，应充分考虑非营利组织的相关会计核算特点。

（一）非营利组织适用的会计制度

非营利组织主要包括社会服务机构和宗教机构等。下面我们研究这些机构执行的会计制度情况。

在民政部门登记的社会服务机构按照民政部门统一要求，主要执行《民间非营利组织会计制度》。在工商部门登记的社会服务机构为企业，主要适用《企业会计准则》。目前在实践中，绝大多数宗教机构均实行《民间非营利组织会计制度》，少数因为历史原因，尚未执行《民间非营利组织会计制度》。未登记的非营利组织包括学生社团、群体俱乐部、网上社团、业主委员会等。尽管机构数量庞大，但组织活动较为简单，组织形式较为松散，大部分没有固定的活动场所，资产规模一般较小，因此这部分未在民政、工商等部门登记的非营利组织，大多数没有建立较完整的会计制度和进行规范的会计核算（可能仅有现金流水账）。

因此，在非营利组织中，执行范围最为广泛的是《民间非营利组织会计制度》。

（二）非营利组织会计核算的特征

非营利组织会计与企业会计相比，核算对象、会计目标以及业务性质存在差异，因此有其自身特点。主要表现在：

1. 非营利组织出资者提供的资金不具有营利性和增值性，但具有限制性。非营利组织的资金来源主要包括捐赠人的捐赠、会员缴纳的会费、向服务对象收取的服务费等，涉及范围较广、人数较多，而且这些资金提供者在提供资金以后不再享有对经济资源的所有权（如资产处置权、受益权和分配权等），但是有权要求非营利组织按照其意愿使用这些经济资源。与企业不同（企业由于所有权和经营权的分离，其经营活动和经济资源的具体使用一般不会受到出资者干涉），非营利组织对经济资源的筹集、分配和使用受到出资者和社会公众的限制。

2. 非营利组织存在基金会计主体。在有些情况下，非营利组织出资者对其

所提供资金的使用有着不同于其他资金的特定要求，即非营利组织对使用的某种资金负有特定的受托责任。为了单独报告这种资金受托责任的履行情况，非营利组织会计需要对其进行单独核算和报告，这就形成了以某种资金为主体形式的会计主体，也即基金会计主体。与企业会计一般只存在组织形式（如公司等）的会计主体不同，在非营利组织会计核算中，既存在着组织形式的会计主体，也存在着基金形式的会计主体。

3. 不进行利润和利润分配的核算。非营利组织的业务活动不以盈利为目的，增加的净资产也无需向出资者分配。因此，尽管非营利组织的经济资源提供者可以对其提供的经济资源限定用途，但其对非营利组织的净资产不存在明确的所有权和要求权，不享有相应份额的所有者权益或业主权益。非营利组织会进行收入和费用的会计核算，但并不以利润最大化为目标。与企业会计将利润核算作为会计核算的重点不同，非营利组织会计中没有利润和所有者权益的概念，也不进行利润和利润分配的核算。

二、政府控制的非营利组织资产负债的界定与分类

（一）政府控制的非营利组织资产的定义和分类

《民间非营利组织会计制度》对资产的定义为：资产是指过去的交易或者事项形成并由非营利组织拥有或者控制的资源，该资源预期会给其带来经济利益或者服务潜力。资产按照流动性，一般分为流动资产和非流动资产。流动资产是指预期可在 1 年内（含 1 年）变现或者耗用的资产。非流动资产是指流动资产以外的资产。

1. 流动资产

流动资产主要包括货币资金、短期投资、应收款项、预付账款、存货、待摊费用、一年内到期的长期债权投资、其他流动资产等。

（1）货币资金。货币资金包括现金、银行存款和其他货币资金。

现金是指非营利组织持有的库存现金。

银行存款是指非营利组织存入银行或其他金融机构的存款。

其他货币资金包括外埠存款、银行汇票存款、银行本票存款、信用卡存款、信用证保证金存款、存出投资款等各种其他货币资金。外埠存款是指非营利组织到外地进行临时或零星采购时，汇往采购地银行开立采购专户的款项。银行汇票存款是指非营利组织为取得银行汇票按规定存入银行的款项。银行本票存款是指非营利组织为取得银行本票按规定存入银行的款项。信用卡存款是指非

营利组织为取得信用卡按规定存入银行信用卡专户的款项。信用证保证金存款是指非营利组织在采用信用证结算方式时，为取得信用证而按规定存入银行信用证保证金专户的款项。存出投资款是指非营利组织已存入证券公司，但尚未进行短期投资的款项。

（2）短期投资

短期投资是指非营利组织持有的各种能够随时变现（或变现成本较低）并且持有时间不准备超过1年（含1年）的投资，包括短期股票、债券投资和短期委托贷款、委托投资等。

（3）应收款项

应收款项是指非营利组织在日常业务活动过程中发生的各项应收未收债权，包括应收票据、应收账款和其他应收款。

（4）预付账款

预付账款是指非营利组织预付给商品供应单位或者服务提供单位的款项。

（5）存货

存货是指非营利组织在日常业务活动中持有以备出售或捐赠的，或者为了出售或捐赠仍处在生产过程中的，或者将在生产、提供服务或日常管理过程中耗用的材料、物资、商品等。存货包括材料、库存商品、委托加工材料，以及达不到固定资产标准的工具、器具等。

（6）待摊费用

待摊费用是指非营利组织已经支出，但应当由本期和以后各期分别负担的、分摊期在1年以内（含1年）的各项费用，如预付保险费、预付租金等。

2. 非流动资产

非流动资产主要包括长期投资、固定资产、在建工程、文物文化资产、无形资产和受托代理资产等。

（1）长期投资

长期投资是指除短期投资以外，非营利组织持有时间超过1年的各种投资，包括长期股权投资、长期债权投资等。长期股权投资包括长期股票投资和其他股权投资，长期债权投资包括长期债券投资和其他债权投资。

（2）固定资产①

固定资产是指同时具有以下特征的有形资产：为行政管理、提供服务、生

---

① 《民间非营利组织会计制度》在固定资产项下设立了固定资产、在建工程和文物文化资产三个核算项目。此处的"固定资产"特指狭义的固定资产。

产商品或者出租目的而持有，预计使用年限超过 1 年，单位价值较高。

（3）在建工程

在建工程是指已经发生必要支出，但尚未达到交付使用状态的各种建筑（包括新建、改建、扩建、修缮等）、设备安装工程和信息系统建设工程。

（4）文物文化资产

文物文化资产是指用于展览、教育或研究等目的的历史文物、艺术品，以及其他具有文化或历史价值并作长期或永久保存的典藏等。文物文化资产是一项特殊资产，这类资产一般价值较高、寿命较长，不但不会像普通固定资产那样发生折旧和价值损耗，还可能会随着时间的推移而产生增值。

（5）无形资产

无形资产指非营利组织拥有的为开展业务活动，出租给他人或为管理目的而持有的，没有实物形态的非货币性长期资产，包括著作权、商标权、土地使用权、专利权、非专利技术等。

（6）受托代理资产

受托代理资产是指非营利组织接受委托方委托，从事受托代理业务而收到的资产。受托代理业务是非营利组织的一项经常性业务，特别是一些基金会、慈善机构会接受其他社会机构或个人的委托，将相关资产按委托人意愿转赠给指定的受益人。在受托代理过程中，非营利组织通常从委托方接收受托资产，并按照委托人意愿或有关规定将资产转赠给指定的其他组织或个人。非营利组织本身在委托代理过程中只是起到中介作用，无权改变受托代理资产的用途或者受益人。非营利组织应当对受托代理资产比照接受捐赠资产的原则进行确认和计量，但在确认一项受托代理资产的同时，应确认一项受托代理负债。

（二）政府控制的非营利组织负债的定义和分类

《民间非营利组织会计制度》对负债①的定义为：过去的交易或者事项形成的现时义务，履行该义务预期会导致含有经济利益或者服务潜力的资源流出非营利组织。负债按照流动性，分为流动负债和非流动负债。流动负债是指将在 1 年内（含 1 年）偿还的负债。非流动负债是指偿还期限在 1 年以上（不含 1 年）的负债。

1. 流动负债

流动负债主要包括短期借款、应付款项、应付工资、应交税金、预收账款、

---

① 需要指出的是，《民间非营利组织会计制度》中的负债项目是狭义的债务性负债（或一般性负债），在统计核算中，广义的负债项目既包括债务性负债，也包括权益性负债（所有者权益或净资产）。

预提费用和预计负债等。

（1）短期借款

短期借款是指非营利组织向银行或其他金融机构等借入的，尚未偿还的期限在1年以下（含1年）的各种借款。

（2）应付款项

应付款项是指非营利组织在日常业务活动过程中发生的各项应付票据、应付账款和其他应付款等应付未付款项。

应付票据是指非营利组织购买材料、商品和接受服务等而开出并承兑的商业汇票。应付票据按照承兑人不同分为银行承兑汇票和商业承兑汇票。应付账款是指非营利组织购买材料、商品和接受服务等而应付给供应单位的款项。

（3）应付工资

应付工资是指非营利组织应付未付的员工工资，包括基本工资、奖金、津贴补贴、社会保险费、住房公积金等各种工资、奖金、津贴等。

（4）应交税金

应交税金是指非营利组织按照税法等规定应交纳的各种税费，包括增值税、所得税、房产税、个人所得税等。

（5）预收账款

预收账款是指非营利组织向服务和商品购买单位预收的各种款项。它是买卖双方协议商定，由供货方或提供劳务方预先向购货或接受劳务方收取一部分货款或订金而形成的负债。

（6）预提费用

预提费用是指非营利组织预先提取的已经发生但尚未支付的费用，如预提的租金、保险费、借款利息等。

（7）预计负债

预计负债是指非营利组织对因或有事项所产生的现时义务而确认的负债。或有事项是指过去的交易或事项形成的一种状况，其结果必须通过未来不确定事项的发生或不发生予以证实，包括对外提供担保、商业承兑票据贴现和未决诉讼等。

2. 非流动负债

非流动负债主要包括长期借款、长期应付款、其他长期负债和受托代理负债等。

（1）长期借款

长期借款是指非营利组织向银行或其他金融机构借入的期限在1年以上

（不含 1 年）的各项借款。

（2）长期应付款

长期应付款是指非营利组织发生的偿还期限超过 1 年（不含 1 年）的应付款项，如融资租入固定资产的租赁费等。

（3）其他长期负债

其他长期负债是指除以上长期负债项目之外的其他长期应付未付款项。

（4）受托代理负债

受托代理负债是指民间非营利组织因从事受托代理业务，接受受托代理资产而产生的负债。

（三）非营利组织权益性负债的定义和分类

权益性负债，也称为净资产，是资产减去一般性负债后的余额。净资产应当按照其是否受到限制，分为限定性净资产和非限定性净资产等。

限定性净资产是指资产或者资产所产生的经济利益（如资产的投资收益和利息等）的使用，受到资产提供者或者国家有关法律、行政法规所设置的时间限制或（和）用途限制。除此之外的其他净资产，即为非限定性净资产。

三、完善政府控制的非营利组织资产负债核算的政策建议

（一）推行统一的非营利组织资产负债核算标准

应针对所有非营利组织制定并推行一套统一的会计标准，并在此基础上，出台补充办法和配套实施细则。这有利于提高会计信息可比性，有利于社会公众对非营利组织会计信息的利用、分析和评价。

（二）重新梳理资产负债核算分类

在我国现行的国民经济核算体系中，资产负债核算的分类基本以流动性为主，而流动性基本参照资产、负债的剩余期限。作为个体核算，这种分类有利于非营利组织进行流动性管理，有利于会计信息使用者评价非营利组织的偿债能力。但作为国民经济核算体系中的一部分，非营利组织核算项目分类的首要目标应该是有利于宏观管理。因此，可以考虑参照国际通行的分类方法对非营利组织的资产负债进行分类，即首先将资产分为金融资产与非金融资产，金融资产再按金融工具进行分类，非金融资产再按资产取得的生产性分为生产性资产与非生产性资产。负债核算的分类与金融资产的分类相同。这样的分类方法，与 SNA 分类体系保持一致，有利于国际数据的比较和分析。

（三）进一步完善会计计值方法

非营利组织现行的会计模式是历史成本计量，在这一模式下，资产按照实

际取得成本计值。然而对于非营利组织，许多资产的取得并没有实际成本。比如，非营利组织取得的捐赠资产、政府补助资产、受托代理资产等，都是无偿取得的，没有发生实际成本。如果严格按照历史成本原则，将难以进行确认和计量。但是这些资产又是非营利组织实际拥有或控制的资源，符合资产的定义，如果不予确认和计量，将难以完整反映非营利组织所控制的资源状况和所开展的业务活动情况。因此，非营利组织在坚持历史成本计量的基础上，对于一些特殊的交易事项，应逐步研究推广除历史成本以外的其他计量模式，包括计量模式的选择、估值方法的确定和调整等，以全面、完整、准确地反映各类交易事项及其对资产、负债状况的影响。

（四）推广资产减值会计核算

非营利组织在过去很长一段时间内都是参照《事业单位会计制度》进行会计核算，因此在实务中对于资产减值损失一般都不予确认。这导致很多非营利组织一些长期无法收回的应收账款继续挂账，无法得到及时处理；市价下跌严重的投资或者可收回金额严重低于账面价值的存货继续以原价计值，资产价值被严重高估，不利于捐赠人、债权人等资金提供者和会计信息使用者如实评价非营利组织的财务状况。因此，为更好地反映非营利组织受托责任的履职情况，应按照《民间非营利组织会计制度》要求，在非营利组织中进一步推广资产减值会计核算，鼓励非营利组织定期对短期投资、应收账款、存货、长期投资等资产进行减值检查，并相应计提减值准备或计提跌价损失进行账面价值调整，确认减值损失。同时，对于固定资产、无形资产等其他长期资产，除按规定计提折旧和进行摊销以外，如果经测试已发生重大减值，也应计提减值准备，确认减值损失。

（五）增加设立捐赠的核算项目

1. 研究设立"劳务捐赠"核算项目

非营利组织的主要收入之一是捐赠，捐赠收入可以分为实物捐赠收入和劳务捐赠收入。在我国，一般只核算实物捐赠，劳务捐赠不予确认。但随着我国国民素质的普遍提高，越来越多的社会公众参与到志愿服务中来，非营利组织接受劳务捐赠的数量和质量也有很大提升。因此，建议在非营利组织会计核算中，充分考虑收到的劳务捐赠价值，并以合理适当的方式（如专业市场价值）折算成捐赠收入进行核算。

2. 研究设立"应收捐赠承诺"核算项目

目前，许多企业和公众人物通过对非营利组织的慈善捐助提升企业或个人形象，随着互联网技术的发展、媒体曝光度的提高，适当的信息披露可以吸引社会关注和提升形象。因此，捐赠承诺兑现的可能性大幅度提高。如果捐赠者承诺向非营利组织提供的捐赠是无条件的，且经过评估收到该项捐赠的概率很高，即这种捐赠承诺不会因为以后发生某一不确定的事项而取消，那么非营利组织应当将这种捐赠承诺作为一项资产，即"应收捐赠承诺"予以确认核算。如果捐赠者承诺提供的捐赠是有条件的，那么，可在捐赠承诺做出时，通过表外备注项目记录该项捐赠承诺；当有关条件满足时再将这种捐赠承诺作为一项资产，即"应收捐赠承诺"予以确认核算。

（六）加强对政府投入的核算

非营利组织获得的捐赠大多来自政府、企业和个人等，许多资产的取得并没有实际成本。比如，非营利组织取得的政府补助资产、受托代理资产等都是无偿取得的，没有发生实际成本。从现状来看，非营利组织会计核算对许多属于国家和政府的此类投入均未予以确认、记录和报告。这些国有资产产权及其变动情况如果不予确认和计量，则既难以完整反映非营利组织所控制的资源状况和所开展的业务活动情况，也不利于保护国有资产。因此对此类政府投入，建议设置相应会计科目进行核算。

（七）研究建立成本会计核算体系

近几年，随着"小政府、大社会"的社会管理创新理念逐步深入，政府越来越多地将其职能向市场和公益组织转移，尤其是在 2013 年 9 月《国务院办公厅关于政府向社会力量购买服务的指导意见》出台后，政府向市场购买公共服务，尤其是向非营利组织购买公益性服务，成为政府转型和提高公共服务质量的路径之一。国内外实践表明，政府购买公共服务有利于转变政府职能和提高政府服务效率，有利于发展社会公益事业和非营利组织。在社会管理创新理念的指引下，基于政府购买服务定价，优化社会资源配置，以及组织绩效评价等现实需求，非营利组织必然要建立具有自身特点的成本会计体系。一方面，成本信息作为非营利组织投入指标中可货币量化的部分，既是内部管理绩效的考核指标，也是社会评价非营利组织服务效率的重要指标，可以使非营利组织反映的绩效信息更加完善；另一方面，长期进行成本的核算并披露成本信息，可以使同领域同性质的非营利组织之间相互借鉴学习，建立统一的成本标准，从而达到"在既定的产出水平下使投入最小化"的经济性、效率性等绩效目标。

因此，非营利组织成本会计系统的目标定位应分为以下四个层次：第一，非营利组织要能全面完整地核算成本会计信息；第二，非营利组织在完整提供运营成本信息的基础上，利用成本信息对内部的运营绩效进行考核、控制，进而提高内部管理效率；第三，公开非营利组织的成本会计信息，以满足外部信息使用者评价组织绩效的需求；第四，建立宏观层面的公益和互益服务成本标准，从而满足政府采购和与非营利组织长期合作的需要。

（八）研究完善非营利组织的信息披露制度

非营利组织会计核算的主要目标是为资金供给者、捐赠者等会计信息使用人提供准确、完整的会计信息，以便其对非营利组织的资产、负债、业务活动等情况做出准确、客观的评价，为此有必要研究建立统一的信息披露制度。

从实际情况看，目前非营利组织仅向主管部门报送年度财务报表，报送内容限于资产负债表、业务活动表和现金流量表，这不利于社会公众及时掌握非营利组织的履职情况。因此，应研究完善非营利组织的信息披露制度，扩大信息披露范围。披露的范围应包括：常规财务报表、财务报表附注、非营利组织的会计政策及变更情况；报表重要项目及变动情况；资产提供者设置了时间或用途限制的相关资产情况说明；受托代理业务资产构成、计价基础和用途；重大资产减值情况说明；公允价值无法可靠取得的受赠资产情况；对外承诺、提供担保、或有事项等情况；接受劳务捐赠情况等。此外，非营利组织还应对财务报告的披露时间和披露方式进行严格要求，以充分满足会计信息使用者对会计信息的要求。

第三节　政府控制的非营利组织资产负债表的编制

一、政府控制的非营利组织资产负债表的表式

资产负债表是反映非营利组织在某一特定时点的财务状况的会计报表。编制非营利组织的资产负债表，主要目的是通过如实反映资产、负债和净资产的金额及其结构情况，帮助使用者评价资产结构、资产质量以及短期偿债能力和长期偿债能力。与其他机构资产负债表的表式相类似，非营利组织资产负债表也是一张二维报表，包括主栏项目和宾栏项目两个部分。

（一）主栏项目的设计

主栏项目主要反映核算的主体和分类。主体分类既有横向分类，也有纵向分类。在非营利组织资产负债表中，主栏项目拟列示所有非营利组织合计，以及主要的细分机构，包括社会团体、基金会、民办非企业单位等社会组织，以

及居委会、村委会等自治组织，以及宗教机构等①。在非营利组织资产负债表中，除横向分类外，不再做纵向分类。这样做的原因主要有：一是非营利组织相对于广义政府而言，规模相对较小，从统计成本和统计收益的配比看，无需进行更细的统计分类；二是民政部作为主要的主管部门，对非营利组织的统计主要是从行业、登记地区等角度进行分类；三是非营利组织无法区分出本级和下级机构，根据《社会团体登记管理条例》《基金会管理条例》《民办非企业单位登记管理暂行条例》《民间非营利组织会计制度》以及其他有关法律政策规定，非营利组织分支（代表）机构属于非营利组织的组成部分，不具有法人资格。法律责任由设立该分支（代表）机构的非营利组织承担，非营利组织分支（代表）机构的全部收支纳入非营利组织财务统一核算、管理，其财务和收支情况在每一会计年度终了时并入非营利组织会计报表。非营利组织资产负债表的主栏设计详见表4-3。

（二）宾栏项目的设计

宾栏项目是反映核算的客体及其分类，宾栏项目设计是在原有核算项目的基础上新设、分类和归并。可根据《民间非营利组织会计制度》和《企业会计准则》对会计科目和会计报表的要求，设定非营利组织资产负债表的宾栏项目。本章拟在《民间非营利组织会计制度》报表科目的基础上做适当调整，兼顾《企业会计准则》报表科目，以此作为非营利组织资产负债表的宾栏。这样做的原因主要有：一是《民间非营利组织会计制度》在非营利组织中具有广泛的适用性，大部分非营利组织均按照该项制度进行会计核算；二是《民间非营利组织会计制度》和《企业会计准则》在报表指标方面保持了高度的一致性，仅在部分指标设置（如短期投资、长期投资等）和名称（如净资产等）上有所差异，绝大部分指标可以一一对应；三是兼顾两项会计准则，有利于简化数据填报过程，提高数据采集和处理效率。

按照《民间非营利组织会计制度》和《企业会计准则》规定的资产负债表报表科目，非营利组织资产负债表的宾栏项目也主要分为资产项目和负债项目两个方面。

资产项目按流动性分为流动资产项目和非流动资产项目。流动资产项目包括货币资金、短期投资、应收款项、预付账款、存货、待摊费用、一年内到期的长期债权和其他流动资产。非流动资产项目包括长期投资（包括长期股权投

---

① 对于民政登记的提供住宿的社会服务机构、不提供住宿的社会服务机构和设施，以及其他社会服务机构等，由于归入民办非企业单位进入统计，所以不在此处列示。

资、长期债权投资）、长期应收款、投资性房地产、固定资产、在建工程、文物文化资产、无形资产和其他非流动资产。

负债是与资产相对应的，表明为获得资产而需付出的经济资源，按所有者性质分为债务性负债和权益性负债。债务性负债按流动性分为流动负债项目和非流动负债项目。流动负债项目包括短期借款、应付款项、应付工资、应交税金、预收账款、预提费用、预计负债、一年内到期的长期负债和其他流动负债。非流动负债项目包括长期借款、长期债券、长期应付款和其他非流动负债。权益性负债包括自有资金、留存收益、当年留存、一般和特殊的储备和估值调整等。

非营利组织资产负债表宾栏项目的设计详见表4－3。

（三）整个表式的设计

综合主栏项目的设计和宾栏项目的设计，非营利组织的资产负债表表式如表4－3所示。

表4－3　　　　　　　　政府控制的非营利组织资产负债表

资产负债项目 ＼ 机构	合计	社会团体	基金会	民办非企业单位	村委会	居委会	宗教机构
流动资产							
货币资金							
短期投资							
应收款项							
预付账款							
存货							
待摊费用							
一年内到期的长期债权投资							
其他流动资产							
流动资产合计							
长期投资							
长期股权投资							
长期债权投资							
长期投资合计							
固定资产							
固定资产原价							
减：累计折旧							
固定资产净值							
在建工程							
文物文化资产							

续表

资产负债项目＼机构	合计	社会团体	基金会	民办非企业单位	村委会	居委会	宗教机构
固定资产清理							
固定资产合计							
无形资产							
无形资产							
受托代理资产							
受托代理资产							
资产总计							
流动负债							
短期借款							
应付款项							
应付工资							
应交税金							
预收账款							
预提费用							
预计负债							
一年内到期的长期负债							
其他流动负债							
流动负债合计							
长期负债							
长期借款							
长期应付款							
其他长期负债							
长期负债合计							
受托代理负债							
负债合计							
净资产							
非限定性净资产							
限定性净资产							
净资产合计							
负债和净资产总计							

二、数据搜集

（一）已有的统计报表

1. 执行《民间非营利组织会计制度》的非营利组织

资产负债表的主栏数据主要来源于《非营利组织资产负债表》（见表4-4）。

第四章　政府控制非营利组织资产负债表

根据《社会团体登记管理条例》《民间非营利组织会计制度》和有关法律法规，目前社会团体、基金会、民办非企业单位等社会组织需向民政部各级部门进行年审备案，同时报送本组织（含分支和代表机构）的资产负债表、业务活动表和现金流量表。

表 4−4　　　　　　　　　　　非营利组织资产负债表

资产	年初余额	期末余额	负债和净资产	年初余额	期末余额
流动资产			流动负债		
货币资金			短期借款		
短期投资			应付款项		
应收款项			应付工资		
预付账款			应交税金		
存货			预收账款		
待摊费用			预提费用		
一年内到期的长期债权投资			预计负债		
其他流动资产			一年内到期的长期负债		
流动资产合计			其他流动负债		
长期投资			流动负债合计		
长期股权投资			长期负债		
长期债权投资			长期借款		
长期投资合计			长期应付款		
固定资产			其他长期负债		
固定资产原价			长期负债合计		
减：累计折旧			受托代理负债		
固定资产净值			**负债合计**		
在建工程					
文物文化资产					
固定资产清理					
无形资产			净资产		
无形资产			非限定性净资产		
受托代理资产			限定性净资产		
受托代理资产			**净资产合计**		
资产总计			**负债和净资产总计**		

2. 执行《企业会计准则》的非营利组织

部分居委会、村委会等自治组织执行《企业会计准则》，资产负债表格式见表 4 – 5。

表 4 – 5 企业单位资产负债表

项目	余额	项目	余额
货币资金		交易性金融负债	
交易性金融资产		短期借款	
应收票据		应付票据	
应收账款		应付账款	
预付款项		预收款项	
应收利息		应付职工薪酬	
应收股利		应交税费	
其他应收款		应付利息	
存货		应付股利	
一年内到期的非流动资产		其他应付款	
其他流动资产		一年内到期的非流动负债	
流动资产合计		其他流动负债	
可供出售金融资产		**流动负债合计**	
持有至到期投资		长期借款	
长期应收款		应付债券	
长期股权投资		长期应付款	
投资性房地产		专项应付款	
固定资产		预计负债	
在建工程		递延所得税负债	
工程物资		其他非流动负债	
固定资产清理		**非流动负债合计**	
生物性生物资产		实收资本	
无形资产		资本公积	
油气资产		库存股	
开发支出		盈余公积	
商誉		未分配利润	
长期待摊费用		其他综合收益	
递延所得税资产		**所有者权益合计**	
其他非流动资产			
非流动资产合计			
资产总计		**负债和所有者权益总计**	

（二）其他需要调查了解的数据

大部分非营利组织执行的是《民间非营利组织会计制度》，按照权责发生制原则进行会计记账和财务报表的编制，因此非营利组织资产负债表基本能满足报表编制的需求。但是对于个别项目，可能尚无法直接从现有报表中收集数据，还需要通过其他途径（如调研）搜集数据，主要包括以下几个方面：

1. 目前民政部对非营利组织的统计分类主要是按机构类型和行业分类，尚无政府控制和非政府控制等类似统计分类。为了区分出非营利组织中的政府控制和非政府控制属性，可通过分析非营利组织资产负债表及抽样调查数据，大致匡算政府对非营利组织的出资额（即国有占比）。

2. 尽管前文提到，《民间非营利组织会计制度》已基本覆盖社会组织等非营利组织，但会计制度的执行程度尚不明确，特别是非营利组织的资产核算范围。例如，是否已将全部文物文化资产纳入核算范围，有无尚未登记入册的文物文化资产，已纳入核算的文物文化资产的具体计值方法，后期进行价值调整的依据和方法等等。对于这些问题，可通过调研的方法，确定非营利组织现有的资产负债核算范围（包括广度和深度）。

3. 非营利组织执行资产减值准备会计核算的情况。包括有无按照会计制度要求，对存货、应收账款、短期投资等项目是否计算可变现净值并据此进行账面价值调整，对于固定资产和无形资产是否进行减值测试并计提减值准备，计提减值准备的频率和方法是什么。可通过调研的方法，抽取部分非营利组织的部分资产项目，通过将账面价值和实际可变现价值进行比较，了解资产减值会计核算的具体执行情况和资产账面价值的准确性，以此确定是否需要在后期数据处理时额外计提减值准备以及相应的减值比例或进行账面价值调整。

4. 非营利组织有一部分属于慈善性质的团体，这部分团体经常收到其他组织和个人捐赠的物资和财产。其中有些物资和财产具有明确的市场价值，可以按照捐赠物的获取成本，或是同类相似物品的市场价格估算入账价值，有些捐赠物没有明确的市场价值。如果非营利组织尚未纳入核算或尚无适当的核算方法，则需通过调研获取资料，以对其价值进行估算。

5. 非营利组织也包括一些开展宗教活动的寺院、宫观、清真寺和教堂等宗教机构。对这些宗教机构，可以根据《民间非营利组织会计制度》《宗教活动场所财务监督管理办法》等开展会计核算和编制财务报表。但是从实践看，宗教机构执行《民间非营利组织会计制度》的情况不尽如人意。部分宗教机构虽已执行《民间非营利组织会计制度》，但执行程度不到位；部分宗教机构尚未执行；甚至部分宗教机构尚未建立完整的会计核算体系，仅能对捐赠物资进行简单的流水登记等。这都将影响对宗教机构的数据采集和整理分析。我们需通过调研方式了解和掌握宗教机构开展会计核算的情况。除此之外，这些寺院、宫观、清真寺和教堂的建筑物自身，以及建筑物内的陈列、展品、藏品等文物文化资产，更是研究计值问题的难点。大量的宗教机构并没有将其纳入表内核算，有些甚至连基本的实物登记和管理制度都没有。因此，这部分资产的计价问题需通过调研等方式获取资料并进行估算。

6. 除了《民间非营利组织会计制度》外，仍有部分纳入统计范围的非营利组织执行《企业会计准则》和《事业单位会计制度》。不同会计制度的具体执行情况（如核算范围）、数据质量情况和数据差异情况等，均需通过前期调研的方式取得第一手资料。《企业会计准则》下的资产计值方法也可能在机构之间各有差异。因此，为保持数据的准确性和可比性，我们需通过调查方式，获取这部分机构资产负债项目的估值方法，并在编制总体资产负债表时，对其账面价值进行估算和调整。

7. 未登记的非营利组织的组织活动相对简单，组织形式较为松散。对于其是否建立会计核算、具体执行何种会计制度、资产估值方法等，均需通过调研方式获取资料，并在此基础上确定资产负债数据的获取方法。

三、估价

《民间非营利组织会计制度》要求非营利组织按照权责发生制的原则进行会计记账和报表编制。制度同时规定，资产计值遵循历史成本原则，在取得时按照实际成本计量。所谓实际成本包括买价、包装费、运输费、交纳的有关税金，以及为使资产达到预定可使用状态前所必要的支出等。下面，我们首先介绍几种在会计核算中常见的计量属性和计值方法，然后对非营利组织资产负债表中部分需进行估价的项目逐一阐释，并提出可行的估价方法。

（一）常用的资产价值评估方法

1. 历史成本。又称为实际成本，是取得或制造某项财产物资时所实际支付的现金或其他等价物。在历史成本计量下，资产按照其购置时支付的现金或现金等价物的金额，或者按照购置资产时所付出的对价的公允价值计量。负债按照其因承担现时义务而实际收到的款项或者资产的金额，或者承担现时义务的合同金额等计值。

2. 重置成本。又称为现行成本，是指按照当前市场条件，重新取得同样一项资产时所需支付的现金或现金等价物金额。在重置成本计量下，资产按照现在购买相同或相似资产所需支付的现金或者现金等价物的金额计量。负债按照现在偿付该项负债所需支付的现金或者现金等价物的金额计量。

3. 可变现净值。是指在正常生产经营过程中，以预计售价减去进一步加工成本和销售费用以及相关税费后的净值。在可变现净值计量下，资产按照其正常对外销售所能收到现金或者现金等价物的金额，扣减该项资产至完工时估计将要发生的成本、估计的销售费用以及相关税费后的金额计量。

4. 现值。现值是对未来现金流量以恰当的折现率进行折现后的价值，是考虑货币时间价值的一种计量属性。在现值计量下，资产按照预计从其持续使用和最终处置中所产生的未来现金流入量的折现金额计量。负债按照预计期限内需要偿还的未来净现金流出量的折现金额计量。

5. 公允价值。是指在公平交易中，熟悉情况的交易双方自愿进行资产交换或者债务清偿的金额。在公允价值计量下，资产和负债按照在公平交易中熟悉情况的交易双方自愿进行资产交换或者债务清偿的金额计量。

在各种价值计量属性中，历史成本通常反映的是资产或者负债过去的价值，而重置成本、可变现净值、现值以及公允价值通常反映的是资产或者负债的现时成本或者现时价值，是与历史成本相对应的计量属性。《民间非营利组织会计制度》规定，非营利组织在对会计要素进行计量的时候，一般应采用历史成本，如采用重置成本、可变现净值、现值、公允价值等方式进行计量，应当确保金额能够取得并可靠计量。

（二）捐赠物品的估价

捐赠是非营利组织取得资产的一种常见方式。对于接受捐赠的现金资产，应当按照实际收到的金额入账。对于接受捐赠的非现金资产，如短期投资、存货、长期投资、固定资产和无形资产等，应当按照以下方法确定其入账价值：

如果捐赠方提供了有关凭据（如发票、报关单、有关协议等），应当按照凭据上标明的金额作为入账价值。如果凭据上标明的金额与受赠资产公允价值相差较大，受赠资产应当以其公允价值作为入账价值。

如果捐赠方没有提供有关凭据，受赠资产应当以其公允价值作为入账价值。对于非营利组织接受的劳务捐赠，不予确认，但应当在会计报表附注中作相关披露。

公允价值的确定顺序如下：如果同类或者类似资产存在活跃市场，应当按照同类或者类似资产的市场价格确定公允价值。如果同类或者类似资产不存在活跃市场，或者无法找到同类或者类似资产，可采用合理的计价方法确定资产的公允价值。

在采用公允价值计量时，如果有确凿的证据表明资产的公允价值确实无法可靠计量，则非营利组织应当设置辅助账，单独登记所取得资产的名称、数量、来源、用途等情况，并在会计报表附注中作相关披露。在以后会计期间，如果该资产的公允价值能够可靠计量，非营利组织应当予以确认，并以公允价值计量。

（三）文物文化资产的估价

在非营利组织会计核算中，文物文化资产是固定资产的组成部分之一，但是鉴于其重要性和特殊性，在资产负债表中作为与"固定资产"并列的一项单列。非营利组织取得文物文化资产主要有两种方式：外购和接受捐赠。

1. 外购的文物文化资产。非营利组织通过外购方式获取的文物文化资产是按照公平交易的原则取得，因此可遵循历史成本原则，按照取得时的实际成本入账。取得时的实际成本包括买价、包装费、运输费、交纳的有关税金等相关费用，以及为使文物文化资产达到预定可使用状态前所必要的支出。如果以一笔款项购入多项没有单独标价的文物文化资产，可按照各项文物文化资产公允价值的比例对总成本进行分配，分别确定各项文物文化资产的入账价值。

2. 接受捐赠的文物文化资产。非营利组织通过接受捐赠方式获取文物文化资产，如果捐赠者可以提供有关其价值的凭据（如购买发票等），则按照购买凭据上载明的价值作为入账价值。如果没有明确的交易价格或取得成本，需要通过适当的方法估算入账价值。可参考公允价值计量方法，从三个层次来估算入账价值：第一，存在活跃市场的，可以活跃市场中的报价作为公允价值，确定文物文化资产的入账价值。第二，不存在活跃市场的，可参考熟悉情况并自愿交易的各方最近进行的市场交易中使用的价格，或参照实质上相同或类似的其他资产等的市场价格确定公允价值，以此作为文物文化资产的入账价值。第三，如果有确凿的证据表明资产的公允价值确实无法可靠计量的，则非营利组织可设置辅助账，单独登记所取得资产的名称、数量、来源和用途等情况，待以后会计期间该资产的公允价值能够可靠计量，再予以确认入账。

采用公允价值方法进行价值估算的，应充分考虑会计信息的谨慎性要求。谨慎性是指会计主体对交易或者事项进行会计确认、计量和报告时，要保持应有的谨慎，不高估资产或者收益，不低估负债或者费用。这样做主要是基于会计信息要为信息使用者提供可靠的决策信息。高估资产或者收益、低估负债或者费用，都会使得信息使用者无法准确评估经营风险，从而导致过度乐观或做出错误的决策判断。非营利组织持有种类众多的文物文化资产，对于一些历史悠久的文物文化资产，当通过第一和第二种方法无法获取可靠的公允价值信息时，需设置辅助账，单独登记文物文化资产的相关信息，待以后会计期间可以取得准确的价值后再入账计值。这样既能如实记录非营利组织实际持有的资产，又能避免因不准确的估值方法导致资产价值被高估。

对于已入账的文物文化资产，当出现以下情况之一时，表明可收回金额低于账面价值，需按照减值额计提"文物文化资产减值准备"，减少文物文化资产的账面价值。这几种情况分别是：（1）在陈列期间，污物沉积造成侵蚀（尤其是字画）；（2）表面颜料蜕变、分解，造成质地变化；（3）出现霉点、虫蛀；（4）随着科学技术的发展，有确凿证据表明是赝品；（5）市场流通数量增加或发现比该文物文化资产更有历史价值和文化价值的文物。

需要注意的是，尽管在会计制度中，文物文化资产被列入固定资产统一核算，但是会计制度同时规定，用于展览、教育或研究等目的的历史文物、艺术品以及其他具有文化或者历史价值并作长期永久保存的典藏，不计提折旧。因此，在入账后的各个会计期间，不宜按照市价变动对文物文化资产进行价值调整，这主要是与文物文化资产的特殊属性有关。

（四）寺院、宫观、清真寺、教堂等宗教机构的估价

寺院、宫观、清真寺和教堂等宗教机构，有一部分是非营利组织的组成部分。其中，房屋和建筑物是宗教机构一项重要的固定资产。宗教机构，是指依据《宗教事务条例》等规定依法登记的寺院、宫观、清真寺、教堂和其他固定宗教活动场所。中国佛教协会数据显示，截至2012年，三大语系佛教活动场所有3.3万余座，其中汉传佛教寺院2.8万余座，藏传佛教寺院3000余座，南传上座部佛教寺院1600余座。宗教机构的来源主要有两种：一是新建，二是历史遗留。其中，新建的宗教机构具有较为完整准确的可追溯、可计量价值，按照《民间非营利组织会计制度》要求，应在实际取得时（如建造完毕后），按照取得时的实际成本入账。历史遗留的宗教机构，具有一定的历史和文物价值，是进行重新估值的难点。

首先，应当将寺院、宫观、清真寺、教堂等宗教机构纳入资产负债统计的范围。在研究编制政府控制的宗教机构资产负债表时，可以考虑进行统一确认和计值。主要原因包括：一是现存的部分寺院、宫观、清真寺、教堂等宗教机构，没有明确的所有人。从实际的管理和运行机制来看，政府部门主要起到监

督作用，宗教部门负责监督宗教场所内的宗教活动是否有违国家的宗教政策，文物部门负责监督寺庙宫观中的文物不受毁损。宗教机构的运行和管理，在实践中是宗教团体根据教义进行的。因此，为避免统计数据遗漏，应将这部分宗教机构纳入非营利组织进行统计。二是寺院、宫观、清真寺、教堂等宗教机构具备资产确认条件。前文提到，将一项资源确认为资产，需要符合两个条件：与该资源有关的经济利益很可能流入企业；该资源的成本或者价值能够可靠地计量。按照会计制度的规定，在寺院、宫观、清真寺、教堂等宗教机构内开展各项宗教活动取得的活动收入（包括捐赠收入、提供宗教服务收入、经销宗教用品收入等），均要纳入其收入确认范畴。因此，可将寺院、宫观、清真寺、教堂等宗教机构纳入非营利组织的资产确认范围。

其次，寺院、宫观、清真寺、教堂等宗教机构的计值需兼顾准确性和谨慎性要求。由于历史遗留的寺院、宫观、清真寺、教堂等不具有确切的历史成本，因此考虑到会计信息的准确性和谨慎性要求，可从以下两个层次来估算其价值：一是根据重置成本原则，按照当前市场条件，重新购买或新建相同或相似资产所需支付的现金或者现金等价物的金额计量；二是如果确实无法确定其价值，为避免由于资产价格高估所带来的会计信息失误，可按照公允价值确认方法中的第三层次要求，设置辅助账，单独登记寺庙宫观资产的相关信息，待以后会计期间可以取得准确的价值后再入账计值。

四、数据整理

数据整理是编表的最后一个环节，包括数据填录和数据轧差。数据填录是指将单个机构的资产负债表数据，逐一填录到统一的政府控制的非营利组织资产负债表式中去。数据轧差是指将机构之间的往来交易从报表中剔除，编制合并基础的资产负债表。

（一）数据填录

在数据搜集环节，我们已经取得了政府控制的非营利组织资产负债表，这些资产负债表或是基于《民间非营利组织会计制度》编制，或是基于《企业会计准则》编制。同时，我们也设计了一张统一的《非营利组织资产负债表》，现在我们将不同会计制度的报表指标填录到统一的资产负债表中去。

（二）数据轧差

在编制非营利组织资产负债表时，我们需要从两个层次进行统计：一是单类非营利组织的资产负债表，包括社会团体、基金会、民办非企业单位，村委会、居委会等自治组织，以及宗教机构等。二是非营利组织的总体资产负债表。理论上讲，机构之间的资金往来，如应收应付款、资金借入借出等，都应轧差冲销。对于非营利组织而言，既包括单类组织（如基金会）内部资产负债项目的轧差，也包括非营利组织总体资产负债项目的轧差。因此，轧差的主要方法是在汇总各个机构资产负债表的基础上，通过调阅总账和明细账等台账信息，将机构之间相互发生的往来交易剔除。因此，进行数据轧差的基础和前提是各个机构均建立了完整、系统的会计处理流程和核算机制，具备准确、详细的总账和明细账。

但实践中，鉴于如下几点考虑，我们认为当前在编制非营利组织资产负债表的过程中，可以忽略轧差这一过程，采用数据汇总而非合并的方式编制非营利组织资产负债表：一是现行的会计核算还不能清晰界定会计科目的交易对手方，需调用详细的台账数据或根据典型调查推算，统计成本较高；二是非营利组织业务模式较为简单，交易对手主要为捐赠人和被捐赠人，与其他非营利组织之间的往来交易较少，规模不大；三是非营利组织会计核算基础各异，特别是一些规模较小、业务单一的非营利组织，会计核算也较为简单，部分机构仅能对主要业务进行基本的会计核算，部分机构仅有现金流水账，由此导致编制合并报表所需数据可能需通过大量的调研或抽样方式获取，进行轧差处理对于提升整体数据准确性意义不大。因此，从成本与收益配比的角度看，我们认为目前可先编制汇总的资产负债表，待《民间非营利组织会计制度》进一步完善和推广、非营利组织总体会计核算水平提高后，再研究编制合并资产负债表。

五、完善政府控制的非营利组织资产负债表编制的探讨

《民间非营利组织会计制度》颁布以来，经过相关部门的推动，非营利组织对制度的接受和执行程度不断提高，《民间非营利组织会计制度》已基本覆盖绝大部分非营利组织。这为我们编制非营利组织总体资产负债表提供了重要的基础和保障。但是目前的核算基本还是以会计核算为主，会计核算在原则、目标和内容上与统计核算仍有差异，因此我们需要进一步研究建立和完善相应的统计制度和框架，确保生产出全面、准确的统计数据。

（一）建立统一的资产负债核算统计体系

1. 非营利组织资产项目核算应在统一的框架下进行

我国现行的非营利组织资产负债核算属于部门会计核算，科目设置主要是为了满足政府财政管理的需要。与企业或政府部门有所不同的是，我国的非营

利组织数量众多、形式多样、监管分散。从执行会计制度的情况看，大部分民政登记的非营利组织需要按照《民间非营利组织会计制度》要求编制财务报表，部分工商登记的非营利组织按照《企业会计准则》要求编制财务报表，还有少部分非营利组织仍执行《事业单位会计制度》，此外，部分非营利组织尚未建立健全会计核算制度。这种现状增加了建立统一的资产负债核算统计体系的难度。在编制国家资产负债表的过程中，非营利组织资产负债表是重要的一环。应将非营利组织资产负债表编制工作提升到法律层面，加强相关监管部门的沟通，推动会计制度和会计核算的统一，在此基础上建立共享、合作的资产负债核算统计体系，完善统计框架、统计指标、统计诠释、数据共享和发布等内容，从制度层面推动非营利组织资产负债表的系统化、常规化编制。

2. 非营利组织资产负债项目核算要实现全覆盖

一是统计范围全覆盖。我们在前文中已指出，目前在民政部门登记的非营利组织，已基本按照《民间非营利组织会计制度》或《企业会计准则》进行会计核算。但是仍有许多未登记的非营利组织，如学生社团、群体俱乐部、网上社团和业主委员会等，未建立完整规范的会计核算制度。这部分机构受制于数据可得性，目前尚未纳入我们资产负债表的机构范围。二是统计内容全覆盖。包括对寺院、宫观、清真寺、教堂等宗教机构的建筑，以及非营利组织持有的陈列、展品、藏品等文物文化资产进行全面的核算和计值；此外，为反映非营利组织的资源和财务情况，未来还应对政府出资额、出资比例和资产运用效率进行准确的统计和核算。

（二）建立完善的资产负债核算数据采集体系

一是监管部门内部要加强对所监管的非营利组织会计核算的规范，建立定期的数据采集制度，包括数据采集频度、时间、渠道和内容，建立严格的数据审核流程，加强数据质量管理。

二是监管部门之间要建立高效的数据共享机制，在统计制度制定和执行过程中，加强彼此间的沟通，提高统计制度的协同性和一致性，减少重复统计，避免监管真空，提升监管效率。

三是灵活运用多种方式提升数据采集能力。除了常规的资产负债表以外，对于部分未登记、未监管的非营利组织，可通过了解情况、重点调查、抽样调查、现场调研等形式，掌握其机构运营和财务状况。

（三）建立综合的资产负债核算估价体系

《民间非营利组织会计制度》规定，非营利组织在对会计要素进行计量的时候，一般应采用历史成本，如能确保可靠计量，也可采用重置成本、可变现净值、现值或公允价值等方式进行计量。历史成本法固然具有简单可靠的优点，但是仅能反映交易时点的市场价格，不能及时对价值变动做出反应，因此在准确测度非营利组织资源和财务状况方面仍有欠缺。长期来看，建立综合的资产负债核算估价体系，灵活运用重置成本、公允价值等计量模式对资产账面价值进行估值和调整，是未来非营利组织会计核算的发展趋势。

一是利用公开市场渠道，搜集和整理估价所需信息。我国金融资产和负债的市场化程度相对较高，可以实时获得准确的交易价格信息。非金融资产如土地、房地产等，也存在较为规范的交易市场，可以为估值提供参考数据。此外，还可通过拍卖行、交易中心等交易市场，获取相同或相似文物文化资产的市场交易价格，作为文物文化资产的估值基础。

二是对于估价难度较大的项目，可通过专项调研、重点调查、抽样调查等方式，获取部分非营利组织该项资产的账面价值与市场价值的差异数据，以此推算全部非营利组织该类资产的市场价值。

三是估值过程中充分考虑会计信息的谨慎性要求。对于确实无法准确估值的资产负债项目，应设置辅助账，单独记录相关信息，待未来具备科学合理的估值技术后再入账计值，避免资产价值被高估。

（四）高度重视数据质量

一是基本数据来源要有交叉验证。可采用抽查方法，抽取部分非营利组织，对其会计报表、会计凭证、会计账簿之间的数据进行交叉验证，检查有无漏项、重复或计值不准确的情况，保证基础数据的准确可靠。

二是将非营利组织的资产负债项目金额与其他机构（如政府、事业单位等）进行对比，确保不同机构间计值方法的统一性和项目金额的合理性，避免出现某些项目过于庞大、明显不合理的现象。

三是计值方法或估价方法在以后统计期间发生变化的，应同时调整以前统计期间相关资产或负债项目的账面价值，以保证时序数据的可比性。

四是对于"一个机构，两块牌子"的非营利组织，应做好数据的查验工作，避免出现两套报表同时纳入资产负债项目统计的现象。

参考文献

［1］杜金富等：《政府资产负债表：基本原理及中国应用》，北京，中国金融出版社，2015。

［2］联合国等：《2008 国民账户体系》，北京，中国统计出版社，2012。

［3］吴忠泽、陈金罗：《社团管理工作》，北京，中国社会出版社，1996。

［4］吴玉章：《社会团体的法律问题》，北京，社会科学文献出版社，2004。

［5］康晓强：《群众团体与人民团体、社会团体》，载《社会主义研究》，2016（1）。

［6］蔡胜彬：《我国社会团体发展中存在的问题及对策研究》，湘潭大学硕士论文，2007。

［7］苏丽芬：《我国社会团体的法律问题研究》，山东大学硕士论文，2010。

［8］陈劲松：《我国社会团体立法现状及对策研究》，中南大学硕士论文，2013。

［9］陆建桥：《我国民间非营利组织会计规范问题》，载《会计研究》，2004（9）。

［10］王庆成：《论我国非企业会计组成体系的构建》，载《会计研究》，2004（4）。

［11］何文标：《从事业单位到非营利组织——我国高校财务会计改革初探》，载《西南交通大学学报》，2005（5）。

［12］李静、万继峰：《我国非营利组织会计信息披露现状解读》，载《现代财经》，2006（2）。

［13］陈少华、李静：《非营利组织会计信息供求解读》，载《财经问题研究》，2006（3）。

［14］戚艳霞：《美国政府与非营利组织基金会计模式及对我国的启示》，载《财会通讯》，2006（6）。

［15］徐潇潇：《中美非营利组织会计准则比较》，载《湖北社会科学》，2008（6）。

［16］戚艳霞、张娟、赵建勇：《我国政府会计准则体系的构建》，载《会计研究》，2010（8）。

［17］赵杰：《非营利组织会计问题研究》，载《中国农业会计》，2012（1）。

［18］姜宏青、王玉莲：《非营利组织绩效会计的基础理论研究》，载《山东大学学报（哲学社会科学版）》，2012（5）。

［19］姜宏青：《我国非营利组织绩效会计相关问题研究》，载《会计研究》，2012（7）。

［20］姜宏青：《非营利组织绩效会计研究——以绩效财务会计为中心》，中国海洋大学博士论文，2011。

［21］姜宏青、石璐璐：《非营利组织成本会计的基础理论探析》，载《中国海洋大学学报》，2016（2）。

［22］楚艳：《我国非营利组织会计准则体系构建研究》，河北大学硕士论文，2010。

［23］张月玲：《国有非营利组织会计基本理论研究》，山东科技大学博士论文，2004。

［24］胡景涛：《基于绩效管理的政府会计体系构建研究》，东北财经大学博士论文，2011。

［25］余昭霞：《我国慈善组织会计问题研究》，沈阳大学硕士论文，2011。

［26］岳奕宏：《我国基金会会计制度建设研究》，青岛大学硕士论文，2015。

［27］中华人民共和国民政部：《民间非营利组织新旧会计制度有关衔接问题的处理规

定》，http：//www. mca. gov. cn，2007。

　　［28］中华人民共和国民政部：《2015 年社会服务发展统计公报》，http：//www. mca. gov. cn，2016。

　　［29］中华人民共和国民政部：《2015 年社会服务统计制度》，http：//www. mca. gov. cn，2016。

　　［30］中华人民共和国民政部：《社会团体登记管理条例（修订草案征求意见稿）》，http：//www. mca. gov. cn，2016。

　　［31］中华人民共和国民政部：《民办非企业单位登记管理暂行条例》，http：//www. mca. gov. cn，1998。

　　［32］中华人民共和国民政部：《2015 年度全国性非营利组织评估等级结果公告》，http：//www. mca. gov. cn，2016。

　　［33］中华人民共和国财政部：《中华人民共和国企业所得税法实施条例》，http：//www. mof. gov. cn，2007。

　　［34］中华人民共和国财政部：《关于非营利组织免税资格认定管理有关问题的通知》，http：//www. mof. gov. cn，2014。

　　［35］中华人民共和国财政部、中华人民共和国民政部：《财政部、民政部关于认真贯彻实施〈民间非营利组织会计制度〉的通知》，http：//www. mof. gov. cn，2004。

　　［36］中华人民共和国财政部：《关于印发〈民间非营利组织会计制度〉的通知》，http：//www. mof. gov. cn，2004。

　　［37］中华人民共和国财政部：《民间非营利组织会计若干处理规定及其意义》，载《会计研究》，2004（11）。

　　［38］中华人民共和国民政部、中华人民共和国财政部：《关于规范全国性非营利组织年度财务审计工作的通知》，http：//www. mca. gov. cn，2015。

　　［39］中华人民共和国民政部、中华人民共和国财政部、中国人民银行：《关于加强社会团体分支（代表）机构财务管理的通知》，http：//www. mca. gov. cn，2014。

　　［40］中华人民共和国民政部、中华人民共和国财政部、国家税务总局：《关于印发〈关于慈善组织开展慈善活动年度支出和管理费用的规定〉的通知》，http：//www. mca. gov. cn，2016。

　　［41］许芸：《社会组织培育的历史逻辑和当今实践——基于南京地区的例证》，南京，南京大学出版社，2016。

　　［42］李水金：《中国非营利组织管理》，北京，首都师范大学出版社，2015。

　　［43］李玫：《非营利组织管理学》，北京，高等教育出版社，2016。

　　［44］［美］托马斯·沃尔夫著：《管理21 世纪的非营利组织》，胡春艳、董文琪译，北京，商务印书馆，2016。

　　［45］［美］迈克尔·J. 沃斯：《非营利管理原理与实务》（第3 版），韩莹莹、张强、王

峥译，广州，华南理工大学出版社，2016。

　　［46］王名、王超：《非营利组织管理》，北京，中国人民大学出版社，2016。

　　［47］车峰：《非营利组织管理》，北京，中央民族大学出版社，2015。

　　［48］苗丽静：《非营利组织管理学》（第三版），大连，东北财经大学出版社，2016。

　　［49］彭希哲、［英］朱迪·豪威尔、王川兰等：《社会组织与国家治理——中外比较研究》，上海，复旦大学出版社，2016。

　　［50］康晓光、韩恒：《行政吸纳社会：当前中国大陆国家与社会关系再研究》，载《中国社会科学》，2007（2）。

　　［51］王名：《非营利组织管理概论》（修订版），北京，中国人民大学出版社，2010。

　　［52］张远凤、邓汉慧、徐军玲：《非营利组织管理理论、制度与实务》，北京，北京大学出版社，2016。

　　［53］中华人民共和国民政部：《中国民政统计年鉴》，北京，中国统计出版社，2016。

　　［54］中华人民共和国民政部：《中国社会服务统计资料》，北京，中国统计出版社，2016。

第五章　国有非金融企业资产负债表

我国国有非金融企业是国家投资设立的重要经济体，是国有经济重要组成部分，是我国宏观调控以及保障我国经济安全的重要基础。国有非金融企业资产负债表是政府总体资产负债表的子表。编制国有非金融企业资产负债表是编制政府总体资产负债表的重要环节。

第一节　国有非金融企业的范围与层次

研究编制国有非金融企业资产负债表首先要明确国有非金融企业的标准，在此基础上再研究国有非金融企业的构成等。

一、国有非金融企业范围的界定标准

国有非金融企业与国有金融企业一并组成了我国国有企业体系。如无特别所指，国有非金融企业以下简称为国有企业。国有企业，在国际惯例中仅指一个国家的中央政府或联邦政府投资或参与控制的企业。在中国，国有企业还包括由地方政府投资或参与控制的企业。在国民账户体系（简称 SNA）对部门分类的界定中，我国的国有企业与 SNA 提出的公共企业在概念上有相似之处。在美国，国有企业一般称为联邦公司。但何谓联邦公司，在美国也没有给出明确的法律界定。其主要特点归纳为以下几点：（1）联邦公司是由联邦政府全部或部分拥有和控制或者虽非联邦政府拥有，但由联邦政府特许资助，并受其控制或监督的组织。（2）联邦公司是采取私人组织形式，主要从事商业性活动，同时也履行政府公共职能的一种组织形式。就法律形式而言，联邦公司采取的是与一般私人商业组织相同的公司形式，并且绝大多数联邦公司的经营活动是以营利为目的的商业性活动。（3）联邦公司是一个自我维持、自我发展、独立经营的企业法人组织。无论是联邦政府全部拥有控制，还是部分拥有控制以及联邦政府资助的公司，都无一例外地具有独立的法律资格，拥有自己的财产，独立承担财产责任，以自己的名义进行诉讼活动。与我国情形不一样的是，其他

国家国有企业的地位一般，影响甚微。如在英国，屈指可数的国有企业主要集中于煤炭、铁路、邮电等行业，并分别隶属于政府的各个部门。

（一）国有非金融企业概念的历史演变

国有企业的概念与形态随着我国国有经济的历史演变而有所不同。从法律层面来看，迄今为止我国尚未从法律层面对国有企业做出过清晰的界定。改革开放以前，国有企业被称为国营企业。国营企业，即是指由国家投资经营的企业，在我国分为中央经营和地方经营两种形式。由中央各部门直接投资经营的叫中央经营企业，或单称国营企业；由县以上各级地方政府投资经营的企业叫地方经营企业。1986 年颁布的《民法通则》首次采用了全民所有制企业的称谓。全民所有制企业是指企业财产属于全民所有的，依法自主经营、自负盈亏、独立核算的商品生产和经营单位。1988 年《全民所有制工业企业法》正式颁布。1993 年，八届人大一次会议通过的《宪法修正案》，正式采用了国有企业的称谓。其中，《宪法修正案》第八条对《宪法》第十六条①进行修订，以国有企业替换国营企业，首次提出国有企业的概念，但并未对国有企业的含义做出明确规定。迄今为止，虽然"国有企业"一词在我国现行的法律体系以及日常生活中使用频繁，但在法律、行政法规层面上仍未对国有企业的含义进行明确。

从部门规章以及更低的层面来看，我国的财政部、国家统计局、国资委、国家工商总局、国家发展改革委等有关部委在文件中对国有企业分别进行了界定。

一是 2003 年，财政部在《关于国有企业认定问题有关意见的函》（财企函〔2003〕9 号）中提到：对"国有公司、企业"的认定应从以下角度加以分析：（1）从企业资本构成的角度看，"国有公司、企业"应包括企业的所有者权益全部归国家所有、属《企业法》调整的各类全民所有制企业、公司（指《公司法》颁布前注册登记的非规范公司）以及《公司法》颁布后注册登记的国有独资公司、由多个国有单位出资组建的有限责任公司和股份有限公司。（2）从企业控制力的角度看，"国有公司、企业"还应涵盖国有控股企业，其中，对国有股权超过 50% 的绝对控股企业，因国有股权处于绝对控制地位，应属"国有公司、企业"范畴；对国有股权处于相对控股的企业，因股权结构、控制力的组合情况相对复杂，如需纳入"国有公司、企业"范畴，须认真研究提出具体的判断标准。但对于何谓具体的判断标准，该文并没有做出界定。因此可以理解

---

① 第十六条（修订后）："国有企业在法律规定的范围内有权自主经营。国有企业依照法律规定，通过职工代表大会和其他形式，实行民主管理。"

为：这里的国有企业包括国有全资、国有绝对控股以及符合判断标准的国有相对控股企业。

二是2003年，国家统计局在《关于对国有公司企业认定意见的函》（国统函〔2003〕44号）中对国有企业、国有控股企业、国有参股企业分别定义如下：国有企业有狭义、广义之分。狭义国有企业是指纯国有企业。广义的国有企业是指具有国家资本金的企业，可分为四个层次：纯国有企业、国有绝对控股企业、国有相对控股企业和国有参股企业。（1）纯国有企业。它包括国有独资企业、国有独资公司、国有联营企业。国有独资企业是指企业全部资产归国家所有，国家依照所有权和经营权分离的原则授予企业经营管理权的企业。国有独资公司是指国家单独出资、由国务院或者地方人民政府授权本级人民政府国有资产监督管理机构履行出资人职责的有限责任公司。国有联营企业是指两个及两个以上的由政府投资的企业，按自愿、平等、互利的原则，共同投资组成的经济组织。（2）国有绝对控股企业。它是指在企业的全部资本中，国家资本（股本）所占比例大于50%的企业。（3）国有相对控股企业。它是指在企业的全部资本中，国家资本（股本）所占的比例虽未大于50%，但相对大于企业中的其他经济成分所占比例的企业（相对控股）；或者虽不大于其他经济成分，但根据协议规定，由国家拥有实际控制权的企业（协议控制）。（4）国有参股企业。它是指具有部分国家资本金但国家不控股的企业。

三是2003年7月4日，国资委、财政部、劳动保障部、税务总局于《关于进一步明确国有大中型企业主辅分离辅业改制有关问题的通知》中提到关于国有控股企业的界定标准：国有大中型企业（以下简称企业）主辅分离、辅业改制的范围是国有及国有控股的大中型企业，其中国有控股是指国有绝对控股。根据国家统计局《关于印发〈关于统计上划分经济成分的规定〉的通知》（国统字〔1998〕204号），国有绝对控股是指在企业的全部资本中，国家资本（股本）所占比例大于50%的企业。2007年，国资委在《国有单位受让上市公司股份管理暂行规定》（国资发产权〔2007〕109号）中也明确规定，"本规定所称国有单位是指各级国有资产监督管理机构监管范围内的国有及国有控股企业、有关机构、事业单位等"。由此我们认为：国资委、财政部、劳动保障部、税务总局在这个文件中将国有大中型企业（国有单位）的范围划定为国有及国有绝对控股的企业。

四是2011年9月，国家统计局、国家工商总局修订的《关于划分企业登记注册类型的规定》（以下简称《企业登记注册类型的规定》）中提到：国有企业是指企业全部资产归国家所有，并按《中华人民共和国企业法人登记管理条例》（以下简称《企业法人登记管理条例》）规定登记注册的非公司制的经济组织，不包括有限责任公司中的国有独资公司。国有独资公司是指国家授权的投资机构或者国家授权的部门单独投资设立的有限责任公司。其中，有限责任公司是指根据《中华人民共和国公司登记管理条例》（以下简称《公司登记管理条例》）规定登记注册，由两个以上、五十个以下的股东共同出资，每个股东以其所认缴的出资额对公司承担有限责任，公司以其全部资产对其债务承担责任的经济组织。另外，《企业登记注册类型的规定》第三条明确了界定国有企业的三个标准：（1）企业全部资产是否归国家所有；（2）企业是否依照《企业法人登记管理条例》办理企业法人登记；（3）企业组织形式是否为公司制。根据该标准，我们认为：（1）非法人经济组织不是国有企业；（2）由二类或二类以上所有制性质的主体投资成立的企业法人不是国有企业；（3）组织形式为公司制的企业法人不是国有企业。

五是 2012 年 6 月，国家发展改革委办公厅发布了《关于印发全国股权投资企业备案管理工作会议纪要和股权投资企业备案文本指引/标准文本的通知》，其中，国有股权合计达到或超过 50% 的企业在《全国股权投资企业备案管理工作会议纪要》中进一步得到明确。该指引虽然对国有企业范围进行了规定，但该规定仅限定在控制力方面，界限有些模糊。相对于《企业登记注册类型的规定》，该指引没有明确国有企业是否属于企业法人，也没有明确国有企业是否包含公司制经济组织。

六是 2013 年，全国人大法工委在对《中华人民共和国合伙企业法》进行释义时，对其中"第三条 国有独资公司、国有企业、上市公司以及公益性的事业单位、社会团体不得成为普通合伙人"中的国有企业界定为包括国有独资企业、国有控股企业和国有控股公司三种组织形式。

（二）国有非金融企业的发展变化

1. 国有企业全面建立及国有资产开始逐步累积（1949—1957 年）。新中国成立后的第一批国有企业，脱胎于政府对官僚资本的没收、对民族资本的接管和对私营资本的改造。1954 年 9 月，新中国的第一部《宪法》正式确定了国营经济的主导地位，国有企业的建立及作用基本上以法律的形式确定下来。1955年后，国有企业在各个领域及全国各地的建立进入了提速阶段，到 1958 年，国有企业基本上已经成为国民经济的主体。

2. 国有企业奠定新中国的工业基础时期（1957—1978 年）。随着社会主义建设的正式开始，国有企业成为国民经济的主体。国有企业在此期间是以工厂制的形式进行经营，100多万个大大小小的国有工厂，严格按照计划组织并完成生产，国有工厂生产出来的产品由政府统一调拨。国有工厂以较低的成本和较高的效率，构建起了门类较齐全的中国现代工业体系框架。

3. 从国有国营到放权让利（1978—1984年）。改革开放后，要增强国有企业的活力，首要的问题就是要打破高度集权的国有国营体制，赋予企业一定的自主权，发挥企业的积极性、主动性和创造性。为此，国务院以放权让利为重点，开始调整国家和企业的责权利关系，解决政企不分、以政代企问题。1983年4月，国务院批准颁发《关于国营企业利改税试行办法》，开征国营企业所得税。1984年5月，国务院又下发了《关于进一步扩大国营工业企业自主权的暂行规定》，赋予了企业自主经营、自负盈亏的权利。在自上而下的推动下，从1979年到1984年，国营企业普遍实行了扩大经营自主权的改革，企业的活力有所增强，中国经济出现了恢复性增长的良好态势。

4. 政企分开与两权分离（1985—1992年）。1984年党的十二届三中全会通过了《中共中央关于经济体制改革的决定》，初步确立了商品经济在社会主义经济结构中的地位，提出了有计划的商品经济理论，明确了增强国有企业，特别是国有大中型企业的活力是经济体制改革的中心环节，认为政企不分是传统国有企业制度的根本弊端，改革的基本思路是遵循所有权和经营权分离的原则逐步推进政企分开，使企业成为独立经营、自负盈亏的商品生产者和经营者。

5. 现代企业制度与抓大放小（1993—2002年）。在1993年11月召开的党的十四届三中全会上通过了《中共中央关于建立社会主义市场经济体制若干问题的决定》，明确指出，国有企业改革的方向是建立现代企业制度，并且将现代企业制度概括为"产权清晰、权责明确、政企分开、管理科学"。而后，随着1994年《中华人民共和国公司法》的出台，国务院选择了100家企业、地方选择了2400多家企业建立现代企业制度试点。1995年9月，党的十四届五中全会提出要着眼于搞好整个国有经济，抓好大的，放活小的，即"抓大放小"。1997年党的十五大进一步提出，要调整和完善所有制结构，探索公有制的多种实现形式，从战略上调整国有经济布局和结构，对国有经济实施战略性改组，提出要用三年左右的时间，使大多数国有大中型亏损企业摆脱困境，力争到2000年大多数国有大中型骨干企业初步建立现代企业制度。1999年党的十五届四中全会通过了《中共中央关于国有企业改革和发展若干重大问题的决定》，提出了到

2010 年国有企业改革和发展的目标是：适应经济体制与经济增长方式两个根本转变和扩大对外开放的要求，基本完成战略性调整和改组，形成比较合理的国有经济布局和结构，建立比较完善的现代企业制度，经济效益明显提高，科技开发能力、市场竞争能力和抗御风险能力明显增强，使国有经济在国民经济中更好地发挥主导作用。

6. 股份制成为公有制的主要实现形式（2003 年以后）。2002 年 11 月党的十六大指出：要深化国有企业改革，进一步探索公有制特别是国有制的多种有效实现形式；除极少数必须由国家独资经营的企业外，积极推行股份制，发展混合所有制经济；按照现代企业制度的要求，国有大中型企业继续实行规范的公司制改革，完善法人治理结构。2003 年 10 月党的十六届三中全会通过的《关于完善社会主义市场经济体制若干问题的决定》指出：要适应经济市场化不断发展的趋势，进一步增强公有制经济的活力，大力发展国有资本、集体资本和非公有资本等参股的混合所有制经济，实现投资主体多元化，使股份制成为公有制的主要实现形式。2015 年 8 月 24 日，中共中央、国务院印发了《关于深化国有企业改革的指导意见》，提出到 2020 年，在国企改革重要领域和关键环节取得决定性成果，形成更符合我国基本经济制度和社会主义市场经济要求的国资管理体制、现代企业制度、市场化经营机制，国有经济活力、控制力、影响力和抗风险能力明显增强。

国有企业经过新中国成立之后多年的发展，实力大大增强，为促进我国经济社会全面发展奠定了坚实基础。一是国有经济整体实力大大增强，培育出了一批有竞争实力、经济效益好的优势企业。二是国有企业始终控制着国民经济命脉，关乎国民经济命脉的金融、铁路、邮政、通信、航空、冶金、石油、电力等关键领域，几乎全部掌握在国有经济手里。三是国有企业对改革和发展的大局提供了有力的支撑，目前国家财政收入的一半以上来源于国有企业上缴的利税。四是国有企业是我国参与国际竞争的主力，是实行和扩大对外开放的中坚力量。五是国有企业是我国实现现代化的最重要的经济基础，是国家引导、推动、调控经济和社会发展的基本力量。

（三）国有非金融企业的法律特征

国有企业作为企业而言，具备企业的基本特征：从事生产经营活动；由多数人组成的组织体；依法设立，法律确认其一定权利义务。国有企业与非国有企业或民营企业相比较而言，区别主要有：（1）产权制度不同。国有企业具有特殊的产权制度。在现代企业制度下，一般企业实行以自由契约为基础的法人制度。而国有企业并不是一般民事主体自由契约的产物，国有企业的财产是全民的，所以，绝大多数国家都以特殊法律的形式对国有企业的运作进行规范，对国有企业的经营决策权给予明确限定。（2）出资情况不同。国有企业中的资产全部或大部分由国家投入，而非国有企业的资产则比较分散，例如，集体企业的主要投资人是集体，私营企业的主要出资人可能是自然人，也可能是法人，合伙企业则是合伙人共同出资等。（3）社会责任不同。在现代企业制度之下，国有企业同一般企业并不完全一样，其也将盈利设为目标，但并不是唯一目标。国有企业通常担负着盈利之外的职责，负有实现一定社会政策目标的责任，例如控制国民经济命脉、保障国家安全、提供生产和生活的基础设施等。

（四）国有非金融企业的法律界定标准

在讨论我国国有企业界定标准之前，让我们看看国际上是怎么对国有企业进行界定的。欧盟对于"国有企业"的界定标准有四：一是政府持股超过50%，或者少数持股，但拥有控股权；二是政府任命董事会成员，如企业董事会成员、企业管理层或企业监事会；三是政府参与企业管理活动，包括涉及公司业务活动的重大决策，以及影响公司的商业决策及运营活动，如设定企业所销售的货物、服务价格等；四是企业对政府有财政依赖或商业依赖，如持续性的财政补贴，优先获取土地或原材料，依赖政府购买企业全部商品或服务等。

结合欧盟的界定标准以及我们前述总结的我国国有企业概念演变，我们认为可以从以下维度来界定国有企业：

广义定义：国有企业是国家作为出资人依照相关法律投入资本金设立的企业，包括国有独资企业、国有独资公司、国有联营企业、国有绝对控股企业、国有相对控股企业等。其中，国有独资企业是按照《中华人民共和国企业法人登记管理条例》规定登记注册的非公司制的经济组织，不包括有限责任公司中的国有独资公司。国有独资公司是指国家单独出资、由国务院或者地方人民政府授权本级人民政府国有资产监督管理机构履行出资人职责的有限责任公司。国有联营企业是指两个及两个以上相同所有制性质的国有企业法人或事业单位法人，按自愿、平等、互利的原则，共同投资组成的经济组织。

狭义定义：国有企业是指国家作为出资人，依照相关法律全部资本金都由国家来投入的企业，包括国有独资企业、国有独资公司、国有联营企业。

为了准确反映国有企业的资产负债状况，我们认为纳入政府总体核算范围的国有企业应该是广义上的国有企业。根据前述分析，我们提出判断广义国有企业的标准：一是国家出资。即政府（包括中央政府，或地方政府，或国有企业，或事业单位等）作为出资人，依法履行出资人的义务和享有出资人的权益，对其动产、不动产和其他财产依照法律、行政法规以及企业章程享有占有、使用、收益和处置的权利。二是依法设立。依照公司法或者企业法设立，具有独立法人资格的公司实体或企业实体。三是政府参与任命和经营管理。包括任命董事会成员、高管层、监事会成员等；政府参与企业的重大经营管理决策。四是依法对相应的资产享有权益。国家出资或部分出资设立的企业形成的资产为企业国有资产。国家对这类企业的相关资产按照出资比例或者协议规定享有权益。

二、国有非金融企业的构成与分类

我国国有企业构成复杂，范围广泛。按照不同的维度可以划分为以下类型：

一是按所有制性质分类，国有企业可以划分为全民所有制国有企业和混合所有制国有企业。如前所述，近年来我国国有企业进行改制，引入混合所有制对国有企业进行放开搞活。其中，全民所有制国有企业就是我们前述定义的狭义国有企业，即国有独资企业、国有独资公司、国有联营企业。混合所有制国有企业就是我们前面所讲的国有控股企业。其中，国有控股企业又分国有绝对控股企业和国有相对控股企业。

二是按照功能定位分类，可以划分为商业类国有企业和公益类国有企业。2015年8月中央印发的《关于深化国有企业改革的指导意见》提出，立足国有资本的战略定位和发展目标，结合不同国有企业在经济社会发展中的作用、现状和需要，根据主营业务和核心业务范围，将国有企业界定为商业类和公益类。其中，商业类国有企业以增强国有经济活力、放大国有资本功能、实现国有资产保值增值为主要目标，按照市场化要求实行商业化运作，依法独立自主开展生产经营活动，实现优胜劣汰、有序进退。对于主业处于关系国家安全、国民经济命脉的重要行业和关键领域、主要承担重大专项任务的商业类国有企业，要以保障国家安全和国民经济运行为目标，重点发展前瞻性战略性产业，实现经济效益、社会效益与安全效益的有机统一。公益类国有企业以保障民生、服务社会、提供公共产品和服务为主要目标，必要的产品或服务价格可以由政府调控；要积极引入市场机制，不断提高公共服务效率和能力。

三是按管理层级分类，可以将国有企业划分为中央国有企业和地方国有企业。其中，中央企业又可以根据国家委托的管理部门划分为国资委管理的央企和财政部管理的央企。地方国有企业又可以划分为省级、地市级、县市级管理的国有企业。根据国资委网站披露的资料，国资委管理的中央企业有中国核工业集团公司、中国核工业建设集团公司、中国航天科技集团公司、中国航天科工集团公司、中国航空工业集团公司等。

四是按行业分类，可以将国有企业划分为农、林、牧、渔业，采矿业，制造业，电力、热力、燃气及水生产和供应业，建筑业，批发和零售业，交通运输、仓储和邮政业，住宿和餐饮业，信息传输、软件和信息技术服务业，金融业，房地产业，租赁和商务服务业，科学研究和技术服务业，水利、环境和公共设施管理业，居民服务、修理和其他服务业，教育，卫生和社会工作，文化、体育和娱乐业，公共管理、社会保障和社会组织等领域的国有企业。

五是按企业规模分类，可以将国有企业划分为中小型和大型国有企业。根据每个行业特点不同，大中小型的标准划分又有所不同。具体标准可以参见《关于印发中小企业划型标准规定的通知》（工信部联企业〔2011〕300 号），超出标准范围之上的即为大型企业。

三、完善国有非金融企业核算范围的探讨

我们认为要准确核算我国国有非金融企业资产负债，必须首先要对我国国有非金融企业的标准和范围做清晰界定，尤其需要解决以下问题。

（一）在上位法中应对国有企业的标准做清晰界定

我国目前在上位法（法律法规）中尚未对国有企业的界定标准作出明确规定。对国有企业的界定主要出现在各个部委的制度文件当中，但都没有上升到部门规章这一层次，更多的是各种来往函、指导意见和规则，明显缺乏强有力的法律效力。建议我国尽快修订上位法，对我国国有企业的界定标准作出明确规定。我们认为可以从以下几个维度来界定国有企业：一是出资人，即谁出资；二是管理人，即谁来管理或者授权谁来管理；三是法人，即依法设立的公司法人或者企业法人；四是受益人，即资产的受益人是谁。这当中，尤为重要的是界定所有权和经营权的关系，明确国有企业与国营企业的关系，以及控股和参股之间的区别，特别是绝对控股和相对控股的区别。这里需要对控制权做一界定。通常，控制可以指：一是企业的经营决策，包括董事、高管的更换和重大经营决策；二是企业的剩余索取权，即企业资产收益的分配控制。特别是当前形势下，我国一直在推行国有企业改革，做大做强国有经济命脉。国资委在党中央、国务院的领导下从对国有企业的微观管理转到资本管理上来，这对于我们探索新的组织形式和新的机制以进一步解放国有企业的生产力，提升国有企

业竞争力非常关键，也带来了一系列资产负债管理上的挑战，这更凸显了在上位法中对国有企业做出明确界定的迫切性。

（二）国有企业的覆盖范围应进一步完善

根据前述分析，虽然有些部委在其制度文件中对国有企业的界定标准做出了规定，但是各个部委做出的界定标准还是存在较大差异，从而导致国有企业的构成范围有很大不同，并且在现有定义标准下的国有企业覆盖范围并不完整。例如，现有的中央各部委做出的界定标准，主要是针对规模以上的中央企业，如国资委主要针对其直接管理的规模以上的大型中央企业，财政部也是如此，这样可能导致有些国有企业在核算时并没有纳入进来，主要有以下四类：国家机关投资设立的企业；国家事业单位投资举办的企业，包括各大院校、各大医院、各大新闻出版集团下设的各种企业；社会团体投资举办的企业，包括协会、交易商协会等；现有各级政府出资或者通过政府平台出资、与社会资本共同设立的 PPP 资本运营模式。在目前的实践当中，上述国有企业很大一部分并没有纳入相应的国家机关、事业单位和社会团体一并来核算。上述国有企业从出资人的角度可以将其资产并表到相关的国家机关、事业单位和社会团体，但是从其履行的职能来讲还是应该归属于国有企业来核算更为合适。与此同时，各级地方政府的机关、事业单位和社会团体也存在类似投资办企业的情形，很大一部分也没有纳入核算当中。

（三）要正确处理好混合所有制对核算带来的影响

近年来，国家开始引入混合所有制对国有企业进行改造。同时对国有企业的管理模式也逐渐从直接管理转变到国有资本管理上来。如财政部印发的《中央国有资本经营预算支出管理暂行办法》规定，国有企业资本金注入采取向投资运营公司注资、向产业投资基金注资以及向中央企业注资三种方式。上述改革带来的冲击主要有以下三个方面：一是从横向看，国有企业不同所有制经济成分中你中有我，我中有你；二是从纵向看，母公司和子公司、孙公司以及更下一层级的公司也有可能相互交叉持有；三是从经营的形式来看，母、子公司可能是生产经营型、管理型或者是投资型（资本管理）。在上述三方面的因素叠加影响下，对于认定一个企业或者企业集团是否属于国有企业以及是否应该纳入国有企业来核算带来很大的挑战。此外，国有企业走向海外实行国际合作对我们的认定也是一个挑战。所以，我们在对一个企业进行具体认定时，需要仔细分析其组织架构、经营决策管理以及每一个构成要素的所有权性质，这样才能真正判定其是否属于国有企业。如表 5 - 1 所示。

表 5 – 1　　　　　　　　对企业进行具体认定需考虑的要素

组织＼要素	全民	集体	民营	生产经营	管理	投资型	国际	国内
母公司								
子公司								
孙公司								
⋮								

例如，当母公司的整体性质判定为全民所有制时，其下设的子公司或孙公司有可能是集体性质或民营性质的，还有可能是混合所有制的，这些子公司或孙公司是否应该纳入还是部分纳入母公司进行国有企业资产负债核算，就是需要我们研究判定的。这里需要考虑三个维度：一是从出资人角度，是否绝对控股或者相对控股；二是从控制人角度，是否协议控制或者实际经营当中发挥了实质性控制作用；三是如果上述不具备，那么混合所有制情形下是否按出资比例、协议比例或者其他约定来分配资产和负债，索取相关权益。

又如，当前国家正在转变国有企业管理思路，由原来的直接管理转变为国有资本管理，成立了不少国有资本控股公司，强调作为出资人的保值增值责任，对国有企业进行资本管理，不再干涉或者很少干涉国有企业本身具体的经营管理，即我们平常所称的"壳公司"，这一类公司是划入国有金融企业还是国有非金融企业来进行资产负债核算，也是需要我们考虑的问题。我们认为，当这一类公司其下设或者控股的企业主要为金融企业时，这类母公司应该划入国有金融企业来进行资产负债核算，如中投公司、中央汇金公司、中信集团等。当这一类公司其下设或者控股的企业主要为非金融企业时，这类母公司应该划入国有非金融企业来进行资产负债核算，如中航资本、中粮资本等。

此外，随着国内企业引进外资或者走向海外，国内经济成分与国外经济成分相互交织，受不同会计主体或监管主体监管，对于企业性质的认定也是一个非常具有挑战性的问题。我们认为需要考虑三个方面：一是谁对谁出资；二是谁对谁控制；三是如果没有达到控股或者控制程度，那么按什么原则来分配资产和负债，索取相关权益。在这三个维度上具体判断一个企业是否应该纳入以及怎么纳入国有企业资产负债核算。

还有一种情形是，虽然从法人实体上没有明确的机构，但是国有企业和非国有企业在很多经济往来当中具有共同的意志行动，例如设立相应的信托计划、共同基金以及上下游生产经营合营安排等，对这些活动背后涉及的资产负债也应按所有权和控制权等标准来判断，涉及国有企业的应纳入国有企业核算。此外，当前有很多民营金融集团或机构出现重大风险，严重干扰了金融市场的正常运行，为此，国家决定由国资企业出面进行接管。这些履行接管职能的国有企业不一定都是金融企业，也有非金融企业，在这一活动安排当中，对涉及的资产负债权益变更需要纳入到核算体系当中来。

第二节 国有非金融企业资产负债核算的范围与分类

要完全准确核算国有企业资产负债，就必须对国有企业的资产负债项目和要素有清晰的了解。要做到这一点，就必须完全掌握国有企业实行的会计制度、统计制度与报表编制方法。目前，涉及国有企业资产负债核算项目和要素规定的主要有两个部分：一部分是财政部门所制定的会计制度体系，一部分是财政部门、国资委和统计部门所制定的、有关国有资产统计、清查、核查等环节的制度规定。其中，会计制度体系又分为三个层次：一是《企业会计制度》《小企业会计制度》，对于各个行业、企业专业性较强的特殊业务的会计核算，财政部将陆续制定专业会计核算办法。二是规定会计要素的确认、计量、披露或报告的具体会计准则，总共有41号。三是企业会计准则通用分类标准。企业会计准则通用分类标准是采用可扩展商业报告语言（XBRL）表述的会计准则，是企业会计准则的重要组成部分。通用分类标准主要适用于2011年1月1日起在美国纽约证券交易所上市的我国部分公司、部分证券期货资格会计师事务所施行，鼓励其他上市公司和非上市大中型企业执行。根据《关于继续做好企业会计准则通用分类标准实施工作的通知》（财会〔2012〕10号）的规定，实施通用分类标准的企业共11家，包括：华能国际电力股份有限公司、中国移动有限公司、中国联合网络通信股份有限公司、中国人寿保险股份有限公司、中国铝业股份有限公司、中国东方航空股份有限公司、中国南方航空股份有限公司、广深铁路股份有限公司、兖州煤业股份有限公司、中兴通讯股份有限公司、国家开发投资公司。

一、国有非金融企业资产核算范围的界定与分类

企业会计制度中，资产是指过去的交易、事项形成并由企业拥有或者控制

的资源，该资源预期会给企业带来经济利益。国有企业的资产按流动性分为流动资产和非流动性资产。流动资产是指可以在 1 年或者超过 1 年的一个营业周期内变现或耗用的资产。非流动资产是指流动资产以外的资产。

（一）流动资产

流动资产，主要包括货币资金（现金、银行存款）、短期投资（即交易性投资）、应收及预付款项、待摊费用、存货等。

1. 货币资金，包括库存现金、银行存款。

库存现金是指存放在国有企业财会部门的现金，主要用于国有企业的日常零星开支。

银行存款是指国有企业存入银行或其他金融机构的货币资金，包括人民币存款和外币存款。

2. 短期投资，也即 2006 年会计准则所称的交易性投资，是指能够随时变现并且持有时间不准备超过 1 年（含 1 年）的投资，包括股票、债券、基金等。股票是指国有企业持有的股份公司发行的所有权凭证。债券是指国有企业持有的其他企业发行的承诺按一定利率支付利息并按约定条件偿还本金的债权债务凭证。基金是指国有企业持有的证券投资基金。证券投资基金是指通过发售基金份额募集资金，由基金托管人托管，由基金管理人管理和运作资金，为基金份额持有人的利益，以资产组合方式进行证券投资的一种利益共享、风险共担的集合投资方式。

3. 应收及预付款项，是指企业在日常生产经营过程中发生的各项债权，包括应收款项和预付账款，其中应收账款包括应收票据、应收账款、其他应收款。应收票据是指国有企业因开展经营活动销售产品、提供有偿服务等而收到的商业汇票，包括银行承兑汇票和商业承兑汇票。应收账款是指国有企业因开展经营活动销售产品、提供有偿服务等而应收取的款项。其他应收款，是指国有企业在商品交易业务以外发生的除应收票据和应收账款之外的各种应收、暂付款项。预付账款是指国有企业按照购货、劳务合同规定预付给供应单位的款项。

4. 待摊费用，是指企业已经支出，但应当由本期和以后各期分别负担的、分摊期在 1 年以内（含 1 年）的各项费用，如低值易耗品摊销、预付保险费、一次性购买印花税票和一次性购买印花税税额较大需分摊的数额等。低值易耗品摊销是指不作为固定资产核算的各种用具物品，如工具、管理用具、玻璃器皿以及在经营过程中使用的包装容器等领用时，将其价值一次转作生产费用或有关支出。预付保险费是指国有企业购买保险开保险单时只付一部分的保险费，总金额过后核算。一次性购买印花税票是指国有企业一次性购入印花税票。印花税票是指在凭证上直接印有固定金额，专门用于征收印花税税款，并必须粘贴在应纳税凭证上的一种有价证券。一次性购买印花税是指国有企业一次性购买所需缴纳的印花税。印花税是对经济活动和经济交往中书立、领受具有法律效力的凭证的行为所征收的一种税。

5. 存货，是指国有企业在日常生产经营过程中持有以备出售的产成品或商品，或者仍然处在生产过程中的在成品，或者在生产或提供劳务过程中将消耗的材料或物料等，包括各类材料、商品、在产品、半成品、产成品等。材料，是指国有企业拥有的用于制造物品、器件、构件、机器或其他产品的那些物质。商品，是指国有企业外购或委托加工完成，验收入库用于销售的各种商品。在产品，是指国有企业在生产过程中正处于加工或等待加工的产品。半成品，是指国有企业经过一定生产过程并已检验合格交付半成品仓库保管，但尚未制造完工成为产成品，仍需进一步加工的中间产品。产成品，是指在国有企业已完成全部生产过程、按规定标准检验合格、可供销售的产品。

6. 其他流动资产。除上述以外的流动资产。

（二）非流动资产

非流动资产，主要包括长期投资（含持有至到期投资和长期股权投资）、投资性房地产、固定资产、生物资产、在建工程、递延所得税资产、无形资产和其他资产。

1. 长期投资，是指除短期投资以外的投资，包括持有时间准备超过 1 年（不含 1 年）的各种股权性质的投资、1 年内（不含 1 年）不能变现或不准备随时变现的债券和其他债权投资以及其他长期投资。长期投资可以划分为两大类：持有至到期投资和长期股权投资。其中，持有至到期投资是指到期日固定且超过 1 年、回收金额固定或可确定，且企业有明确意图和能力持有至到期的非衍生金融资产。通常情况下，包括企业持有的、在活跃市场上有公开报价的国债、企业债券、金融债券等。长期股权投资是指通过投资取得被投资单位的股份，从而达到控制或影响该企业或者索取该企业的剩余超额回报的目的。

2. 投资性房地产，是指国有企业为赚取租金或资本增值，或两者兼有而持有的房地产。

3. 固定资产，是指企业使用期限超过 1 年的房屋、构筑物、机器、机械、运输工具以及其他与生产、经营有关的设备、器具、工具等。不属于生产经营主要设备的物品，单位价值在 2000 元以上，并且使用年限超过 2 年的，也应当作为固定资产。固定资产可分为八大类：（1）房屋及构筑物，是指产权属于本企业的所有房屋及构筑物，包括办公室（楼）、会堂、宿舍、食堂、车库、仓库、油库、档案馆、活动室、锅炉房、烟囱、水塔、水井、围墙等及其附属的水、电、煤气、取暖、卫生等设施。附属企业如招待所、宾馆、车队、医院、幼儿园、商店等房屋及构筑物，产权也归属于企业。（2）一般办公设备，指企业常用的办公与事务方面的设备，如办公桌、椅、凳、橱、架、沙发、取暖和降温设备、会议室设备、家具用具等。（3）专用设备，是指属于企业所有专门用于某项工作的设备。包括：文体活动设备、录音录像设备、放映摄像设备、打字电传设备、电话电报通信设备、舞台与灯光设备、档案馆的专用设备，以及办公现代化微电脑设备等。凡是专用于某一项工作的工具器械等，均应列为专用设备。（4）文物和陈列品，是指博物馆、展览馆等文化事业单位的各种文物和陈列品。例如，古玩、字画、纪念物品等。有些企业后勤部门内部设有展览室、陈列室，凡有上述物品的也属于文物和陈列品。（5）图书，是指专业图书馆、文化馆的图书和单位的业务书籍。企业内部的图书资料室、档案馆所有的各种图书，包括政治、业务、文艺等书籍，均属国家财产。（6）运输设备，是指后勤部门使用的各种交通运输工具，包括轿车、吉普、摩托车、面包车、客车、轮船、运输汽车、三轮卡车、人力拖车、板车、自行车和小轮车等。（7）机械设备，主要是企业后勤部门用于自身维修的机床、动力机、工具等和备用的发电机等，以及计仪器、检测仪器和医院的医疗器械设备。有些附属生产性企业的机械、工具设备也应包括在内。（8）其他固定资产，是指以上各类未包括的固定资产。

4. 生物资产，是指国有企业拥有或控制的具有自然再生产和经济再生产相互交织特点的动植物资产，包括公益性生物资产、消耗性生物资产和生产性生物资产。其中，公益性生物资产，是指以防护、环境保护为主要目的的生物资产，包括防风固沙林、水土保持林和水源涵养林等。而公益性生物资产之所以被界定为生物资产的一类，是因为企业拥有或控制的公益性生物资产，虽然不能直接为企业带来经济利益，但具有服务潜能，有助于企业从相关资产获得经济利益，从而满足生物资产确认的条件。消耗性生物资产，是指为出售而持有的，或在将来收获为农产品的生物资产，包括生长中的大田作物、蔬菜、用材林以及存栏待售的牲畜等。生产性生物资产，是指为产出农产品、提供劳务或

147

出租等目的而持有的生物资产，包括经济林、薪炭林、产畜和役畜等。

5. 在建工程，是指国有企业已经发生必要支出，但尚未完工交付使用的各种建筑（包括新建、改建、扩建、修缮等）和设备安装工程，包括施工前期准备、正在施工中的建筑工程、安装工程、技术改造工程、大修理工程等。

6. 递延所得税资产，是指国有企业预计未来可以用来抵税的资产。

7. 无形资产，是指企业为生产商品或者提供劳务、出租给他人，或为管理目的而持有的、没有实物形态的非货币性长期资产。无形资产分为可辨认无形资产和不可辨认无形资产。可辨认无形资产包括专利权、非专利技术、商标权、著作权、土地使用权等；不可辨认无形资产是指商誉。专利权是指政府有关部门向发明人授予的在一定期限内生产、销售或以其他方式使用发明的排他权利。非专利技术是指不为外界所知、在生产经营活动中已采用了的、不享有法律保护的、可以带来经济效益的各种技术和诀窍。商标权是指商标主管机关依法授予商标所有人对其注册商标受国家法律保护的专有权。著作权是指文学、艺术和科学作品等的著作人依法对其作品所拥有的专门权利。土地使用权是指事业单位，依照法定程序或依约定对国有土地或集体土地所享有的占有、利用、收益和有限处分的权利。商誉是指能在未来期间为事业单位活动带来超额利润的潜在经济价值，或超过可辨认资产正常获利能力（如社会平均投资回报率）的资本化价值。

8. 其他非流动资产，是指除上述资产以外的其他资产，如长期待摊费用。长期待摊费用，是指企业已经支出，但摊销期限在 1 年以上（不含 1 年）的各项费用，包括固定资产修理支出、租入固定资产的改良支出以及摊销期限在 1 年以上的其他待摊费用等。

二、国有非金融企业负债核算范围的界定与分类

企业会计制度中，负债是指过去的交易、事项形成的现时义务，履行该义务预期会导致经济利益流出企业。企业的负债应按其流动性，分为流动负债和长期负债。流动负债，是指将在 1 年（含 1 年）或者超过 1 年的一个营业周期内偿还的债务。长期负债，是指偿还期在 1 年或者一个营业周期以上的负债。

（一）流动负债

国有企业的流动负债包括短期借款、应付票据、应付账款、预收账款、应付工资、应付福利费、应付股利、应交税金、其他暂收应付款项、预提费用和一年内到期的长期借款等。

1. 短期借款，是指企业为维持正常的生产经营所需的资金或为抵偿某项债务而向银行或其他金融机构等外单位借入的、还款期限在 1 年以内（含 1 年）的各种借款。

2. 应付票据，是指企业在商品购销活动和对工程价款进行结算因采用商业汇票结算方式而发生的，由出票人出票，委托付款人在指定日期无条件支付确定的金额给收款人或者票据的持票人，包括商业承兑汇票和银行承兑汇票。商业汇票，是指收款人或付款人（或承兑申请人）签发，由承兑人承兑，并于到期日向收款人或被背书人支付款项的票据。商业汇票，按承兑人不同分为商业承兑汇票和银行承兑汇票。如承兑人是银行的票据，则为银行承兑汇票；如承兑人为购货单位的票据，则为商业承兑汇票。

3. 应付账款，是指国有企业应支付但尚未支付的手续费和佣金，用以核算企业因购买材料、商品和接受劳务供应等经营活动应支付的款项。

4. 预收账款，是指国有企业按照合同规定或交易双方之约定，向购买单位或接受劳务的单位在未发出商品或提供劳务时预收的款项，包括预收货款、预收购货定金等。

5. 应付工资，是指国有企业应付但尚未支付给企业员工的工资报酬。

6. 应付福利费，是指国有企业应付但尚未支付给企业员工的福利费，包括职工的医疗卫生费用、职工困难补助费，以及应付的医务、福利人员工资等。

7. 应付股利，是指国有企业按协议规定应该支付但尚未支付给投资者的利润，包括上市公司股利和非上市公司股利。

8. 应交税金，是指国有企业应交未交的各项税金，如增值税、消费税、营业税、所得税、资源税、土地增值税、城市维护建设税、个人所得税等。

9. 其他暂收应付款项，是指国有企业除上述以外的暂收和应付款项，包括应付租入固定资产和包装物的租金，存入保证金，应付、暂收所属单位、个人的款项，管辖区内业主和物业装修存入保证金，应付职工统筹退休金，以及应收暂付上级单位、所属单位的款项等。

10. 预提费用，是指国有企业按规定预先提取但尚未实际支付的各项费用，包括银行借款的利息费用、预提的固定资产修理费用、租金和保险费等。

11. 一年内到期的长期借款，是指国有企业应当偿还但尚未偿还的一年内到期的长期借款。

（二）长期负债

国有企业的长期负债包括权益性负债、长期借款、应付债券、长期应付款、递延所得税负债等。

1. 权益性负债，是指实收资本等。

2. 长期借款，是指企业向银行或其他金融机构借入的期限在 1 年以上（不含 1 年）或在一个营业周期（1 年）以上的各项借款。

3. 应付债券，是指发行债券的国有企业在到期时应付本金和利息给持有债券的人。

4. 长期应付款，是指国有企业除了长期借款和应付债券以外的其他多种长期应付款，包括应付补偿贸易引进设备款、采用分期付款方式购入固定资产和无形资产发生的应付账款、应付融资租入固定资产租赁费等。

5. 递延所得税负债，是指国有企业根据应税暂时性差异计算的未来期间应付所得税的金额。

三、完善国有非金融企业资产负债核算范围的探讨

如前所述，我们在核算国有非金融企业资产负债时可以借助现有的会计制度、会计准则和会计通用分类标准以及各类统计制度提供的报表，但即便这样，我们发现仍有一些基础性问题需要考虑。

（一）进一步修订企业会计制度

我国国有非金融企业资产负债表编制主要依据的是企业会计制度。我国现有的企业会计制度是 2000 年制定，自 2001 年 1 月 1 日开始实施的，虽然后来财政部陆续发布了一系列会计准则，对其中某些会计要素进行了进一步细化规定或修订，但企业会计制度仍需在以下三个方面进行修订：一是会计原则的运用。现有的企业会计制度对于权益制以及公允价值的运用远远不够，不能切合当前复杂的经济金融活动的需要。二是缺乏表样。现有的会计制度中没有对资产负债表、利润表、现金流量表表样做出明确的界定，这将导致各大企业在制定和报送报表时难免存在差异，不利于核算和管理。三是有些基本会计要素缺失或表述与后来的会计准则不一致，如交易性投资、非货币性交易等。为此，我们建议可以考虑对现行企业会计制度进行相应的修订。

（二）重新厘定国有企业资产核算基本原则

根据第一节中我们对国有企业的界定，国有企业持有的资产不完全是国有资产，尤其是混合所有制的国有企业更是如此。而要解决这些类型的国有企业到底哪些资产应该纳入国有资产来核算，需要对此规定基本的核算规则，如究竟是根据会计原则还是核算原则，或者是按照合同约定划分资产还是按照出资

比例来划分资产，等等。同时，考虑到股权结构和组织架构的复杂性，国有企业集团的资产应该包括但不限于：（1）国有资产管理机构对国有独资企业、国有独资公司、国有控股公司、国有参股公司的投资和投资所形成的资产；（2）被授权进行国有资产经营的国有独资企业、国有独资公司对下属全资、控股、参股企业享有的资产；（3）国有独资企业、国有独资公司、国有控股公司、国有参股公司对重要子公司享有的资产。

（三）需要对一些基本会计科目核算规定进行修订

随着国有企业经济金融活动日益复杂，原有会计制度和会计准则对有些基本经济活动的会计核算并不十分清晰，而这些经济活动主要包括：一是国有非金融企业采取的套期保值以及其他金融衍生业务的处理。一方面，当前很多国有企业为了扩大业务的需要，获取了不少金融牌照以开展金融业务；另一方面，很多国有企业为了盈利、增值，或为了规避风险等需要，在金融市场开展金融业务，如套期保值业务。二是集团内部金融公司和非金融公司业务的往来。从目前的实践来看，大型国有企业集团很多都有财务公司、资本公司、投资公司等，其集团内部金融板块和非金融板块之间的金融活动非常频繁。三是可转债业务。即发行人发行一种可以在一定条件下转换成股权收益凭证的债务收益凭证，持有人平常持有时享受固定债券收益，在一定条件下转换为发行机构的股权持有和股权收益，其股权又可设置为优先股和普通股。上述触发条件通常是发行机构面临重大债务危机时才会出现，这是比较典型的一种危机救助机制安排。四是非货币性交易，即不同类型资产或者负债之间的互换。五是跨国业务往来等。这些业务的核算或者会计处理散见于金融企业的会计制度、企业会计准则，同时通用分类准则以及国际会计准则也为我们处理上述业务提供了重要参考和借鉴。但是，目前尚没有一个完整统一的会计制度对上述业务的会计处理和经济核算做出明确规定，各国有企业在核算这些业务时的自由裁量权相对较大，不利于管理和规范。为此，需要根据相关的金融企业会计制度，借鉴国际会计准则和实践对企业会计制度或者会计准则进行相应的修订。

（四）研究设立和完善一些核算项目

1. 研究设立"非生产资产"核算项目。非生产资产作为非金融资产的一部分，是相对生产资产而言的，它不是作为生产过程的产出而产生，主要包括自然资产和社会构成物。其中，自然资产包括土地、其他自然资产和专利等无形资产。因此，要研究设立"非生产资产"核算项目，一是要研究设立土地核算项目。这里的土地是指地面本身，不包括地上的价值物如房屋、道路、农作物等。我国部分事业单位如公园、体育培训单位的设施等占地并未完全纳入核算之中，应单设项目进行核算。二是探索其他自然资产的核算。其他自然资产包括非培育生物资源、水资源和电磁波谱。非培育生物资源是这样的动物和植物，即对它们行使所有权，但它们的自然生长或繁殖不在任何单位的直接控制、责任和管理之下。三是完善社会构成物的核算。我国事业单位已把专利权、著作、使用权等作为无形资产核算，但国有企业内部或对外租赁形成的资产还没有纳入非生产资产核算范围。四是强化对矿产资源的核算。矿产资源指经过地质成矿作用而形成的，天然赋存于地壳内部或地表埋藏于地下或出露于地表，呈固态、液态或气态的，并具有开发利用价值的矿物或有用元素的集合体。矿产资源属于非可再生资源，根据我国现有法律法规，矿产资源管理职能由各级人民政府国土资源主管部门行使。

2. 研究设立"文物文化资产"核算项目。文物文化资产是具有相当高价值、主要作为储藏手段得到和持有，而非主要用于生产或消费目的的商品。它们在正常条件下不会随时间而退化。尤其是，有些文化资产在某个时点上不属于文物资产，但随着时间的推移和人们观念的变化，其价值非但没有折旧反而日益高企，如某些名人的字画、绝版邮票、版画等，有些甚至变成了文物，这些都需要纳入核算。

3. 完善已有相关核算项目覆盖范围。一是应该在固定资产项目下涵盖公共基础设施。其中，公共基础设施应包括国有企业拥有或控制的机场、公路、铁路、公园、桥梁、隧道、水上基础设施、操场等。二是应该在固定资产项目下涵盖持有待售的非流动资产、投资性房地产等。其中，持有待售的非流动资产是指国有企业持有的用以出售处理或盈利的非流动资产；投资性房地产是指国有企业持有的非自住自用，而主要是用来投资盈利的房地产及其附属物。三是在流动资产项目下应涵盖保险合同带来的资产负债变动情况。其中，保险合同是投保人与保险人约定保险权利义务关系的协议。随着金融活动的广泛开展，交易机制的灵活多变，保险合同存在的范围和形式也多种多样，其提供的功能兼具存款性、保障性和保险性。有时候，保险合同甚至设计成为资产负债转移和链接的工具和机制。这时，就需要把保险合同带来的资产负债权属关系纳入核算当中来。

（五）要高度重视并应对国有企业"走出去"带来的资产负债核算和管理挑战

随着全球经济日益深化和向前发展，不同经济主体的经济往来活动日益纵深发展，有些国有企业开始走出国门，到海外设立分支机构或者独立法人机构，我们要高度重视这一跨国跨界业务带来的资产负债核算和管理挑战，尤其是要高度重视"国内负债、国外资产"这一现象带来的挑战。主要有：

一是在核算该国有企业资产负债时，要将其境内外所有资产负债项目纳入进来，不能有遗漏，包括该国有企业下设的分支机构、独立法人机构以及控股或者参股的企业或公司。其中，在将国有企业控股或者参股的企业或公司资产负债纳入核算时，需根据相应的会计准则或者合同约定来处理。

二是要高度重视不同国家的会计制度对跨国国有企业资产负债核算带来的影响。这里面主要有：会计处理原则不一样，同一会计科目可能在国内是按照现收现付制来处理，在国外可能是按权益发生制来处理；同一经济活动涉及的经济要素在国内外对应的会计科目有所不同，在合并、汇总、轧差处理时也不完全一样。所以，在处理这些问题时要根据国际会计准则和我国会计制度来处理，尤其在并表核算母公司资产负债时要按照监管主体或者会计主体、核算主体规定的会计处理规定或者核算规定来处理。

三是要高度重视海外投资带来的资产负债管理难度加大，尤其是"国内负债、国外资产"这一现象。当前部分国有企业热衷海外并购，在国内大量举债或者发行股票筹集资金后，到海外去大量收购资产，导致资产负债管理难度加大。主要有：资产负债的估值难度很大，例如对俱乐部的收购、对收益权的界定等都加大了资产负债估值管理的难度；流动性风险进一步上升，国内短债与国外长期资产投资进一步加深资产负债久期错配，给国有企业的流动性管理带来很大压力；国别风险进一步加大，由于大量的资产在境外或者国外，一旦相关国家政局不稳定或者与我国关系不好，境外资产或海外资产管理或控制的有效性将大打折扣，资产受损的可能性大大增加；操作风险也进一步加大，由于资产在境外或海外，其监管主体或者会计主体与母公司不完全一致，会计报表粉饰的可能性大大增加，导致有时难以完整准确地判断其资产负债是否完全纳入，也很难判断其资产负债管理的有效性。

第三节　国有非金融企业资产负债表的编制

国有非金融企业资产负债表的编制，就是搜集国有非金融企业机构的资产负债数据，估值整理并以资产负债表的形式加以反映。我们要研究反映资产负债情况的表式设计、数据搜集、数据估价、数据整理等。

一、国有非金融企业资产负债表表式

要反映国有非金融企业资产负债核算的情况，就要设计一个表式。而国有非金融企业资产负债表表式的设计又往往涉及与政府总体资产负债表的衔接问题。这里我们只研究国有非金融企业资产负债表本身的设计。国有非金融企业资产负债表的表式如同其他资产负债表一样，也涉及主栏项目和宾栏项目两个部分。

（一）表式主栏项目的设计

主栏项目是反映核算的主体及其分类。主体分类既有横向分类，也有纵向分类。主体横向分类前面研究已经指出，可以按行业分为农、林、牧、渔业，采矿业，制造业，电力、热力、燃气及水生产和供应业，建筑业，批发和零售业，交通运输、仓储和邮政业，住宿和餐饮业，信息传输、软件和信息技术服务业，金融业，房地产业，租赁和商务服务业，科学研究和技术服务业，水利、环境和公共设施管理业，居民服务、修理和其他服务业，教育，卫生和社会工作，文化、体育和娱乐业，公共管理、社会保障和社会组织等类别；还可分为商业类和公益类两种类型。主体纵向分类包括中央所属、省属、地市属、县属等国有非金融企业四类。表式主栏项目的设计详见表 5－2。

（二）宾栏项目的设计

宾栏项目是反映核算的客体及其分类。宾栏项目设计是在原有核算项目的基础上新设、分类和归并。宾栏项目分为资产项目、负债项目和净值项目。其中，资产分为流动资产和非流动性资产。流动资产又分为现金、银行存款、短期投资、应收及预付款项、待摊费用、存货和其他流动资产等。非流动资产又分为长期投资、投资性房地产、固定资产、在建工程、文物文化资产、非生产资产和其他非流动资产等。负债分为流动负债和长期负债。流动负债又分为短期借款、应付票据、应付账款、预收账款、应付工资、应付福利费、应付股利、应交税金、其他暂收应付款项、预提费用和一年内到期的长期借款和其他流动性负债等。长期负债又分为长期借款、应付债券、长期应付款和其他长期负债等。

（三）整个表式的设计

综合主栏项目的设计和宾栏项目的设计，国有非金融企业资产负债表的表式如表 5－2 所示。

表 5 - 2　　　　　　　　国有非金融企业资产负债表

	农业	采矿业	制造业	电热水	建筑	批发零售	交通	住宿	…	社会保障	合计
一、资产											
（一）流动资产											
货币资金											
短期投资											
应收及预付款项											
待摊费用											
存货											
其他流动资产											
（二）非流动资产											
长期投资											
投资性房地产											
固定资产											
非生产资产											
文物文化资产											
在建工程											
其他非流动资产											
二、负债											
（一）流动负债											
短期借款											
应付票据											
应付账款											
预收账款											
应付工资											
应付福利费											
应付股利											
应交税金											
其他暂收应付款项											
预提费用											
一年内到期的长期借款											
其他流动性负债											
（二）长期负债											
权益性负债											
长期借款											
应付债券											
长期应付款											
其他长期负债											
三、净值											

二、数据搜集

编制国有非金融企业资产负债表所需数据主要从两个方面搜集：一是现有财务统计报表，二是统计调查。

（一）现有国有非金融企业资产负债表

财政部门或者统计部门在编制整体国有非金融企业资产负债表时，其数据主要来自所辖各国有非金融企业根据相应的会计制度编制且向其提供的资产负债表。主要有大型国有非金融企业资产负债表（表5-3）、小型国有非金融企业资产负债表（表5-4）、个别国有非金融企业资产负债表（表5-5）等。

表5-3　　　　　　　　　大型国有非金融企业资产负债表

项目	期初余额	期末余额
资产		
流动资产		
货币资金		
应收票据		
应收账款		
其他应收款		
预付款项		
存货		
其他流动资产		
**　流动资产合计**		
非流动资产		
长期股权投资		
固定资产		
在建工程		
无形资产		
长期待摊费用		
递延所得税资产		
其他非流动资产		
**　非流动资产合计**		
资产总计		

项目	期初余额	期末余额
负债		
流动负债		
短期借款		
应付票据		
应付账款		
预收款项		
应付职工薪酬		
应交税费		
其他应付款		
短期应付债券		
一年内到期的非流动负债		
流动负债合计		
非流动负债		
权益性负债		
长期借款		
应付债券		
预计负债		
递延所得税负债		
其他非流动负债		
非流动负债合计		
负债合计		
净值		

表 5－4　　　　　　　　　　小型国有非金融企业资产负债表

资产	年初数	期末数	负债和所有者权益 （或股东权益）	年初数	期末数
流动资产			流动负债		
货币资金			短期借款		
短期投资			应付票据		
应收票据			应付账款		

资产	年初数	期末数	负债和所有者权益 （或股东权益）	年初数	期末数
应收股息			应付工资		
应收账款			应付福利费		
其他应收款			应付利润		
存货			应交税金		
待摊费用			其他应交款		
一年内到期的长期债权投资			其他应付款		
其他流动资产			预提费用		
流动资产合计			一年内到期的长期负债		
长期投资			其他流动负债		
长期股权投资			流动负债合计		
长期债权投资			长期负债		
长期投资合计			长期借款		
固定资产			长期应付款		
固定资产原价			其他长期负债		
减：累计折旧			长期负债合计		
固定资产净值			**负债合计**		
工程物资					
在建工程					
固定资产清理			所有者权益（或股东权益）		
固定资产合计			实收资本		
无形资产及其他资产			资本公积		
无形资产			盈余公积		
长期待摊费用			其中：法定公益金		
其他长期资产			未分配利润		
无形资产及其他资产合计			所有者权益（或股东权益）合计		
资产合计			**负债和所有者权益 （或股东权益）总计**		

表 5－5　　　　　　　　　个别国有非金融企业资产负债表

项目	元素属性	准则
资产		
流动资产		
货币资金		
以公允价值计量且其变动计入当期损益的金融资产		
衍生金融资产		
应收票据		
应收账款		
预付款项		
应收利息		
应收股利		
其他应收款		
存货		
划分为持有待售的资产		
一年内到期的非流动资产		
其他流动资产		
流动资产合计		
非流动资产		
可供出售金融资产		
持有至到期投资		
长期应收款		
长期股权投资		
投资性房地产		
固定资产		
在建工程		
工程物资		
固定资产清理		
生产性生物资产		
油气资产		
无形资产		
开发支出		
商誉		
长期待摊费用		
递延所得税资产		
其他非流动资产		
非流动资产合计		
资产总计		

项目	元素属性	准则
负债		
流动负债		
短期借款		
以公允价值计量且其变动计入当期损益的金融负债		
衍生金融负债		
应付票据		
应付账款		
预收款项		
应付职工薪酬		
应交税费		
应付利息		
应付股利		
其他应付款		
划分为持有待售的负债		
一年内到期的非流动负债		
其他流动负债		
流动负债合计		
非流动负债		
权益性负债		
长期借款		
应付债券		
其中：优先股		
永续债		
长期应付款		
长期应付职工薪酬		
专项应付款		
预计负债		
递延收益		
递延所得税负债		
其他非流动负债		
非流动负债合计		
负债合计		
净值		

（二）统计调查

各国有非金融企业在编制资产负债表时一般都是依据财政部门或统计部门提供的表样，其数据主要源自会计财务报表。但有些数据可能不能直接从现有报表中搜集到，需要做相应的统计调查或资产负债清查，制定各类底表。财政部门、国资委和统计部门为国有资产负债的统计和管理制定了一系列规章制度，包括国有资产负债的清查、清理、稽核、审计等，如《关于做好中央企业财务快报工作的通知》《关于印发 2016 年度中央部门管理企业国有资产统计报表的通知》《关于中央级事业单位所办企业启用新〈企业国有资产产权登记表〉的通知》。统计部门制定的一系列统计制度也为国有非金融企业资产负债核算提供了重要数据来源，包括固定资产投资统计报表制度、应对气候变化部门统计报表制度（试行）、环境综合统计报表制度、能源统计报表制度、规模以下服务业抽样调查统计报表制度、部门服务业财务统计报表制度（试行）、规模以上服务业统计报表制度、房地产开发统计报表制度、住宿和餐饮业统计报表制度、批发和零售业统计报表制度、运输邮电软件业统计报表制度、建筑业小微企业抽样调查统计报表制度（试行）、建筑业统计报表制度、规模以下工业抽样调查统计报表制度、工业统计报表制度、农业产值和价格综合统计报表制度、农林牧渔业统计报表制度、调查单位基本情况统计报表制度、基本单位统计报表制度、国民经济核算统计报表制度等。上述报表制度规定都设计了相应的报表表样，这为各类国有非金融企业进行相应的调查统计提供了报表模板，为摸清各类国有非金融企业的资产负债提供了数据和信息基础。

三、估价

企业的会计核算应当以权责发生制为基础。凡是当期已经实现的收入和已经发生或应当负担的费用，不论款项是否收付，都应当作为当期的收入和费用；凡是不属于当期的收入和费用，即使款项已在当期收付，也不应当作为当期的收入和费用。主要原则有：（1）企业在进行会计核算时，收入与其成本、费用应当相互配比，同一会计期间内的各项收入和与其相关的成本、费用，应当在该会计期间内确认。（2）企业的各项财产在取得时应当按照实际成本计量。其后，各项财产如果发生减值，应当按照本制度规定计提相应的减值准备。除法律、行政法规和国家统一的会计制度另有规定外，企业一律不得自行调整其账面价值。（3）企业的会计核算应当遵循重要性原则的要求，在会计核算过程中对交易或事项应当区别其重要程度，采用不同的核算方式。具体而言，主要估价方法有：

一是账面余额计价法，国有企业的现金、银行存款、应收及预付款项以账面余额计价。账面余额，是指某科目的账面实际余额，不扣除作为该科目备抵的项目（如累计折旧、相关资产的减值准备等）。

二是投资成本计价法，适用对国有企业的短期投资、长期债权投资等的计价。投资成本，即实际支付的全部价款，包括税金、手续费等相关费用，或者按投资各方确认的价值，或者是非货币性资产交易时按换出资产或应收债权的账面价值加上应支付的相关税费。

三是实际成本计价法，国有企业在取得存货、固定资产、无形资产时以实际成本计价。实际成本，是指按买价加运输费、装卸费、保险费、包装费、仓储费等费用和运输途中的合理损耗、入库前的挑选整理费用和按规定应计入成本的税金以及其他费用；或者是自己制造所支付的各项费用或代加工费用加上运输费等；或者是投资方确认的价值等。

四是成本或权益计价法，国有企业的长期股权投资应以成本法或权益法计价。成本法，是指当投资公司对被投资公司经营活动无影响能力时采用的长期股权投资会计处理方法，即投资公司的长期股权投资账户，按原始取得成本入账后，始终保持原资金额，不随被投资公司的营业结果发生增减变动的一种会计处理方法。权益法，是指投资企业要按照其在被投资企业拥有的权益比例和被投资企业净资产的变化来调整"长期股权投资"账户的账面价值。使用这种方法时，投资企业应将被投资企业每年获得的净损益按投资权益比例列为自身的投资损益，并表示为投资的增减。如果收到被投资企业发放的股利（不包括股票股利，下同），投资企业要冲减投资账户的账面价值。

五是实际发生额计价法，各项流动负债和长期负债，应按实际发生额入账。实际发生额，是指国有企业对外负债时实际发生的数额。

六是公允价值计价法，国有企业在租赁资产时，或者涉及非货币性交易时以及进行金融工具套期时应以公允价值计价。公允价值，是指市场参与者在计量日发生的有序交易中，出售一项资产所能收到或者转移一项负债所需支付的价格。

四、数据整理

数据整理主要涉及核算项目的汇总和轧差。这里面又可以分为两个维度：一是机构维度，即不同国有企业的同一核算项目的汇总和轧差；二是项目维度，即同一关联企业的项目汇总和轧差。

从机构维度看，不同国有企业的同一核算项目的汇总和轧差其实就是并表，包括同一国有企业集团下不同子公司、不同国有企业集团之间的经济活动往来，国有企业集团与混合所有制企业以及非国有企业的经济往来形成的资产负债并表处理。在核算同一核算项目时，是采取会计并表、监管并表还是核算并表原则；是采取简单少数，还是按股权比例、合同约定将同一核算项目归并，这些问题都是我们需要事先考虑并解决的问题。

从核算项目维度看，同一国有企业中的有关联的核算项目汇总和轧差主要有：（1）根据总核算项目的余额直接填列，如交易性金融资产、工程物资、固定资产清理、递延所得税资产、短期借款、交易性金融负债、应付票据、应付职工薪酬等19个项目。（2）根据几个总核算项目的余额计算填列。如货币资金、其他流动负债等项目。（3）根据明细账核算项目余额计算填列，如开发支出、应付账款、预收款项等项目。（4）根据总核算项目和明细核算项目余额分析计算填列，如长期借款、长期待摊费用、其他非流动资产等项目。（5）根据有关核算项目余额减去其备抵核算项目余额后的净额填列，如可供出售金融资产、持有至到期投资、长期股权投资、在建工程、商誉等项目。

五、完善国有非金融企业资产负债表编制的探讨

为了准确反映我国国有非金融企业的资产负债状况，我国财政部门和统计部门制定出台了会计制度、会计准则以及统计制度，这为规范国有非金融企业的资产负债信息披露发挥了重要作用。但在核算企业单位资产负债实际过程中，仍旧有大量的工作要做。

（一）根据不同需要制定不同的核算表式

随着国有企业的经济活动日益复杂，我们认为其资产负债表是核算其资产负债的基础，但仅仅依靠会计制度提供的资产负债表不能完全满足国有企业资产负债核算的需要。尤其是，现有企业会计制度尚未制定统一的资产负债表表式，建议修改现有企业会计制度，对资产负债表表式做出统一的要求或规定。此外，为了反映单个国有企业在一定时期内的资产负债变动情况，以及掌握各级政府所管辖或下辖所有国有企业在一个时点上的资产负债状况，我们认为应该制定不同的核算表式满足上述不同的需要。

就单个国有企业而言，我们认为应该设置平衡表表式，以反映该国有企业在一定时期资产负债变动情况，同时也能更为直观地判断其资产负债平衡状况，

尤其是需要在会计制度中对包括国有企业在内的企业资产负债表表样进行列示。

就财政部门或统计部门而言，统计核算同级政府所管辖或下辖所有国有企业在一个时点上的资产负债状况，应该设置国有企业资产负债汇总核算表式。该表式采取矩阵表表式，纵列为各类国有企业和国有企业总计，横列为资产负债各核算项目。这一安排可以让相关部门对该级政府所管辖或下辖所有国有企业在一个时点上的资产负债状况一目了然，既可以看到所有国有企业资产负债总计状况，也能看到各类国有企业资产负债各核算科目具体情况，从而判断出各类国有企业资产负债在所有国有企业总体资产负债中的比重，为相关专业人士判断该地方国有企业资产负债状况提供有利决策信息。

（二）数据来源要有交叉验证

国资部门和统计部门为了统计国有企业资产负债制定了不同的表样，包括针对不同行业或者产业提出相应的统计报表，但这些表样很大程度上格式并不统一，且每年格式都不一样，这为不同类型的国有企业资产负债在同一时点或者时间序列上的计总和比较带来了很大的不便。建议相关部门将相关的统计表格样式固定下来，做出明确规定，从而有助于搜集国有企业资产负债数据。

要确保国有企业资产负债表中的数据完整和准确，就必须有充分的数据来源渠道，这就不仅仅需要会计核算，还需要统计核算、资产清查等渠道。同时，为了确保数据的真实性，除了要做好不同会计凭证、会计簿记、会计报表之间的交叉验证，更重要的是要保持数据搜集和数据检查是通过两个独立的渠道来进行，这样才能做到有效验证。只有数据获取和数据验证是通过两个独立的闭循环来进行，才能真正确定数据是否可靠。

（三）要进一步完善资产负债项目的估价估值

现有会计制度和会计准则为国有企业资产负债估价提供了重要制度基础，但是仍旧有些会计要素的估价需要进一步明确规定，主要有：一是金融衍生业务，包括套期业务等；二是债转股等业务；三是非货币性交易；四是国际经济金融活动往来。限于篇幅，我们以非货币性交易为例，其他的有关会计处理和核算处理可以参考国际财务报告准则。非货币性交易在区分涉及补价和不涉及补价两种情形下，可以公允价值计量，也可以账面价值计量。以公允价值计量：（1）不涉及补价的会计处理。若以公允价值计价，以换出资产的公允价值加上应支付的相关税费，作为换入资产的入账价值，换出资产公允价值与其账面价值的差额计入当期损益。公式为：换入资产的入账价值 = 换出资产的公允价值 + 应支付的相关税费。（2）涉及补价的会计处理。若以公允价值计价，支付补价方，以换出资产的公允价值，加上补价和应支付的相关税费，作为换入资产的入账价值，换出资产公允价值与其账面价值的差额计入当期损益。公式为：换入资产的入账价值＝换出资产的公允价值＋补价＋应支付的相关税费。收到补价方，以换出资产的公允价值，减去补价和应支付的相关税费，作为换入资产的入账价值，换出资产公允价值与其账面价值的差额计入当期损益。公式为：换入资产的入账价值＝换出资产的公允价值－补价＋应支付的相关税费。

以账面价值计量：（1）不涉及补价的会计处理。若以账面价值计价，以换出资产的账面价值加上应支付的相关税费作为换入资产的入账价值，不涉及损益。公式为：换入资产的成本＝换出资产的账面价值＋应支付的相关税费。（2）涉及补价的会计处理。若以账面价值计价，支付补价方，以换出资产的账面价值，加上补价和应支付的相关税费，作为换入资产的入账价值，双方不确认损益。公式为：换入资产的成本＝换出资产的账面价值＋支付的补价＋相关税费；收到补价方，以换出资产的账面价值，减去补价和应支付的相关税费，作为换入资产的入账价值，不计算当期损益。公式为：换入资产的成本＝换出资产的账面价值－补价＋应支付的相关税费。

（四）妥善处理并表问题

当国有企业是一个企业集团的时候，其资产负债的核算涉及到并表的问题。首先需要界定母公司和子公司以及什么是合并财务报表。母公司，是指控制一个或一个以上主体（含企业、被投资单位中可分割的部分，以及企业所控制的结构化主体等，下同）的主体。子公司，是指被母公司控制的主体。合并财务报表是指反映母公司和其全部子公司形成的企业集团整体财务状况、经营成果和现金流量的财务报表。其次，要界定合并范围，即合并条件。合并财务报表的合并范围应当以控制为基础予以确定。控制，是指投资方拥有对被投资方的权力，通过参与被投资方的相关活动而享有可变回报，并且有能力运用对被投资方的权力影响其回报金额。下列情况表明投资方对被投资方拥有权力：一是投资方持有被投资方半数以上的表决权的。二是投资方持有被投资方半数或以下的表决权，但通过与其他表决权持有人之间的协议能够控制半数以上表决权的。

而通常我们需要使用合并财务报表以核算资产负债的主要情形有：一是企业合并。其中，企业合并是指购买方获得一项或多项业务控制权的交易或事项。二是一家企业对另一家企业持有绝对控股权或相对控股权。其中，绝对控股权是指投资方持有被投资方表决份额50%以上的投票权，这当中涵盖可转换公司债券、可执行认股权证等潜在表决权；相对控股是指相对其他投资方而言，投资方持有被投资方表决份额第一位置的表决权。这里的第一位置以排序为主，没有规定具体的绝对数额，但在目前的实践中，一般投资方持有表决的份额在20%以上。三是一家企业对另一家企业虽没有控股，但是对其经营管理活动具有决策权、干预权。其中，决策权、干预权是指依照相关法律法规、政策和意志，一家企业虽然没有对另一家企业控股，但是可以对其经营活动进行决策和重大干预，这在国有企业当中较为常见。在实际生产经营过程中，为了实现某一政策目的，政府通常会通过一家企业来干预或指导另一家企业的经营活动。

在确定上述标准和条件后，应当以母公司和子公司的资产负债表为基础，抵销母公司与子公司、子公司相互之间发生的内部交易对合并资产负债表的影响，最终由母公司合并编制资产负债表，主要包括：（1）对母公司与子公司的资产、负债、权益、收入、费用、现金流项目进行合并。（2）抵销母公司对每一子公司投资的账面金额，同时抵销母公司在该子公司中的权益份额。（3）全额抵销与集团内部所有交易相关的资产、负债、权益、收入、费用和现金流量。（4）在合并财务报表中确认集团内部交易产生的相关减值损失。（5）抵销集团内部因交易损益产生的暂时性差异对纳税的影响。

参考文献

［1］李尊卿：《会计制度设计》，北京，高等教育出版社，2001。

［2］栾甫贵：《会计制度论》，大连，东北财经大学出版社，2004。

［3］廖洪：《新编会计制度设计》，北京，中国审计出版社，1996。

［4］董惠良：《企业会计制度设计》，上海，立信会计出版社，2010。

［5］李凤鸣：《会计制度设计》，上海，复旦大学出版社，2005。

［6］中华人民共和国财政部：《企业会计准则（2018年版)》，上海，立信会计出版社，2017。

［7］中华人民共和国财政部：《企业会计准则（合订本)》，北京，经济科学出版社，2017。

［8］孙光国：《中小企业会计准则问题研究》，大连，东北财经大学出版社，2017。

［9］企业会计准则编审委员会：《企业会计准则应用指南》，上海，立信会计出版社，2017。

［10］李端生：《会计制度设计》，大连，东北财经大学出版社，2006。

［11］阎德玉：《会计制度设计》，北京，中国财政经济出版社，2008。

［12］孙光国：《会计制度设计》，大连，东北财经大学出版社，2007。

［13］张明霞：《会计制度设计》，北京，科学出版社，2007。

［14］周兴荣：《企业会计制度设计》，北京，科学出版社，2010。

［15］伍中信：《现代企业会计制度设计》，北京，中国人民大学出版社，2009。

［16］赵岩：《企业会计制度设计》，上海，立信会计出版社，2009。

［17］万宇洵：《企业会计准则（制度）选解》，长沙，湖南大学出版社，2003。

［18］中华人民共和国财政部：《企业会计制度（2001）》，北京，经济科学出版社，2001。

第六章　国有存款性金融机构资产负债表

国有金融企业又分为国有存款性金融企业和国有非存款性金融企业两个方面。这一章我们重点研究国有存款性金融企业资产负债表的编制，下一章我们研究国有非存款性金融企业资产负债表的编制。由于习惯把我国的存款性金融企业和非存款性金融企业分别称为存款性金融机构与非存款性金融机构，我们仍沿用这一称谓。

第一节　国有存款性金融机构的范围与层次

研究国有存款性金融机构资产负债表首先要明确国有存款性金融机构的范围，在此基础上再研究国有存款性金融机构的构成等问题。

一、国有存款性金融机构的范围

要研究国有存款性金融机构的范围，我们需要清楚界定金融机构和存款性金融机构的界限，进而确定国有存款性金融机构的范围。

（一）金融机构

1. 金融的概念。顾名思义，金融就是指资金的融通，具体包括融资工具、融资主体、融资形式、融资中介、融资场所和对融资行为的管理调控等多个维度内容。

（1）融资工具，通常是指信用关系的书面证明和债权债务的契约文书等，融资工具通常也称为金融工具。例如居民到银行办理定期储蓄存款，居民将货币资金存入银行并从银行得到存单，银行取得货币资金并出具存单。存款到期时，居民凭借存单从银行取回货币资金。居民在与其他经济主体交易时，也可以拿存单作为抵押。这张存单或者说银行储蓄存款就是一种金融工具。金融工具在融资双方的借贷中起到了媒介的作用。

（2）融资主体，也就是融资双方，通常也可以理解为资金的提供者和获得者，包括住户、企业、政府和金融机构等。上述居民定期储蓄存款的例子中，住户和金融机构是双方融资主体。在一家企业购买国债的过程中，企业和政府是双方融资主体。在日常经济活动中的某一特定时期，不同经济主体有资金盈余的成为资金的提供者，有资金短缺的成为资金的需求者，这些都构成了融资主体。

（3）融资形式，是指融资双方运用融资工具的具体方式。最主要的融资形式包括债权融资和股权融资。债权融资是以偿还为条件的融资，到期要偿还本金和利息。股权融资是资金需求方通过发行股票的方式募集资金，不需要偿还；股票持有人通常会获得企业的管理权和收益的分配权。

（4）融资中介，是指包括各类经营货币资本的企业、充当信用中介以及从事各类金融服务的组织。金融机构的存在有助于缓解资金需求者和资金提供者之间的信息不对称和风险不对称，提高资金融通的效率。

（5）融资场所，是指融资行为发生的场所和领域。这些场所和领域可能是物理存在的，如银行、证券交易所、外汇交易所；也可能是虚拟的，如互联网交易中心。一般将通过银行等中介机构进行的融资称为间接融资；将由融资双方直接进行的融资称为直接融资。

（6）融资行为的管理和调控。在市场经济体系中，通常都存在政府对资金融通行为的管理和调控，既包括宏观层面对货币、汇率、利率的管理，也包括中观层面的市场管理、支付清算制度，还包括微观层面的金融监管制度。政府的管理与调控是对市场规律作用的重要补充，是为了更好实现金融市场有序运行与金融机构稳健发展，同时也能够使金融消费者权益得到有效保护。

2. 金融机构的定义和特征。金融机构主要是指从事各项金融活动的中介机构。狭义的金融机构多指从事借贷业务的传统金融机构；广义的金融机构除了从事借贷活动的金融中介机构外，还包括保险公司、证券公司、基金公司和各类金融服务机构。与非金融机构相比，金融机构有以下特点：一是其业务活动多与货币资金或资本相关，并与各类金融工具的发行、交易、管理、服务密切联系。二是其业务活动与风险管理密不可分，金融机构通过提供金融服务，在解决资金提供者与资金需求者之间供需矛盾的同时，对风险进行了相应的分配。三是杠杆率普遍较高，特别是商业银行等机构，有通过提高杠杆率提升资本回报率的内生动力。四是业务广泛，金融机构通常客户数量众多，服务对象广泛，社会影响较大。五是一旦金融机构经营失败则具有较强的负外部性，即如果金融机构经营失败，对国民经济发展和社会稳定带来的负面影响远远大于金融机构股东损失的资本投入。

3. 金融机构的分类。金融机构的分类有多种标准。一是按照国民经济行业分类标准，可将金融机构分为货币金融服务、资本市场服务、保险业、其他金融业四大类。二是按照金融机构的法人结构特点，可将金融企业分为金融集团、金融企业法人和金融企业分支机构。三是按照金融机构的业务特点，特别是按照与货币创造的关系进行分类，可将金融企业分为存款性金融机构和非存款性金融机构；存款性金融机构又分为中央银行和其他存款性金融机构。四是按照所有制分类，可以将金融机构分为国有及国有控股金融机构、民营金融机构和外资金融机构等。

（二）存款性金融机构

存款性金融机构是一个统计概念，而不是管理概念。存款性金融机构与其他金融性机构共同构成金融性公司的整体（其他金融性机构也被称为非存款性金融机构）。存款性金融机构与非存款性金融机构最大的区别在于是否参与货币的创造。存款性金融机构包括中央银行和其他存款性金融机构。

（三）国有存款性金融机构

国有存款性金融机构的定义包括两个维度，一方面是业务特征，即存款性金融机构；另一方面是所有制特征，即国有。国有存款性金融机构是存款性金融机构的一种特殊形式，其具有存款性金融机构的一般特征，即其负债中的部分项目符合货币存量的定义，应纳入货币供应量统计之中。同时，国有存款性金融机构又不同于普通的存款性金融机构，其所有制属性为"国有"。以表 6－1 为例，表中阴影部分 A 和 B 相加，就构成了国有存款性金融机构的全部。

表 6－1　　　　　　　　　国有存款性金融机构示意

	中央银行	其他存款性金融机构	非存款性金融机构
国有	A	B	C
非国有		D	E

与此同时，国有存款性金融机构又是一类特殊的国有企业。本章对国有性质的判断与第五章保持一致，一方面通过出资人的性质和出资比例来判断，另一方面从政府对企业的控制力来判断。与第五章一致，国有存款性金融机构的定义也有广义和狭义之分。广义上：国有存款性金融机构是国家作为出资人，依照相关法律投入资本金设立的存款性金融机构，包括国有独资企业、国有独资公司、国有联营企业；国有绝对控股企业、国有相对控股企业；国有参股企业等。狭义上：国有存款性金融机构是国家作为出资人，依照相关法律，全部资本金都由国家来投入的存款性金融机构，包括国有独资企业、国有独资公司、

国有联营企业三种具体类型。本章中，国有存款性金融机构使用广义概念。

二、国有存款性金融机构的构成与分类

我国国有存款性金融机构也包括两大类，一是中央银行，二是国有其他存款性金融机构。其他国有存款性金融机构又可分为中央国有存款性金融机构和地方国有存款性金融机构。详见表6－2。

表6－2　　　　　　　　　我国国有存款性金融机构分类情况

	中央银行	其他存款性金融机构
中央国有	中国人民银行	国家开发银行与政策性银行、国有大型商业银行、邮政储蓄银行、部分全国性股份制商业银行等
地方国有	—	部分全国性股份制商业银行、部分城市商业银行等

中国人民银行作为我国的中央银行，是中央国有存款性金融机构的组成部分。其他存款性公司根据所有制性质分为中央国有、地方国有和非国有三类。

1. 我国的中央国有其他存款性金融机构包括：（1）国家开发银行与政策性银行；（2）五家国有大型商业银行：工商银行、农业银行、中国银行、建设银行、交通银行；（3）邮政储蓄银行；（4）部分全国性股份制商业银行，如中信银行、光大银行、招商银行等。这些银行主要股东包括财政部、中央国有企业、社保基金等。

2. 我国的地方其他存款性金融机构包括：（1）部分全国性股份制商业银行，如浦东发展银行、兴业银行、浙商银行等，这些银行的主要股东是地方性国有企业、地方政府投资公司或地方政府财政部门；（2）部分城市商业银行，如北京银行、上海银行等。

（一）中国人民银行

中国人民银行，是我国的中央银行，是国务院组成部门，在国务院领导下，制定和执行货币政策，防范和化解金融风险，维护金融稳定。

按照《中国人民银行法》，人民银行的职责包括以下方面：（1）拟定金融业改革和发展战略；（2）发布与履行其职责有关的命令和规章；（3）依法制定和执行货币政策；（4）完善金融宏观调控体系，维护国家金融稳定与安全；（5）制定和实施人民币汇率政策；（6）监督管理银行间同业拆借市场和银行间债券市场；（7）负责会同金融监管部门制定金融控股公司的监管规则和对交叉性金融业务的监管；（8）承担最后贷款人责任；（9）制定和组织实施金融业综合统计制度，负责数据汇总和宏观经济分析与预测；（10）制定和组织实施金融

业信息化发展规划；（11）发行人民币，管理人民币流通；（12）维护支付、清算系统的正常运行；（13）经理国库；（14）指导、部署金融业反洗钱工作，负责反洗钱的资金监测；（15）管理征信业，推动建立社会信用体系；（16）从事相关的国际金融活动；（17）按照有关规定从事金融业务活动；（18）国务院规定的其他职责。

目前人民银行的内设部门包括办公厅、条法司、货币政策司、货币政策二司、金融市场司、金融稳定局、调查统计司、会计财务司、支付结算司、科技司、货币金银局、国库局、国际司、内审司、人事司、研究局、征信局、反洗钱局、金融消费权益保险局等部门。此外，人民银行还有包括反洗钱监测分析中心、征信中心、外汇交易中心、清算总中心、印钞造币总公司、金币总公司等在内的多家直属机构。目前人民银行总部在北京，还设有上海总部，在全国设有9家分行和营业管理部（北京）、重庆营业管理部，还设有25家省会及计划单列市中心支行。

（二）国家开发银行与政策性银行

我国国家开发银行与政策性银行包括国家开发银行、中国进出口银行和中国农业发展银行。

1. 国家开发银行。国家开发银行于1994年成立，是直属国务院领导的政策性金融机构，其主要任务是：建立长期稳定的资金来源，办理政策性贷款和贴息贷款业务，确保国家重点建设项目的资金需求，调节固定资产投资总量和结构，并按市场经济的运行原则，逐步建立投资约束和风险责任机制，提高经营效益。2015年国务院明确国开行定位为开发性金融机构。2016年末，国开行在境内设有37家一级分行和3家二级分行，境外设有香港分行和开罗、莫斯科、里约热内卢、加拉加斯、伦敦、万象6家代表处，旗下拥有国开金融、国开证券、国银租赁和中非基金等子公司。

2. 中国进出口银行。中国进出口银行成立于1994年。进出口银行成立之初，主要任务是为扩大机电产品和成套设备等资本性货物出口提供政策性金融支持。遵循国际惯例，进出口银行作为符合世贸组织规则与OECD君子协定的长期制度安排，提供与国外同类机构相匹配的支持，为中国企业开拓国际市场营造相对公平的竞争环境。2015年国务院要求强化进出口银行政策性职能定位。截至2016年末，中国进出口银行在国内设有29家营业性分支机构和香港代表处；在海外设有巴黎分行、东南非代表处、圣彼得堡代表处、西北非代表处。

3. 中国农业发展银行。中国农业发展银行成立于1994年。农业发展银行的主要任务是按照国家法律法规和方针政策，以国家信用为基础，筹集农业政策性信贷资金，承担国家规定的农业政策性金融业务和经批准开办的涉农商业性金融业务，代理财政支农资金的拨付，为农业和农村经济发展服务。截至 2016 年，农业发展银行全系统共有 31 个省级分行、300 多个二级分行和 1600 多个县域营业机构。

国家开发银行与政策性银行虽然业务各有侧重，但都吸收企业存款，办理贷款业务，作为其他存款性金融机构参与货币创造过程。同时国家开发银行与政策性银行都是国有全资机构。

（三）国有大型商业银行

我国的国有大型商业银行包括中国工商银行、中国农业银行、中国银行、中国建设银行和交通银行五家。我国商业银行的发展历史大致包括以下几个阶段。

1. 改革开放前的"大一统"时期。20 世纪 70 年代末改革开放前，我国实行的"大一统"金融体制有以下特点：中国人民银行实际上是中国唯一一家银行，不但身兼中央银行的职能，还开办吸收储蓄等商业银行业务。这一框架下，几家国有商业银行几立几撤，在其存在期间，中国银行仅仅是人民银行专营外汇业务的一个部门；农业银行也是人民银行专为农村提供金融业务的部门。此外，财政部还下设建设银行，专门管理和分配拨给建设项目的政府资金。

2. 专业银行恢复组建和发展时期。改革开放以来，随着商品经济和市场经济体制的发展和确立，对银行业务和银行机构的需求不断多元化，"大一统"的金融体系难以适用经济发展的需要，国家对国有商业银行进行了恢复组建。

1979 年 2 月，中国农业银行正式恢复成立，其主要职能是统一管理支农资金，集中办理农业信贷，领导农村信用合作社，发展农村金融事业。

1979 年 3 月，中国银行从中国人民银行中分设出来并行使国家外汇管理局职能，并于 1983 年开展体制改革，转型为以营利为目标的商业银行。

中国人民建设银行于 1954 年 10 月成立（现称中国建设银行），在财政部的管理下，承担保证基本建设资金及时供应和合理使用的管理工作。1979 年 8 月，国务院决定中国人民建设银行从财政部分离，成为一家独立的银行，受财政部委托，代理行使基本建设管理的财政职能。

1983 年 9 月，国务院决定中国人民银行专司中央银行职能，不对企业和个人办理信贷业务，同时设立工商银行，承担原来由中国人民银行办理的工商信贷和储蓄业务。1984 年 1 月，工商银行正式成立。

交通银行与上述四家银行有所不同。交通银行始建于 1908 年（清光绪三十四年），是中国历史最悠久的银行之一，也是近代中国的发钞行之一。1958 年，交通银行内地业务分别并入当地人民银行以及在交通银行基础上成立的中国人民建设银行。1986 年，国务院批准重新组建交通银行。1987 年 4 月 1 日，重新组建后的交通银行正式对外营业。

3. 从专业银行向国有商业银行转变时期。1994 年国务院决定设立政策性银行专门办理政策性信贷业务后，要求国家专业银行按照"自主经营、自担风险、自负盈亏、自我约束"的要求，尽快转变为国有独资商业银行。之后，五大专业银行的商业化改革进程加快。

4. 股份制改革与发展时期。2003 年，党中央、国务院决定对国有独资商业银行进行股份制改革。截至 2016 年末，我国五家国有商业银行的国有大股东情况详见表 6－3。股东主要有：汇金公司、财政部、全国社保基金理事会、中国证券金融股份有限公司、中央汇金资产管理有限公司（汇金公司全资子公司）和其他国有法人。其中汇金公司和财政部是各家银行最主要的大股东。

表 6－3　　　　我国五家国有大型商业银行国有大股东情况统计

	工商银行	农业银行	中国银行	建设银行	交通银行
汇金公司	34.71%	40.03%	64.02%	57.11%	—
财政部	34.60%	39.21%	—	—	26.53%
社保基金理事会	—	3.02%	—	—	4.42%
中证金公司	1.28%	1.88%	2.58%	1.03%	2.29%
汇金资产	0.28%	0.39%	0.61%	0.20%	—
其他国有法人	0.47%	0.30%	0.36%	1.85%	5.73%
国有合计	71.34%	84.83%	67.57%	60.19%	38.97%

（四）邮政储蓄银行

中国邮政储蓄银行设立于 2006 年 12 月 31 日。邮政储蓄银行的定位是继续依托邮政网络优势，发展成为立足"三农"、面向社区服务的零售商业银行；与此同时，允许其经营《商业银行法》规定的各项业务，包括各项授信业务，支持和促进邮政储蓄资金回流农村。

2015 年以来，邮政储蓄银行先后进行了"股改、引战、上市"三部曲。2015 年邮政储蓄银行进行股份制改革，2015 年 12 月引进战略投资者，共包括 6 家国际知名金融机构：瑞银集团、摩根大通、星展银行、加拿大养老基金投资公司、淡马锡、国际金融公司；包括 2 家大型国有企业：中国人寿、中国电信；还包括 2 家互联网企业：蚂蚁金服、腾讯。通过引入 10 家战略投资者共募集资金 451 亿元。2016 年 9 月，中国邮政储蓄银行在香港上市，行使超额配售选择权后共计发行 124.3 亿股，募集资金 591.5 亿港元。邮政集团在邮政储蓄银行的持股比例由改革前的 100% 调整为 83.08%。截至 2016 年 6 月 30 日，邮储银行网点数量超过 4 万个，服务个人客户数量超过 5 亿户。

（五）全国性股份制商业银行

改革开放以来，特别是 20 世纪 80 年代中后期，为了进一步深化金融体制改革，更好服务于市场经济建设，我国先后成立了多家全国性的股份制商业银行。1987 年 4 月，中国国际信托投资公司全资设立中信实业银行。1987 年 4 月，招商局投资设立招商银行。1987 年 4 月，在吸引深圳特区 6 个信用社资金的基础上，通过社会公开招股，成立深圳发展银行，其中大股东包括深圳市投资管理公司、深圳市国际信托投资公司等机构，国营企业股份占 51.3%，集体企业股份占 17.1%，个人股份占 31.6%。1988 年 6 月，在福建省福兴财务公司基础上组建福建兴业银行，福建省财政厅为第一大股东。1988 年 6 月，广东发展银行成立。1992 年 8 月，由光大集团出资，成立中国光大银行，1996 年股改后，光大集团控股比例降至 51%。1992 年 10 月，首都钢铁公司出资 10 亿元成立华夏银行。1993 年 1 月，上海浦东发展银行成立，其前期股东为江苏、浙江和上海等地的地方财政部门、当地国有企业及其他类型的企业。1995 年 8 月，海南发展银行在海南省 5 家经营状况较差的信托投资公司基础上组建而成，1998 年 6 月由于严重资不抵债和面临支付危机而行政关闭。1996 年 1 月，中国首家主要由民营企业投资的全国性股份制商业银行——中国民生银行成立。除上述几家银行外，按照现有分类，我国全国性股份制商业银行还包括平安银行、恒丰银行、浙商银行和渤海银行。

按照主要股东的所有制性质分类，上述全国性股份制商业银行有以下几种情况。一是由央企控股，如中信银行、光大银行、招商银行和广东发展银行。截至 2016 年末，这四家银行大股东结构见表 6-4。中信银行由中信集团绝对控股，光大银行第一大股东光大集团、第二大股东汇金公司和第四大股东光大控股合计控股比例为 50.42%，招商银行股权较为分散，招商局为第一大股东，实现了相对控股。广东发展银行的前三大股东分别为中国人寿、国家电网和中信信托。其中中国人寿的占比达到 43.68%。我国上述银行应当被确认为国有存款性金融机构。

表6－4 央企控股银行股东结构

银行名称	中信银行	光大银行	招商银行	广东发展银行
大股东1	中国中信有限公司（65.37%）	中国光大集团股份公司（25.15%）	香港中央结算（代理人）有限公司（18.00%）	中国人寿保险股份有限公司（43.68%）
大股东2	香港中央结算（代理人）有限公司（24.76%）	中央汇金投资有限责任公司（21.96%）	招商局轮船股份有限公司（13.04%）	国网英大国际控股集团有限公司（20.00%）
大股东3	中国烟草总公司（4.39%）	香港中央结算（代理人）有限公司（21.05%）	安邦财产保险股份有限公司—传统产品（10.72%）	中信信托有限责任公司（20%）
大股东4	中国证券金融股份有限公司（1.84%）	中国光大控股有限公司（3.37%）	中国远洋运输（集团）总公司（6.24%）	广东粤财投资控股有限公司（2.06%）
大股东5	中央汇金资产管理有限责任公司（0.56%）	中国证券金融股份有限公司（2.48%）	深圳市晏清投资发展有限公司（4.99%）	上海申华控股股份有限公司（1.45%）

二是由地方财政或地方政府投资平台控股，包括兴业银行、恒丰银行、渤海银行、浙商银行。兴业银行第一大股东为福建省财政厅，恒丰银行第一大股东为当地政府国际资产管理平台公司——烟台蓝天投资控股有限公司，渤海银行第一大股东为天津泰达投资控股有限公司，浙商银行前两大股东分别为浙江省金融控股有限公司和浙江省财务开发公司。这四家银行也应被确定为我国的国有存款性金融机构。

表6－5 地方财政或地方政府投资平台控股银行股东结构

银行名称	兴业银行	恒丰银行	渤海银行	浙商银行
大股东1	福建省财政厅（18.22%）	烟台蓝天投资控股有限公司（20.61%）	天津泰达投资控股有限公司（25.00%）	浙江省金融控股有限公司（14.79%）
大股东2	中国人民财产保险股份有限公司—传统—普通保险产品（4.98%）	新加坡大华银行有限公司（13.18%）	渣打银行（香港）有限公司（19.99%）	浙江省财务开发公司（14.79%）
大股东3	中国人民财产保险股份有限公司—分红—个险分红（4.21%）	上海鲁润资产管理有限公司（8.95%）	中海集团投资有限公司（13.67%）	中国万向控股有限公司（7.5%）
大股东4	梧桐树投资平台有限责任公司（3.52%）	上海佐基投资管理有限公司（8.11%）	国家开发投资集团（11.67%）	鲁伟鼎（7.5%）
大股东5	中国证券金融股份有限公司（3.26%）	厦门福信银泰投资有限公司（5.74%）	中国宝武钢铁集团有限公司（11.67%）	旅行者汽车集团有限公司（7.5%）

三是由地方国有企业控股，如华夏银行最初由首钢总公司全资创立，目前第一大股东还是首钢集团，股权占比为20.28%，浦东发展银行的前两大股东包括上海国际集团、中国移动通信。这两家全国性股份制商业银行的大股东主要包括地方国有企业，因此这类金融机构应被确定为我国的国有存款性金融机构。

表 6 - 6　　　　　　　　　地方国有企业控股银行股东结构

银行名称	华夏银行	浦东发展银行
大股东 1	首钢总公司（20.28%）	上海国际集团有限公司（19.53%）
大股东 2	中国人民财产保险股份有限公司（19.99%）	中国移动通信集团广东有限公司（18.98%）
大股东 3	国网英大国际控股集团有限公司（18.24%）	富德生命人寿保险股份有限公司—传统（9.89%）
大股东 4	云南合和（集团）股份有限公司（4.37%）	富德生命人寿保险股份有限公司—资本金（6.27%）
大股东 5	中国证券金融股份有限公司（2.53%）	上海上国投资管理有限公司（4.97%）

四是由民营企业控股，如民生银行、平安银行。2016 年末，这两家银行股权结构如表 6 - 7 所示。民生银行主要股东多为民营企业，平安银行的最大股东是平安集团，也是民营企业。这两家银行不应列入国有存款性金融机构。

表 6 - 7　　　　　　　　　民营企业控股银行股东结构

银行名称	民生银行	平安银行
大股东 1	香港中央结算（代理人）有限公司（18.91%）	中国平安保险（集团）股份有限公司—集团本级—自有资金（49.56%）
大股东 2	安邦人寿保险股份有限公司—稳健型投资组合（6.49%）	中国平安人寿保险股份有限公司—自资金（6.11%）
大股东 3	中国泛海控股集团有限公司（4.61%）	中国证券金融股份有限公司（2.79%）
大股东 4	安邦财产保险股份有限公司—传统产品（4.56%）	中国平安人寿保险股份有限公司—传统—普通保险产品（2.27%）
大股东 5	安邦财产保险股份有限公司—传统保险产品（4.49%）	中央汇金资产管理有限责任公司（1.26%）

综上，我国 12 家全国性股份制商业银行中，除民生银行和平安银行的性质为民营企业，不应纳入国有存款性金融机构的范畴外，其他 10 家中一部分为中央国有企业控股，一部分为地方财政或地方政府投资平台控股，还有一部分为地方国有企业控股。这 10 家银行从股东性质看，有的是国有绝对控股，有的是国有相对控股，而且地方政府对 10 家银行的管理层都具有控制力和很强的影响力。因此，这 10 家全国性股份制商业银行应当被确认为国有存款性金融公司，民生银行和平安银行不应被确认为国有存款性金融公司。

（六）城市商业银行

截至 2016 年末，我国共有 134 家城市商业银行。城市商业银行按照《商业银行法》开展业务，属于存款性金融公司，但是否应当被确认为"国有"，是需要重点研究的问题。

从我国城市商业银行发展的历史看，先后经历了城市信用社、城市合作银行和城市商业银行三个阶段。1979 年，河南省漯河县城市信用合作社成立，这是改革开放后建立的第一家城市信用合作社。此后，全国陆续成立了多家城市信用合作社，当时的城市信用合作社一般由各家专业银行组建，依附于各家专业银行。由于这一期间城市信用合作社设置不够规范，经营管理中问题较为突出，1989 年上半年，中国人民银行开展了对城市信用合作社的清理整顿工作：对新设机构的规模进行控制，对经营不善的城市信用社予以撤并。清理整顿中，党政机关、国营企业、专业银行在城市信用社的入股资金大都采取了清退和转让的办法得以解决，大部分信用社都与组建部门脱离了隶属关系。截至 1993 年末，全国城市信用社数量接近 4800 家，职工 12.3 万人。

1989 年的清理整顿虽然取得一定成效，但城市信用社经营管理中的根本问题没有解决，风险依然较大。为此，从 1993 年下半年开始，中国人民银行加大清理整顿金融秩序的力度和对城市信用社的监管力度，其中一项重要措施就是组建城市合作银行。1995 年 3 月，人民银行决定在北京、上海、天津、深圳和石家庄 5 个试点城市组建城市合作银行。同年 7 月，将试点城市扩大到 16 个。1995 年 9 月，国务院正式发文，决定在 35 个大中城市进行第一批城市合作银行组建工作。城市合作银行初期采取"两级法人体制"，后改为"一级法人，两级核算"。城市合作银行虽然从名称上看是合作制，但实际操作中更多具有股份制的特点。当后期合作银行改为商业银行时，原城市信用社的股东和股份转为城市合作银行的股东和股份，同时要求当地财政投资入股 30%，其余股份向社会招募。

1996 年，在前期 35 个城市的基础上，国家决定在部分经济发达地区开展城市合作商业银行的组建工作，1998 年 3 月，经国务院研究，将银行名称中的"合作"两个字取消，改名为城市商业银行。除了由城市合作银行更名为城市商业银行外，从 2005 年起，银监会允许清理整顿后单一法人城市信用社在达到监管要求的准入条件后，申请设立城市商业银行。到 2007 年末，有 37 家整顿后的城市信用社被批准筹建设立城市商业银行。之后，部分经营稳健，竞争力较强的城市商业银行经过战略重组、引入战略投资者和公开上市，自身实力进一步壮大。截至 2016 年末，共有 16 家城市商业银行在境内外公开上市。其大股东股权结构详见表 6 - 8。

表 6 - 8　　　　　　　　　16 家上市城市商业银行大股东结构

	银行名称	大股东 1	大股东 2	大股东 3	大股东 4	大股东 5
1	北京银行	ING BANK N. V.（13.64%）	新华联控股有限公司（9.88%）	北京市国有资产经营有限责任公司（8.84%）	北京能源集团有限责任公司（5.08%）	中国证券金融股份有限公司（4.62%）
2	南京银行	法国巴黎银行（14.87%）	南京紫金投资集团有限责任公司（12.41%）	南京高科股份有限公司（9.43%）	中国证券金融股份有限公司（4.16%）	法国巴黎银行（QFII）（3.98%）
3	宁波银行	宁波开发投资集团有限公司（20.00%）	新加坡华侨银行有限公司（18.58%）	雅戈尔集团股份有限公司（11.64%）	华茂集团股份有限公司（5.47%）	宁波杉杉股份有限公司（3.91%）
4	江苏银行	江苏省国际信托有限责任公司（7.73%）	江苏凤凰出版传媒集团有限公司（7.56%）	华泰证券股份有限公司（5.54%）	无锡市建设发展投资有限公司（4.73%）	江苏沙钢集团有限公司（3.03%）
5	贵阳银行	贵阳市国有资产投资管理有限公司（14.40%）	贵州产业投资（集团）有限责任公司（6.17%）	遵义市国有资产投融资经营管理有限责任公司（4.12%）	贵州神奇投资有限公司（3.11%）	贵阳金阳建设投资（集团）有限公司（2.88%）
6	上海银行	上海联和投资有限公司（13.30%）	西班牙桑坦德银行有限公司（6.48%）	上海国际港务（集团）股份有限公司（6.48%）	中国建银投资有限责任公司（4.84%）	中船国际贸易有限公司（4.08%）
7	杭州银行	Commonwealth Bank of Australia（18.00%）	杭州市财政局（10.86%）	杭州市财开投资集团有限公司（7.73%）	红狮控股集团有限公司（5.73%）	中国人寿保险股份有限公司（5.55%）
8	齐鲁银行	澳洲联邦银行（20.00%）	济南市国有资产运营有限公司（14.87%）	兖州煤业股份有限公司（8.67%）	济南西城置业有限公司（6.45%）	济钢集团有限公司（4.12%）
9	徽商银行	香港中央结算（代理人）有限公司（28.58%）	安徽省能源集团有限公司（6.94%）	安徽省信用担保集团有限公司（6.81%）	安徽国元控股（集团）有限责任公司（5.84%）	安徽省交通控股集团有限公司（4.24%）
10	哈尔滨银行	哈尔滨经济开发投资有限公司（19.65%）	哈尔滨科创兴业投资有限公司（6.55%）	黑龙江科软软件科技有限公司（6.55%）	黑龙江鑫永胜贸易有限公司（5.82%）	黑龙江天地源远网络科技有限公司（5.20%）

	银行名称	大股东1	大股东2	大股东3	大股东4	大股东5
11	重庆银行	重庆渝富资产经营管理集团有限公司（13.02%）	重庆路桥股份有限公司（5.48%）	重庆市地产集团（4.47%）	重庆市水利投资（集团）有限公司（4.47%）	力帆实业（集团）股份有限公司（4.14%）
12	锦州银行	银川宝塔精细化工有限公司（3.69%）	锦程国际物流集团股份有限公司（3.15%）	青州泰和矿业有限公司（2.65%）	辽宁腾华塑料有限公司（2.65%）	辽宁程威塑料型材有限公司（2.51%）
13	青岛银行	香港中央结算（代理人）有限公司（28.09%）	意大利联合圣保罗银行（15.33%）	青岛国信实业有限公司（12.41%）	青岛海尔投资发展有限公司（10.09%）	青岛海尔空调电子有限公司（5.39%）
14	郑州银行	郑州市财政局（9.22%）	豫泰国际（河南）房地产开发有限公司（4.92%）	河南兴业房地产开发有限公司（4.70%）	河南晟东实业有限公司（4.25%）	郑州投资控股有限公司（4.05%）
15	天津银行	天津保税区投资有限公司（15.88%）	天津保税区投资控股集团有限公司（15.88%）	澳大利亚和新西兰银行集团有限公司（11.95%）	天津市医药集团有限公司（8.06%）	天津渤海国有资产经营管理有限公司（8.06%）
16	盛京银行	恒大地产集团（南昌）有限公司（17.28%）	沈阳恒信国有资产经营集团有限公司（8.28%）	辽宁汇宝国际投资集团有限公司（6.9%）	新湖中宝股份有限公司（5.18%）	方正证券股份有限公司（5.18%）

从我国城市商业银行的发展历程和已经上市的 16 家城市商业银行股东结构看，城市商业银行股权结构有以下特点。一是股权相对分散，按照监管要求，第一大股东持股不得超过20%，从 16 家上市银行看，平均前五大股东合计持股比例约为43%。二是混合所有制，从所有者结构看，16 家城市商业银行的大股东包括外资机构、国有企业、地方政府、民营等多种所有制形式。例如北京银行、南京银行、上海银行、宁波银行等 8 家银行的大股东包括国际大型银行机构，来自荷兰、法国、意大利、西班牙、澳大利亚和新加坡等地；几乎每一家上市的城市商业银行中都有两家左右的地方政府投资平台或地方国有企业作为大股东，例如北京银行的大股东有北京市国有资产经营公司、北京能源集团有限责任公司等；此外，民营企业也成为多家上市城市商业银行的股东，如宁波银行股东中的雅戈尔集团和杉杉集团，盛京银行的第一大股东恒大集团等。三是地方政府对城市商业银行的管理层都具有较大的控制力和很强的影响力。从

股权结构看，几乎每一家城市商业银行的大股东中都有地方政府或地方国有企业或平台公司，例如郑州市财政局和杭州市财政局分别直接入股了郑州银行和杭州银行，重庆渝富资产管理公司和青岛海尔集团分别作为国有平台和国有企业入股重庆银行和青岛银行。除了通过国有股权直接参与城市商业银行的治理外，地方政府也可通过对高管的干部管理发挥对城市商业银行的影响。

综上，134家城市商业银行从业务看，符合存款性金融机构的特征，是我国商业银行的重要组成部分。从所有制结构看，虽然城市商业银行多为混合所有制，但考虑到出资人具体构成和地方政府对银行高管层的影响力，可以从整体上将城市商业银行确认为国有存款性金融机构。

三、完善国有存款性金融机构核算的探讨

（一）存款性金融机构与非存款性金融机构的界定

存款性金融机构通常是指通过吸收存款、发放贷款等金融业务参与货币创造，其负债方一些项目构成货币供应量的组成部分的金融机构。判断一家机构是否应当被确认为存款性金融机构，一是要研究其业务特点，特别是分析其是否要缴纳存款准备金；二是看其负债特别是存款是否纳入货币供应量的计量之中。这两者都不是一成不变的，因此对于一家机构是否应被确认为存款性金融机构也要动态调整。例如我国的国家开发银行和中国进出口银行，在其成立之初相当一段时期内，不允许办理存款业务，因此这两家银行当时不具有存款性金融机构的特点。后来随着业务限制的放开，两家银行可以办理贷款机构户的活期存款甚至定期存款，具有了存款性金融机构的特征，因此应将其分类调整为存款性金融机构。

（二）国有与非国有性质存款性金融机构的界定

与国有企业的界定标准相一致，国有存款性金融机构的确认也主要关注两个方面，一是定量标准，或者说是股权结构比例，即在持股比例上是否实现了国有股的绝对控股或相对控股。二是定性标准，即分析政府部门对这家机构的控制力和影响力。实践中，存款性金融机构的股权经常发生变化，对于非上市的存款性金融机构，可能会发生原有股东通过股权转让而退出，也可能会有新股东参股甚至控股；对于上市的机构，其股权结构更是随着每日的股票交易而变化。因此，国有存款性金融机构的界定也要根据国有控股和参股的实际情况相应调整。此外，政府部门对一家存款性金融机构的控制权和影响力也会变化，例如一家城市商业银行的股东以民营为主，没有实现国有绝对或相对控股，但

这家银行后来经营管理中出现较为严重的问题，当地政府部门为了化解金融风险，维护金融稳定，组织当地国有企业参股 10%，并按照公司治理要求和流程对董事和高管进行调整，这种情况下，该银行是否应被确认为国有存款性金融机构，是值得进一步讨论的。

第二节 国有存款性金融机构
资产负债核算的范围与分类

一、资产核算的范围与分类

我国《企业会计准则——基本准则》定义资产为：资产指企业过去的交易或者事项形成的、由企业拥有或者控制的、预期会给企业带来经济利益的资源。企业过去的交易或者事项包括购买、生产、建造行为或其他交易或者事项。由企业拥有或者控制，是指企业享有某项资源的所有权，或者虽然不享有某项资源的所有权，但该资源能被企业所控制。预期会给企业带来经济利益，是指直接或者间接导致现金和现金等价物流入企业的潜力。

目前我国国有存款性金融机构资产的范围和分类还没有统一的界定和标准。中央银行资产负债表的资产项目主要有：（1）贵金属；（2）外汇储备占款；（3）国际金融组织资产；（4）金融机构贷款；（5）再贴现；（6）公开市场操作资产；（7）其他资产。

财政部门、中央银行和银保监会要求报送的国有其他存款性金融机构资产负债表中的资产项目口径略有差异。

财政部要求国有其他存款性金融机构报送资产负债表中资产项目有：（1）现金及银行存款；（2）存放中央银行款项；（3）贵金属；（4）存放联行款项；（5）存放同业款项；（6）拆出资金；（7）当期损益的金融资产；（8）衍生金融资产；（9）买入返售金融资产；（10）应收款项类金融资产；（11）应收利息；（12）其他应收款；（13）发放贷款和垫款；（14）可供出售金融资产；（15）持有至到期投资；（16）长期股权投资；（17）投资性房地产；（18）固定资产；（19）在建工程；（20）固定资产清理；（21）无形资产；（22）商誉；（23）长期待摊费用；（24）抵债资产；（25）递延所得税资产；（26）其他资产。

中央银行要求国有其他存款性金融机构报送的资产负债表资产方主要项目包括：（1）现金；（2）银行存款；（3）贵金属；（4）存放中央银行款项；

（5）存放同业款项；（6）拆放同业；（7）联行往来资产方；（8）贷款；（9）债券及股权投资；（10）证券资产；（11）票据融资；（12）外汇买卖；（13）应收及预付款项；（14）各项垫款；（15）衍生金融工具；（16）融资租赁；（17）经营租赁类；（18）固定资产和无形及递延资产；（19）债券资产；（20）存单投资；（21）投资性房地产；（22）股权投资；（23）其他资产。

银行监管部门要求国有其他存款性金融机构报送资产负债表资产项目主要有：（1）现金；（2）贵金属；（3）存放中央银行款项；（4）存放同业款项；（5）应收利息；（6）贷款；（7）贸易融资；（8）贴现及买断式贴现；（9）其他贷款；（10）拆放同业；（11）其他应收款；（12）投资；（13）买入返售金融资产；（14）长期待摊费用；（15）固定资产；（16）在建工程；（17）无形资产；（18）抵贷资产；（19）递延所得税资产；（20）其他资产。

综上可以看出，中央银行与其他存款性金融机构由于自身业务特点不同导致资产的项目和内容具有较大差异。国家不同部门对其他存款性金融机构资产负债表的关注点不同，对资产的分类也不尽相同，但总体来看，存款性金融机构的资产分类有其共性，一般分为金融资产和非金融资产，具体如下。

（一）金融资产

1. 中央银行资产负债表的资产主要有：国际储备资产、在金融机构存款、贷款、有价证券、买入返售证券、应收及暂付款、其他金融资产等。

（1）国际储备资产，指中央银行拥有的国家外汇储备和黄金储备，外汇储备包括特别提款权、在基金组织的储备头寸、外汇资产（外汇货币、存款和有价证券）和其他对外债权；

（2）在金融机构存款，是指中央银行存放境内外金融机构的资产款项。

（3）贷款，包括对其他存款性金融机构贷款，对其他非存款性金融机构贷款、对政府部门贷款、对其他非金融部门贷款和贴现等；

（4）有价证券，是指持有的国债、政策性金融债券等有价证券。

（5）买入返售证券，是指中央银行在公开市场上根据逆回购协议买入的证券。

（6）应收及暂付款，是指中央银行在办理业务过程中发生的暂付及应收的临时性、过渡性款项。

（7）其他金融资产，是指上述金融资产之外的金融资产，包括货币互换、清算往来借方汇差、暂付款等。

2. 国有其他存款性金融机构的资产主要有现金、贵金属、银行存款、在中央银行存款、各项贷款、存放同业、拆放同业、证券投资、买入返售资产、金融衍生资产、应收及预付款、其他金融资产等。

（1）现金，是指国有其他存款性金融机构持有的库存现金。

（2）贵金属，是指国有其他存款性金融机构持有的黄金、白银等贵金属。

（3）银行存款，是指国有其他存款性金融机构在其他金融机构的存款。

（4）在中央银行存款，是指国有其他存款性金融机构在中国人民银行的各项存款，如准备金存款、清算资金存款等。

（5）各项贷款，是指国有其他存款性金融机构发放给非金融机构和住户的各项贷款，包括贴现、垫款和融资等。

（6）存放同业，是指国有其他存款性金融机构存放于境内外其他金融机构的各种款项。

（7）拆放同业，是指国有其他存款性金融机构拆借给境内、境外其他金融机构的款项。

（8）证券投资，是指国有其他存款性金融机构对债券、股票和其他证券的投资。

（9）买入返售资产，是指国有其他存款性金融机构按照返售协议约定先买入再按固定价格卖回给出售方的票据、证券、贷款等金融资产。

（10）金融衍生资产，是指建立在基础产品之上，价格随基础金融产品价格（或数值）变动的派生金融产品，这里主要反映国有其他存款性金融机构期末持有的衍生工具、套期工具、被套期项目中属于衍生金融资产的金额。

（11）应收及预付款，是指国有其他存款性金融机构临时性应收未收款项、临时性垫付款项、应收股利、应收利息等。

（12）其他金融资产，是指除上述之外的金融资产，如各种占款、存出保证金、待摊费用、融资租赁等。

经过项目归并和轧差处理后得到国有存款性金融机构金融资产主要有国外资产、现金和存款、各项贷款、同业往来（存放同业、拆放同业）、证券投资、买入返售资产、衍生金融资产、应收预付款、其他金融资产。

（二）非金融资产

1. 中央银行的非金融资产主要有固定资产和其他非金融资产。

（1）固定资产，是指持有的使用期限超过1年（不含1年）、单位价值在规定标准以上，并在使用过程中基本保持原有物质形态的资产。单位价值虽未达到规定标准，但使用期限超过1年（不含1年）的大批同类物资，也可作为固定资产核算和管理。

（2）其他非金融资产，是指除固定资产之外的非金融资产。

2. 国有其他存款性金融机构非金融资产主要有固定资产、在建工程、投资性房地产、抵债资产、无形资产、商誉、其他非金融资产等。

（1）固定资产。

（2）在建工程，是指国有其他存款性金融机构持有的尚未达到预定可使用状态的在建项目。

（3）投资性房地产，是指国有其他存款性金融机构为赚取租金或资本增值而持有的房地产。

（4）抵债资产，是指国有其他存款性金融机构依法行使债权或担保物权而取得的资产。

（5）无形资产，是指国有其他存款性金融机构持有的专利权、非专利技术、商标权、著作权、土地使用权等。

（6）商誉，是指能在未来期间为国有其他存款性金融机构带来超额利润的潜在经济价值，如在机构合并时，它是购买机构投资成本与被合并机构净资产公允价值的差额。

（7）其他非金融资产，是指除上述之外的非金融资产。

经过项目归并汇总后得到国有存款性金融机构非金融资产主要有固定资产、在建工程，投资性房地产、抵债资产、无形资产、其他非金融资产。

二、负债核算的范围与分类

我国《企业会计准则——基本准则》定义负债为：负债指企业过去的交易或者事项形成的、预期会导致经济利益流出企业的现实义务。现实义务是指企业在现有条件下已承担的义务。未来发生的交易或者事项形成的义务，不属于现实义务，不应当确认为负债。

目前我国国有存款性金融机构负债的范围和分类也还没有统一的界定标准。

（一）中央银行编制资产负债表中的负债项目有：权益性负债、流通中货币、金融机构存款、发行票据、金融机构缴财政存款、财政存款、应付暂收款、其他负债等。

（1）权益性负债，是指中央银行实收资本等。

（2）流通中货币，是指中央银行向社会流通领域投放的现金量。

（3）金融机构存款，是指金融机构在中央银行的准备金存款和邮政储蓄转存款、特殊存款等。

（4）发行票据，是指中央银行向金融机构发行的中央银行票据和专项票据。

（5）金融机构缴财政存款，是指金融机构向中央银行划来的财政存款。

（6）财政存款，是指中央银行经理国库收缴的国库款项。

（7）应付暂收款，是指中央银行在办理业务过程中发生的暂收应付的临时性、过渡性款项。

（8）其他负债，指除上述负债之外的负债。

（二）国有其他存款性金融机构负债项目根据资产负债表编制的目的不同而有所差异。特别是财政部门、中央银行和银保监会要求报送资产负债表负债的口径和项目并不完全一致。

财政部要求国有其他存款性金融机构报送资产负债表中负债和所有者权益项目有：（1）向中央银行借款；（2）联行存放款项；（3）同业及其他金融机构存放款项；（4）拆入资金；（5）以公允价值计量且其变动计入当期损益的金融负债；（6）衍生金融负债；（7）卖出回购金融资产款；（8）吸收存款；（9）应付职工薪酬；（10）应交税费；（11）应付利息；（12）其他应付款；（13）预计负债；（14）应付债券；（15）递延所得税负债；（16）其他负债；（17）实收资本（或股本）；（18）其他权益工具；（19）资本公积；（20）库存股；（21）其他综合收益；（22）盈余公积；（23）一般风险准备；（24）未分配利润；（25）归属于母公司所有者权益合计；（26）少数股东权益。

中央银行要求国有其他存款性金融机构报送的资产负债表中负债和所有者权益项目有：（1）存款；（2）向中央银行借款；（3）同业存放款项；（4）同业拆借；（5）联行往来负债方；（6）证券负债；（7）发行债券；（8）应付及暂收款；（9）外汇买卖；（10）衍生金融工具；（11）长期借款；（12）长期应付款；（13）债券负债；（14）存单发行；（15）其他负债；（16）各项准备；（17）所有者权益。

银保监会要求国有其他存款性金融机构报送资产负债表中负债和所有者权益项目主要有：（1）单位存款；（2）储蓄存款；（3）向中央银行借款；（4）同业存放款项；（5）同业拆入；（6）卖出回购款项；（7）汇出汇款；（8）应解汇款；（9）存入保证金；（10）其他存款；（11）应付利息；（12）应交税费；（13）应付职工薪酬；（14）应付福利费；（15）应付股利；（16）其他应付款；（17）递延收益；（18）预计负债；（19）应付债券；（20）其他负债；（21）递延所得税负债；（22）少数股东权益；（23）所有者权益；（24）实收资本；（25）资本公积；（26）其他综合收益；（27）盈余公积；（28）一般风险准备；

（29）信托赔偿准备；（30）未分配利润。

综合上述情况，国有其他存款性金融机构编制资产负债表中的负债主要有：权益性负债、向中央银行借款、各项存款、同业存放、同业拆入、联行存放款项、证券负债、卖出回购金融资产、金融衍生负债、应付及预收款、其他负债。

（1）权益性负债，是指国有其他存款性金融机构的实收资本等。

（2）向中央银行借款，是指国有其他存款性金融机构向中国人民银行借入的款项。

（3）各项存款，是指国有其他存款性金融机构吸收的非金融机构和住户的各项存款，如储蓄存款、财政存款、企业存款等。

（4）同业存放，是指其他存款性金融机构存入的款项。

（5）同业拆入，是指向其他存款性金融机构拆入的款项。

（6）证券负债，是指国有其他存款性金融机构发行的各种金融债券，包括央行票据、国开行金融债、政策性金融债、商业银行普通债、商业银行次级债、商业银行资本混合债等。

（7）卖出回购金融资产，是指国有其他存款性金融机构按照回购协议先卖出再按固定价格买入的票据、证券、贷款等金融资产。

（8）金融衍生负债，是指国有其他存款性金融机构买卖的金融衍生工具在资产负债表日期公允价值为负值形成的负债。

（9）应付及预收款，是指国有其他存款性金融机构的应付未付款项，包括应付职工薪酬、应交税费、应付利息、应付股利和其他应付暂收的款项等。

（10）其他负债，是指除上述负债之外的负债，包括汇出汇款、应解汇款、存入保证金、预提费用、预计负债等。

经过项目汇总得到国有存款性金融机构的负债主要有流通中货币、各项存款、同业往来（同业存放、同业拆入）、证券负债、卖出回购金融资产、衍生金融负债、应付预收款、国外负债、其他金融负债。

三、完善国有存款性金融机构资产负债核算范围与分类的探讨

（一）研究资产负债核算的分类

目前我国国有存款性金融机构资产负债核算的分类并未统一。财政部门、中央银行和银保监会都从各自管理的角度，进行定义和分类，有的定义和分类还需要研究。存款性金融机构作为国民经济核算体系中的一部分，核算项目的分类不仅应满足于自身经营管理的需要，还应该有利于宏观管理。我们建议资

产负债核算的分类按国际通行的分类方法，即先将资产分为金融资产与非金融资产；再将金融资产按金融工具进行细分、非金融资产按用途分为生产资产与非生产资产，负债核算的分类与金融资产核算的分类相同。

（二）存款性金融机构同业业务的界定

目前我国存款性金融机构的同业业务较为混乱，这里除了存款性金融机构为了降低成本，吸收不用交准备金的同业存款；绕开"贷款规模管理"将有些实为贷款的业务包装成同业理财外，更重要的是对同业业务界定较为模糊。对同业业务的界限可以从不同的维度加以界定。我们认为，从资产负债核算的角度，要将存款性金融机构之间的信贷类同业业务单独进行核算。

第一，机构范围为存款性金融机构。同业业务是存款性金融机构之间发生的信贷业务，而不是存款性金融机构与非存款性金融机构之间发生的信贷业务，更不是金融机构之间发生的信贷业务。存款性金融机构的特点就是创造货币，它吸收的各项存款统计在货币供应量之内（不包括财政存款等），它的各项存款之和，应是全社会存款之和，但不应包括同业存款（存放同业或同业存放）。如中国工商银行，它吸收的企业和个人的存款，它要缴纳存款准备金，它把存款未用部分存在了中国农业银行，对中国工商银行来说这是资产业务存放同业，对中国农业银行来说，这是负债业务的同业存放，不再缴纳存款准备金。我们在计量货币供应量时，已经把中国工商银行的各项存款统计在内，中国农业银行吸收的中国工商银行的同业存放就不再统计了，否则就是虚增。同理，保险、基金和支付机构等非存款性金融机构与存款性金融机构的存款业务就不属于同业存款业务。比如单位和个人到保险机构办理保险业务，要缴纳保险费，保险等非存款性金融机构收到这些保费收入资金，存入银行等存款性金融机构，这些存款对于保险等非存款性金融机构来说，是它们的业务收入，不需要缴纳存款准备金，只是资产中的一般存款，对于银行等存款性金融机构，是负债的各项存款，这些存款要缴纳存款准备金，并且这些存款要计量在货币供应量之内。若把这些非存款性金融机构与存款性金融机构的存款业务视同同业存款，存款性金融机构对这些存款不缴纳存款准备金，也不统计在货币供应量之内，实际上是把单位和个人交付保费这部分货币性很强的资金给漏掉了。这样货币供应量的统计是不完整的，货币统计没有完整描述货币的运行过程，这个过程断裂了。

以上我们是从货币计量的角度来说明同业业务是存款性金融机构之间的业务，从全社会资产负债核算的角度来说，也应该如此。例如有的单位把资金存入了信托投资公司等非存款性金融机构，在核算单位资产时，我们已经把这部分存款核算在金融资产之中，若信托投资公司把这部分存款再存入银行等存款性金融机构，不作为一般存款而作为同业存款，这在全社会资产负债核算时，单位的存款与金融机构的存款特别是与存款性金融机构不等，也使作为存款的金融工具其资产方与负债及所有者权益方不相等，二者轧差不能为零。

以上我们是从负债业务说明同业业务是存款性金融机构之间的业务，从资产业务来说，也应该如此。比如中国工商银行把一笔资金贷给中国农业银行，中国农业银行将这笔资金运用到非存款性金融机构之外的单位和个人如贷款，我们要计量中国农业银行的资产运用贷款。这笔业务，对中国工商银行来说，是资产中的拆放同业；对中国农业银行来说，是负债的同业拆入。而中国农业银行的贷款才核算在贷款资产之中。若把中国工商银行的贷款也核算在资产的贷款而不是拆放同业，存款性金融机构的贷款就虚增了，是内部循环。同样，保险等非存款性金融机构与银行等存款性金融机构的借贷业务也不能核算为同业业务。比如信托公司通过银行把贷款发放给企业，我们在存款性金融机构核算时，应该核算为贷款而不是同业业务。有的认为这是为避免虚增和内部循环，应在核算全金融机构贷款总量时再把信托投资等非存款性金融机构的贷款核算在内。实际上，我们要核算的是金融机构对非金融机构的贷款量，而不是核算存款性金融机构的贷款量。同业业务是与货币创造进而与存款性金融机构紧紧相连，离开存款性金融机构本身来定义贷款或同业业务，已经是另外一个角度或标准了。我们不能采用对一类机构定义存款同业业务时限定在存款性金融机构的范围，而定义贷款等同业业务采用另外一个标准。另外，即使是从金融管理的角度来核算金融机构对非金融机构的贷款，这也只是社会贷款融资规模的一部分。非金融机构之间的借贷特别是企业与事业单位的借贷、企业与非营利组织之间的借贷、财政与事业单位、非营利组织之间的借贷等都是社会贷款融资。用金融机构对非金融机构的贷款核算，仍然代替不了全社会资产负债核算中的贷款核算。我们认为，存款性金融机构对非存款性金融机构的资金借贷从核算的角度，应视为贷款而不是同业拆借。

第二，同业业务应加设其中项，以便统计同业信贷业务量。存款性金融机构之间会发生性质不同的业务，如相互之间投资、相互之间代理、相互之间买断业务、相互之间借贷等，其中只有信贷业务有货币创造的功能。目前同业业务核算中，有一部分是属于投资和买断业务如理财业务等，均统一在同业业务中进行核算，因此应在同业业务中加设相关的其中项，以便更准确地反映同业信贷业务。

（三）应当充分考虑按照交易对手进行细分

国有存款性金融机构资产负债表核算中，资产负债项目如何按照交易对手科学分类应当认真研究。从资产负债表具体内容看，国有存款性金融机构的资产和负债分别可以分为两大类：一类是与金融机构（主要是其他存款类金融机构）开展的同业类相关业务，另一类是与非同业开展的金融业务。下面对这两大类业务按照交易对手分类的要求分别进行研究。

对于同业类业务，资产方面主要包括存放同业、拆放同业、买入返售资产、同业债券投资等；负债方面主要包括同业存放、同业拆入、卖出回购款项、债券发行等。每一种主要类型按照交易对手，可以进一步细分为：中央银行、其他国有存款性金融机构、非国有存款性金融机构、非存款性金融机构等。这种分类的好处是：当把包括人民银行和其他国有存款性金融机构资产负债表进行汇总合并时，合并主体（各国有存款性金融机构）之间的往来可以相互轧差，进而剔除重复计算，真实反映国有存款性金融机构的资产负债情况。这种按照交易对手进行细分，同时便于将国有存款性金融机构与非存款性金融机构之间所谓的同业往来，按照上一部分介绍的原则，分别计入存款、贷款等项目中。

对于非同业类金融业务，资产方主要包括贷款、贸易融资、贴现、国债和企业债券投资等；负债方主要包括各类存款和债券发行。对于非同业金融业务，也应按照交易对手，进一步分为政府部门、社保基金、事业单位和非营利性组织、国有企业等。按照这种分类，将国有存款类金融机构与狭义政府、社保基金、事业单位、国有企业合并编制广义政府和公共部门资产负债表时，可以将国有存款类金融机构与广义政府和公共部门之间的交易轧差，准确反映我国公共部门整体对外的资产和负债。

（四）应当充分考虑股东的所有制特征

在国有存款类金融机构资产负债表编制中，对于所有者权益项下的实收资本项目，可以按照所有制进一步细分，分为国家资本、集体资本、法人资本、外商资本和个人资本，其中法人资本中可进一步细分为国有法人资本和其他法人资本。这样分类的好处有两点：一是有助于确认并及时调整国有存款类金融机构的范围，如果一家存款类金融机构的国家资产和国有法人资本由原来较低占比提升至较高占比，应及时将该机构确认为国有存款性金融机构。同样，当一家国有存款性金融机构由于股权变更，其国家资本或国有法人资本占比显著下降至很低水平时，应当对这家机构是否继续被确认为国有存款性金融机构进行研究。二是在编制更广义的公共部门资产负债表时，有助于将国有存款类金融机构资本中有关部门与政府和国有企业对国有存款类金融机构的股权投资相互轧差，避免合并报表中资本项目的虚增。

国有存款性金融机构资产负债核算的具体要求还是比较复杂，从核算内容看不仅要包括表内，还要涉及表外；从指标分类看，不仅要包括资产负债的主要科目，其中对同业类和非同业类主要科目还要按照交易对手进一步细分；从所有者权益看，不仅要核算出资人出资的金额，还要区分出资人的性质。本节分别介绍了财政部、中央银行和银保监会所要求国有存款性金融机构报送的资产负债表格式和内容，在国有存款性金融机构合并资产负债表编制中，具体资产负债的范围和分类可以结合上述三类资产负债表的内容，例如对于表外项目的要求，可以借鉴银保监会要求的报表；对于交易对手的细分，可以参考人民银行要求的报表；对于出资人性质的统计核算，可以参考财政部要求的报表。

第三节 国有存款性金融机构资产负债表的编制

国有存款性金融机构资产负债表的编制也包括表式的设计、数据的搜集、估值、数据的整理与填录等。

一、表式设计

中央银行和国有其他存款性金融机构表式的设计不完全一样。

（一）中央银行资产负债表表式的设计

1. 主栏的设计

资产负债表的主栏通常反映核算的主体及其分类。人民银行从机构范围看，除包括国家外汇管理局外，还包括反洗钱监测分析中心、征信中心、外汇交易中心、清算总中心、印钞造币总公司、金币总公司等在内的多家直属机构，还设有上海总部，在全国设有九家分行、营业管理部（北京）、重庆营业管理部和25家省会及计划单列市中心支行。从资产负债表编制的要求看，主要是为了反映中央银行作为整体其资产负债情况，即主要反映中央银行汇总数据。

2. 宾栏的设计

宾栏项目主要反映核算的客体及其分类。中央银行资产负债表宾栏设计中要考虑两方面的要求，一是要反映中央银行资产与负债的主要类型和结构，同时反映中央银行业务特点；二是要便于与其他国有存款性金融机构并表时轧差处理。

3. 整个表式的设计

中央银行资产负债表表式如表6-9所示。

表6-9 中央银行资产负债表

项目	余额
一、资产	
（一）金融资产	
国际储备资产	
在金融机构存款	
贷款	
有价证券	
买入返售证券	
暂收及应付款	
其他金融资产	
（二）非金融资产	
固定资产	
其他非金融资产	
二、负债	
权益性负债	
流通中货币	
金融机构存款	
发行票据	
金融机构缴财政存款	
财政存款	
应付暂收款	
其他负债	
三、净值	

（二）国有其他存款性金融机构资产负债表表式的设计

1. 主栏的设计

国有其他存款性金融机构资产负债表的主栏可以按其构成分类，即分为国家开发银行与政策性银行、国有大型银行、邮政储蓄银行、国有全国性股份制商业银行、城市商业银行。还可以按中央与地方分类等。这里采取汇总的方式。

2. 宾栏的设计

国有其他存款性金融机构资产负债表的宾栏分类，既要考虑国有其他存款性金融机构经营的特点，又要注意与国有存款性金融机构资产负债表编制的衔接；既可以分得细一些，也可以综合一些。这完全取决于编制者的需要。这里按前述进行分类。

3. 整个表式的设计

国有其他存款性金融机构资产负债表表式如表6-10所示。

表6-10　　　　　　国有其他存款性金融机构资产负债表

项目	余额
一、资产	
（一）金融资产	
现金和存款	
贵金属	
在中央银行存款	
各项贷款	
存放同业	
拆放同业	
证券投资	
买入返售资产	
金融衍生资产	
应收及预付款	
其他金融资产	
（二）非金融资产	
固定资产	
在建工程	
投资性房地产	
抵债资产	
无形资产	
其他非金融资产	
二、负债	
权益性负债	
向中央银行借款	
各项存款	
同业存放	
同业拆入	
有价证券发行	
卖出回购金融资产	
金融衍生负债	
应付款及预收款	
其他金融负债	
三、净值	

（三）国有存款性金融机构资产负债表表式的设计

国有存款性金融机构资产负债表表式的设计也包括主栏和宾栏两个部分。

主栏分为中央银行和国有其他存款性金融机构。

宾栏的分类，既要考虑国有存款性金融机构经营的特点，又要注意与政府总体资产负债编制的衔接；既可以分得细一些，也可以综合一些。这完全取决于编制者的需要。这里按前述进行分类。

国有存款性金融机构资产负债表表式如表 6-11 所示。

表 6-11　　　　　　　　国有存款性金融机构资产负债表

项目	余额		
一、资产	中央银行	国有其他存款性金融机构	合计
（一）金融资产			
国际储备资产			
现金和存款			
各项贷款			
同业往来			
证券投资			
买入返售资产			
金融衍生资产			
应收预付款			
其他金融资产			
（二）非金融资产			
固定资产			
在建工程			
投资性房地产			
抵债资产			
无形资产			
其他非金融资产			
二、负债			
流通中货币			
各项存款			
同业往来			
证券负债			
卖出回购金融资产			
金融衍生负债			
应付预收款			
其他金融负债			
三、净值			

二、数据搜集

我国存款性金融机构资产负债表已经形成了报告制度，即国有资产负债表；国有存款性金融机构都要向财政部门报送；国有其他存款性金融机构都要向中央银行和银保监会报送资产负债表。

（一）财政部门要求国有存款性金融机构报送的资产负债表

财政部门要求国有存款性金融机构报送的资产负债表如表6－12所示。

表 6－12　　　　　　　　　　银行业资产负债表

资产	余额	负债	余额
现金及银行存款		向中央银行借款	
存放中央银行款项		联行存放款项	
贵金属		同业及其他金融机构存放款项	
存放联行款项		拆入资金	
存放同业款项		计入当期损益的金融负债	
拆出资金		衍生金融负债	
计入当期损益的金融资产		卖出回购金融资产	
衍生金融资产		吸收存款	
买入返售金融资产		应付职工薪酬	
应收款类金融资产		应缴税费	
应收利息		应付利息	
其他应收款		其他应付款	
发放贷款和垫款		预计负债	
可供出售金融资产		应付债券	
持有到期投资		递延所得税负债	
长期股权投资		其他负债	
投资性房地产		实收资本	
固定资产		其他权益工具	
在建工程		资本公积	
无形资产		库存股	
商誉		其他综合收益	
长期待摊费用		盈余公积	
抵债资产		一般风险准备	
递延所得税资产		未分配利润	
其他资产			
资产合计		**负债及所有者权益合计**	

195

（二）银保监会要求国有其他存款性金融机构报送的资产负债表表式

银保监会要求国有其他存款性金融机构报送的资产负债表表式如表 6 – 13
所示。

表 6 – 13　　　　　　　　　　商业银行资产负债表

项目	期末存量
资产	
现金	
贵金属	
存放中央银行款项	
存放同业款项	
应收利息	
贷款	
贸易融资	
贴现及买断式转贴现	
其他贷款	
拆放同业	
其他应收款	
投资	
买入返售资产	
长期待摊费用	
固定资产原价	
减：累计折旧	
固定资产净值	
固定资产清理	
在建工程	
无形资产	
抵债资产	
递延所得税资产	
其他资产	
减：各项资产减值损失准备	
资产总计	
负债及所有者权益	
单位存款	
储蓄存款	

续表

项目	期末存量
向中央银行借款	
同业存放款项	
同业拆入	
卖出回购款项	
汇出汇款	
应解汇款	
存入保证金	
其他存款	
应付利息	
应交税费	
应付职工薪酬	
应付福利费	
应付股利	
其他应付款	
递延收益	
预计负债	
应付债券	
其他负债	
递延所得税负债	
负债合计	
少数股东权益	
所有者权益	
实收资本	
资本公积	
其他综合收益	
盈余公积	
一般风险准备	
信托赔偿准备	
未分配利润	
外币报表折算差额	
所有者权益合计	
负债及所有者权益合计	

（三）中央银行要求国有其他存款性金融机构报送的资产负债表

我国中央银行要求其他存款性金融机构报送的资产负债表表式与财政部和监管部门要求的比较接近，在此不再重复列示表式。

三、估价

国有存款性金融机构资产与负债估值的一般原则与其他部门的估值原则基本一致，其中非金融资产与负债的估值方法和要求与事业单位、非金融企业的估值方法和要求基本相同。

国有存款性金融机构资产负债表与其他部门较大的差异之一是非金融资产负债的占比较小，金融类资产与负债的占比较高。金融类资产负债中金额最高的有三项。第一项是通货和存款，它们是按它们的账面余额来计价。第二项是债务性证券或非股票证券，其中可流通的短期债务性证券多以公允价值来计价，长期债务性证券以投资的历史成本来计价。第三项是贷款，通常按照历史成本法计价，但要考虑两项因素，一是应收利息应当计入资产价值当中，二是因贷款本息可能无法足额收回而提取的资产减值准备也应当反映在资产价格中。这种资产减值准备的具体金额是由发放贷款的国有其他存款性金融机构掌握的，但其交易对手（如国有企业）并不掌握，因此在公共部门资产负债表合并过程中，可能会产生误差，需要特别的技术处理。

四、数据整理和填录

国有存款性金融机构资产负债数据的整理包括中央银行资产负债的整理、国有其他存款性金融机构资产负债数据整理和国有存款性金融机构资产负债数据的整理三个方面。一是中央银行资产负债数据的整理，主要是根据其资产负债表的项目，对统计数据和财务数据进行汇总、合并和轧差；二是国有其他存款性金融机构资产负债数据整理，主要是对国有其他存款性金融机构之间的数据如存放同业、拆放同业、同业存放、同业拆入等进行合并、轧差和汇总；三是国有存款性金融机构资产负债数据的整理，主要是对中央银行和国有其他存款性金融机构之间的数据如中央银行"金融机构存款""贷款"、与国有其他存款性金融机构的"在中央银行存款""向中央银行借款"的汇总、合并和轧差等。

五、国有存款性金融机构资产负债表编制需要探讨的问题

（一）报表编制中运用多种统计方法对明细数据进行估算

国家资产负债表的编制是一项全新的课题，目前我国各类国有存款性金融

机构的数据源还难以完全满足报表编制的需要，主要表现为数据的颗粒度不够，国有存款性金融机构与其他各类交易对手的交易明细数据难以获得。因此在报表编制中需要运用抽样调查、交叉比对、分析判断等多种方法对统计数据进行估算。

在国有存款性金融机构资产负债表编制中，目前主要有三类明细数据需要进行估算。一是其他国有存款性金融机构之间的往来明细，例如国有大型银行与国有股份制银行间的同业往来、相互持有对方发行的证券（包括次级债）等。这部分数据的估算可根据银行全科目报表中有关明细数据进行，必要时可以向几家大中型银行下发调查表，了解往来的明细数据。二是中央银行与其他国有存款性金融机构之间的往来明细。例如中央银行资产负债表的负债方金融机构存款中有多少是国有其他存款性金融机构缴存的，等等。三是国有存款性金融机构与其他类型公共部门之间的往来明细，这是估算难度最大的一部分数据。例如国有存款性金融机构有多少贷款投放到公共非金融企业，有多少同业是与公共非存款类金融企业之间进行的，有多少投资是购买了政府部门或公共非金融企业发行的债券，社保基金持有了多少国有存款性金融机构发行的债券和股票等。要解决这一问题，既可以依托银行机构的数据，也可以从社保基金、公共非金融企业和公共非存款类金融机构等对手方入手，从两方面取得数据，进行比较分析，然后确定相对可靠的数据源。

（二）对资本项目的关注以及对杠杆水平的分析

存款性金融机构资产负债表的一大特点是相对较高的杠杆率，即存款性金融机构的总资产与所有者权益之比较高，或者说是资本与资产之比相对于其他部门相对较低。例如根据银保监会网站公布的数据，截至 2017 年 6 月末，我国银行业金融机构总资产 236.5 万亿元，总负债 218.4 万亿元，二者相减得出所有者权益后再除以总资产得出的比例为 7.7%，换言之我国银行业资产余额是资本金的 13 倍。如果考虑银行的表外业务，杠杆率还将更高。

将广义政府与国有非金融企业、国有存款类金融机构和国有非存款类金融机构合并后编制的公共部门资产负债表与广义政府的资产负债表相比，负债率和杠杆率都将上升。其中国有存款类金融机构的影响非常大。从我国情况看，国有存款性金融机构是我国存款性金融机构的主体，而国有存款性金融机构中很大一部分已经实现了混合所有制，因此在公共部门资产负债表编制中能否准确处理公共部门内部其他部门对国有存款性金融机构的股本投资将直接影响汇总后公共部门资产负债杠杆率数据的可靠性。

从本章第一节可知，我国其他公共部门对国有存款类金融机构的资本金投资主要包括以下方面：一是财政部直接投资，二是中投公司运用外汇储备资产投资，三是地方财政部门投资，四是国有企业投资，五是社保基金持有国有存款类金融机构的股份，六是保险公司等国有非存款类金融机构投资。上述六类投资应当在各个子部门资产负债表金融资产项下的"股票和其他股权"反映，并与国有存款类金融机构负债及所有者权益方"实收资本"相轧差。轧差并表后的公共部门资产负债表中资产方"股票和其他股权"主要反映我国公共部门对其他部门投资（主要包括由于投资金额占比较低并不构成并表条件的情况，如果占比较高则应当并表）；负债及所有者权益方"实收资本"，主要反映公共部门通过混合所有制改革吸收的私营和国外等部门的资本投资。

（三）适当考虑以附注形式列示部分表外业务

银行的表外业务是指银行所从事的，按照会计准则不列入资产负债表的表内，不影响其资产负债总额，但可能为银行带来风险，可能会影响当期损益，可能改变银行资产负债未来变化的金融业务活动。根据银行在表外业务中承担的风险不同，通常将表外业务分为狭义表外业务和广义表外业务两大类。狭义表外业务中虽然没有发生实际的货币收付，也没有垫付资金，但由于同资产负债业务关系密切，在将来随时可能因具备了契约中的某个条件而转变为资产负债表内业务，银行在狭义表外业务中承担了风险。广义表外业务则除了包括狭义的表外业务外还包括另一类金融服务类表外业务，即银行通过提供金融服务收取手续费，满足客户多方面的需求，这类业务主要包括信托与咨询服务、支付与结算、代理服务、与贷款有关的服务以及进口服务等。

在国有存款性金融机构资产负债表编制中，不仅应当考虑表内业务，还要适当考虑表外业务，特别是银行机构承担风险的各种狭义表外业务。可以将主要的表外业务专门列示，例如保函、信用证、票据承兑、承担风险的理财产品销售等。在报表加工环节，可以将国有存款性金融机构的表外业务与其他部门的表外业务轧差，以准确反映公共部门对外的或有资产和负债。例如国有银行对国有企业开出的信用证和保函，与国有企业的或有资产应当一致，并轧差反映。地方政府对政府融资平台出具的担保函与银行或有资产也应当一致并轧差反映。

参考文献

［1］杜金富等：《政府资产负债表：基本原理及中国应用》，北京，中国金融出版

社，2015。

　　[2] 国际货币基金组织：《金融稳健指标编制指南》，2006。

　　[3] 编写组：《非现场监管指标使用手册》，北京，中国金融出版社，2011。

　　[4] 王兆星：《非现场监管报表使用手册》，北京，中国金融出版社，2013。

　　[5] 刘明康：《中国银行业改革开放 30 年》，北京，中国金融出版社，2009。

　　[6] 中华人民共和国财政部：《金融企业会计制度》，2001。

　　[7] IMF, *Monetary and Financial Statistics Manual*, 2000.

第七章　国有非存款性金融机构资产负债表

国有金融企业包括国有存款性金融机构和国有非存款性金融机构。我们在前一章研究了国有存款性金融机构资产负债表的编制，这一章研究国有非存款性金融机构资产负债表的编制。

第一节　国有非存款性金融机构的范围与层次

研究国有非存款性金融机构资产负债表首先要明确国有非存款性金融机构界定标准，在此基础上再研究国有非存款性金融机构的构成等。

一、国有非存款性金融机构的界定

（一）非存款性金融机构的界定标准

金融机构可以划分为存款性金融机构和非存款性金融机构。存款性金融机构是指创造和提供货币，其负债被包含在广义货币中的金融机构。存款性金融机构以存款为主要负债，以贷款为主要资产，以办理转账结算为主要中间业务并直接参与存款货币的创造过程。非存款性金融机构则是负债未被包含在广义货币中的金融机构。

与存款性金融机构相比，非存款性金融机构不直接参与存款货币的创造过程，资金来源与运用方式各异，专业化程度高，业务之间存在较大的区别、承担的风险不同，业务的开展与金融市场密切相关，对金融资产价格变化极为敏感。非存款性金融机构的发展有赖于所属经济体系的市场化程度、信息技术的发达程度、金融创新能力以及相关法律监管的完善程度。

非存款性金融机构主要有银行业非存款性金融机构和其他非存款性金融机构。银行业非存款性金融机构主要有信托公司、金融资产管理公司、金融租赁公司、汽车金融公司、贷款公司、货币经纪公司；其他非存款性金融机构主要有证券业金融机构、保险业金融机构、交易结算类金融机构、金融控股公司等。

（二）非存款性金融机构的特征

非存款性金融机构的种类形式多样，但均具备以下特征：

1. 不直接参与货币的创造过程。非存款性金融机构的共同特点是在负债上不以吸收存款为主要资金来源，在资产上不以发放贷款为主要运用方式，在服务型业务中不提供支付结算业务。因此，其经营活动不直接参与货币的创造过程。

2. 资金来源与运用方式各异。与业务共性较多的存款类金融机构不同，各种非存款性金融机构的业务各异，导致其资产负债项目差异很大。如保险公司以吸收保费作为主要资金来源，资金主要运用于理赔和投资获益；投资基金的资金主要运用于发行基金证券，主要通过投资组合来运用资金；证券公司的资金主要来源于自有资本和发行债券，主要通过自营证券投资运用资金。

3. 专业化程度高，业务之间存在较大的差别。非存款性金融机构业务的专业化程度高，比如投资银行的证券承销和经纪业务。保险公司对保险产品的设计和管理以及基金公司的投资组合等，都需要专门的金融人才进行操作。同时，这些机构具有特定的服务对象和市场，各自业务的运作大不相同，即便在可归为同一类的机构中，比如保险保障类机构，其相互间的业务也都有差异。

4. 业务承担的风险不同。非存款性金融机构的业务差异较大，其所承担的金融风险也不相同。相比之下，证券公司、基金公司风险较高，而保险公司和社会保险基金的风险较低，服务类的机构风险最小。

5. 业务的开展与金融市场密切相关，对金融资产价格变动非常敏感。非存款性金融机构的业务与金融市场的发达程度相辅相成。一个国家或地区非存款性金融机构的种类多少，往往代表着金融结构的复杂程度和金融市场的发达程度；而欠发达的证券市场，证券公司、基金公司就失去了存在的意义。没有健全的货币市场，保险市场、保障基金、保险公司也很难发展，相应的资信评估和信息咨询等机构也就没有用武之地。由于非存款性金融机构业务的开展依托于金融市场，市场动态对其业务运作影响极大。因此，此类机构对利率、汇率和证券价格等金融资产价格变动非常敏感。

（三）国有非存款性金融机构的界定

国有非存款性金融机构的界定标准：一是国家出资。即政府（包括中央政府或地方政府）作为出资人，依法履行出资人的义务和享有出资人的权益。二是依法设立。依照公司法、证券法、保险法等金融法律法规设立，具有独立法人资格的公司实体或企业实体。三是政府参与任命和经营管理。包括任命董事会成员、高管层、监事会成员等，参与机构的重大经营管理决策。四是依法对相应的资产享有权益。国家出资或部分出资设立形成的资产为机构国有资产。

国家对这类机构按照出资比例或者协议规定对相应资产享有权益。

国有非存款性金融机构以其所有股份中政府持有股份的比例分为：（1）国有全资非存款性金融机构，指全部资本由政府投资的非存款性金融机构。如中央国债登记公司、中国投资公司等。（2）国有控股非存款性金融机构，又可以根据持股的绝对比例分为政府绝对控股非存款性金融机构（国家所持股份比例超过50%）和政府相对控股非存款性金融机构（政府所持股份比例未超过50%，但大于其他任一经济成分），如国银金融租赁股份有限公司、长城资产管理公司、信达资产管理公司、东方资产管理公司、华融资产管理公司等。（3）国有参股非存款性金融机构，指其他经济成分所持股份比例大于政府，且拥有公司实际控制权的金融机构。

二、国有非存款性金融机构的构成与分类

国有非存款性金融机构是指按照前文所说的划分标准，由政府控股或具有控制权但不吸收公众存款的金融机构。国有非存款性金融机构种类多样，主要机构包括国有证券业金融机构、国有保险业金融机构、国有信托业金融机构、国有资产管理公司、国有金融租赁业金融机构、国有投资基金、财务公司和其他国有非存款性金融机构等。

（一）国有证券业金融机构

1. 证券业金融机构的界定

证券业金融机构是指由中国证监会监督管理的，具备从事证券业合法资格的金融机构，包括证券公司、证券投资基金管理公司、期货公司等。证券业金融机构主要具有以下特征：

（1）以有价证券为业务活动的主要载体。证券业金融机构的业务活动以金融市场为中心，围绕着各种金融工具的发行和流通开展。金融工具主要包括票据、股票、债券以及各种金融衍生产品。由于证券业金融机构主要为证券市场提供投资性服务，其所开展的业务或是促进证券发行与承销，或是提供资本运营服务，或是基金管理、资产证券化和风险投资等。同时，业务以各种有价证券为载体，而有价证券本身具有一定的风险，其围绕证券市场进行，一旦出现风险，证券业金融机构的安全就会受到影响，不利于证券市场的稳定。

（2）业务必须遵循公开、公平和公正的原则。证券业金融机构所提供的各种投资服务具有信息密度高的特点，对外公布与传递信息是证券业金融机构的重要工作。因此遵循公平、公开和公正的原则，依据法律法规发布准确信息，

帮助投资者正确进行投资决策，是证券业金融机构业务活动的基本原则。

2. 证券业金融机构的主要业务

证券业金融机构所从事的业务也有很大的差别。证券公司的业务主要包括代理证券发行、代理证券买卖或自营证券买卖、兼并收购业务、研究咨询服务、资产管理以及其他服务，如代理证券还本付息和支付红利，经批准还可以经营有价证券的代保管及鉴证、接受委托办理证券的登记和过户等。证券投资基金的业务主要是经营金融资产，把具有相同投资目的的众多投资者的资金集中起来实行专家理财，通过投资组合将资金分散投资于各种有价证券等金融工具，以实现资产的保值增值，投资者按出资比例分享收益、承担风险。

期货公司主要在规定的期货交易所从事标准化期货合约交易的业务。投资咨询公司的业务主要是顺应证券市场专业化发展要求，向客户提供参考性的证券市场统计分析资料，对证券买卖提出建议，帮助投资者建立投资策略、确定投资方向等。

3. 证券业金融机构的职能

证券业金融机构对金融体系和社会经济的发展有着重大的作用，其职能主要有：

（1）促进证券投资活动的顺利进行。证券业金融机构参与证券发行和与证券经营相关的业务，开展各种投资业务服务，进行与投资活动相关的资本运营与公司理财等，以专业的素质和服务从诸多方面促使证券投资活动顺利进行。

（2）降低投资者的交易成本和信息搜寻成本。证券业金融机构通过各种专业化的服务与规模经营为投资者降低投资成本。同时，通过广泛收集信息并利用其对信息的分析、加工能力为投资者提供所需的各种信息，大大降低了信息搜寻、处理成本。

（3）通过专业技术与知识为投资者规避、分散和转移风险提供可能。证券业金融机构依据对各种信息的专业化处理，通过提供灵活多样的金融工具、投资组合以及信息披露，为投资者获得有效的风险管理提供可能。

（4）直接融资，资源分配。为企业发展筹集巨额资金，通过对市场上融资企业的评估筛选，进行资源分配，将资金配置到最有发展前景的行业，促进市场发展，产业升级。

（5）提供多样化金融工具，促进金融发展。提供不同的投资工具，促进金融服务业的发展。经过几十年的发展，投资产品的数量和种类成倍增长，为投资者提供了差别化的投资选择。证券业的发展对银行业的改革、增加金融基础设施建设和加强服务都有促进作用。

4. 国有证券业的主要机构

国有证券业金融机构主要包括:

(1) 国有证券公司。依照《中华人民共和国公司法》规定设立的并经国务院证券监督管理机构审查批准而成立的专门经营证券业务,具有独立法人地位的金融机构。国有证券公司是直接融资市场上重要的组织者和中介人,它们提供与资本市场有关的智力服务,为客户量身定做可供选择的证券投资、资产组合、公司购并等各种投融资方案,具有较强的金融创新意识和金融研发能力,主要依靠信用、经验、客户网络等占领市场。其收入的主要来源是各种服务的手续费和佣金。

我国国有证券公司主要分为经纪类和综合类两种。经纪类证券公司主要从事经纪类业务,综合类证券公司既可从事经纪业务,又可开展自营、承销及其他业务。

(2) 国有证券投资基金管理公司。国有证券投资基金管理公司是经中国证监会批准,在中华人民共和国境内设立,从事证券投资基金管理业务的企业法人。证券投资基金管理公司是指通过发售基金份额募集资金,由基金托管人托管,由基金管理人管理和运作资金,为基金份额持有人的利益,以资产组合方式进行证券投资的金融机构。

(3) 国有期货公司。依照《中华人民共和国公司法》和《期货交易管理条例》规定设立的经营期货业务的金融机构。期货公司是从事商品期货合约、金融期货合约、期权合约交易及其他相关活动的经纪机构。主要有根据客户指令代理买卖期货合约、办理结算和交割手续;对客户账户进行管理,控制客户交易风险;为客户提供期货市场信息,进行期货交易咨询,充当客户的交易顾问等业务。

(4) 国有投资咨询公司。经中国证监会批准设立,为证券、期货投资人或者客户提供证券、期货投资分析、预测或者建议等直接或者间接有偿咨询服务的金融机构。投资咨询公司主要根据客户的要求,收集大量的基础信息资料,进行系统的研究分析,向客户提供分析报告和操作建议,帮助客户建立投资策略,确定投资方向。其咨询业务主要包括:

①接受政府、证券管理机关和有关业务部门的委托,提供宏观经济及证券市场方面的研究分析报告和对策咨询。

②接受证券投资者的委托,提供证券投资、市场法规等方面的业务咨询。

③接受公司委托，策划公司证券的发行与上市方案。

④接受证券经营机构的委托，策划有关的证券事务方案，担任顾问。

⑤编辑出版证券市场方面的资料、刊物和书籍等。

⑥举办有关证券投资咨询的讲座、报告会、分析会等。

⑦发表证券投资咨询的文章、评论、报告，以及通过公众传播媒体和电信设备系统提供证券投资咨询服务。

（二）国有保险业金融机构

1. 保险业金融机构界定

保险业金融机构是指由国务院保险监督管理机构监督管理的，具备从事保险业合法资格的金融机构，主要包括各类保险公司和社会保障机构。保险业金融机构的主要特征有：

（1）业务经营符合大数定律。保险公司之所以愿意集中并承保某种风险，是因为从全社会来看，天灾人祸等风险是客观存在的，但却只有少数投保人才会出险，专业精算人员可以按照科学计算的出险概率设计保险产品。基于这种特殊的经营规律，保险公司先将个体的风险集中，再运用自己特有的风险管理技术进行分散和转移，使少数人的风险损失由具有同种风险的众人共同承担。

（2）业务具有独特的风险管理技术和要求。保险公司在运用专业的风险管理技术对承保的风险进行集中和分散管理时，需要对承保过程中所面临的风险进行概率计算，掌握出险概率，采用合理的保险分摊补偿方法。与其他金融机构相异的是，保险业金融机构更强调保险基金的增值要建立在流动性和安全性的基础上。

（3）通过收取保费，集合大量分散的储蓄资金，通过对资金进行充分、安全的投资运作，既可增强偿付能力，又能获得收益。保险费、资本以及保险盈余构成了保险公司的主要可用资金，除了用于对约定范围内事故所造成的损失补偿外，这部分资金还需进行积极的投资运作，提高保费的盈利水平，一方面用于加强保险公司自身的偿付能力，另一方面使保险公司获得收益，得以扩大保险经营，提高在市场中的生存发展实力。

2. 保险业金融机构的业务

保险业金融机构的业务主要包括：

（1）筹集资本金。各类保险公司根据国家保险管理机构的规定，在申请营业时必须拥有一定数量的开业资本，作为保险公司的经营基础。各国对保险公司的资本金要求有相当大的差别。根据《中华人民共和国保险法》规定，设立保险公司注册资本的最低限额为 2 亿元。

（2）出售保单。保险公司要根据市场需求精心制作保单，包括设计险种和保险条款，合理规定保险责任，科学厘定保险费率。其中通过出售保单获得保费收入，这是保险公司的主营业务。依据保险业务不同，保单可分为多种类型。在业务管理时，各国一般都实行寿险和财险分业经营，同时在经营保险业务以外不能过多兼营其他业务。

（3）给付赔偿款。保险公司在售出保单的同时就相应承担了保险责任。与其他金融机构按一定利率支付利息或红利的负债不同，保险责任是根据用户需要定制的，保险公司向那些遭受火灾、伤残、疾病或死亡等意外事故的投保人或受益人直接支付赔偿。值得注意的是，所有保险公司在经营业务时都面临逆向选择和道德风险问题，因而保险公司要积极收集信息、筛选投保人，确定以风险为依据的保险费率和限制条款，努力降低经营风险。

（4）经营资产。证券投资是资产经营的主要方式。在对保险资产的投资运作上，监管部门要求保险公司必须加强投资组合管理，防止投机性投资危及保险公司自身清偿能力，损害投保人权利。我国保险公司的投资渠道主要是国债和证券投资基金。

3. 保险业金融机构的职能

保险业金融机构对于社会和个人有着巨大的作用，可以保障权益、融通资金、配置资源，其主要职能包括：

（1）分散风险，补偿损失。保险业金融机构的基本职能就是把个体风险所致的经济损失分摊给其他投保人，用集中起来的保险基金补偿个体损失。这种作用使保险业金融机构与其他金融机构之间形成明确的分工。保险业金融机构作为风险的管理者，降低了每个投保人在经济运行中所承担的风险，也降低了经济运行的整体风险。

（2）积蓄保险基金，促进资本形成，重新配置资源。保险公司和社保基金在运行过程中预提而尚未赔付出去的保费形成了巨额的保险基金，不仅具备抵御风险的实力，而且可以利用这笔资金在资本市场上进行投资运作，在使保险基金保值增值的同时，参与社会资源的配置，为市场提供大量资金，成为金融市场中举足轻重的机构投资者，而且对资本市场的稳健发展产生重要影响。

（3）提供经济保障，稳定社会生活。保险业金融机构充当了社会经济与个人生活的稳定器，具体表现在为企业、居民家庭和个人提供预期的生产生活保障，解决企业和居民家庭的后顾之忧，有利于受灾企业及时恢复生产经营，有助于遭难家庭维持正常生活，也有利于履行民事赔偿责任，在社会经济的安定和谐方面发挥保障作用。

4. 国有保险业金融机构

国有保险业金融机构的种类多样，在大的分类上主要有国家经营保险组织和公司经营保险组织。按照经营的方向划分，主要有以下几种：

（1）财产保险公司。经国务院保险监督管理机构批准设立，依法登记注册，从事经营财产损失保险、责任保险、信用保险、短期健康保险和意外伤害保险等财产保险业务的保险公司。

（2）人身保险公司。经国务院保险监督管理机构批准设立，依法登记注册，从事意外伤害保险、健康保险、人寿保险等人身保险业务的保险公司。

（3）再保险公司。经国务院保险监督管理机构批准设立，依法登记注册，专门从事再保险业务、不直接向投保人签发保单的保险公司。再保险也称分保或"保险的保险"，是指保险人将自己所承担的保险责任，部分地转嫁给其他保险人承保的业务。再保险业务中分出保险的一方为原保险人，接受再保险的一方为再保险人。再保险人与本来的被保险人无直接关系，只对原保险人负责。作为保险市场一种通行的业务，再保险可以使保险人不致因一次事故损失过大而影响赔偿责任的履行。

（4）保险资产管理公司。经国务院保险监督管理机构会同有关部门批准，依法登记注册、受托管理保险资金的金融机构。目标是使保险资金保值、增值，保险资产管理公司由保险公司或联合保险公司的控股股东发起成立。受委托之后，保险资产管理公司可以管理运用其股东的保险资金或股东控制的保险公司的资金，也可以管理运用自有资金。但保险资金运用不得突破保险法规定，限于银行存款、买卖政府债券、金融债券和国务院规定的其他形式。而且资产管理公司不得承诺受托管理的资金不受损失或保证最低收益，不得利用受托保险资金为委托人以外的第三人牟取利益，也不得操纵不同来源资金进行交易。

（5）保险经纪公司。经国务院保险监督管理机构批准设立，基于投保人的利益，为投保人与保险人订立保险合同提供中介服务，并依法收取佣金的金融机构。保险经纪公司针对客户的特定需求，运用自身的专业优势，为客户提供专业的保险计划和风险管理方案。在同客户签订委托协议后，由保险经纪公司组织市场询价或招投标，选择综合承保条件最优越的保险公司作为承保公司。

保险经纪公司还协助客户制定保险以外的全面的风险管理计划。风险管理具有很强的专业性，保险经纪公司是国内外保险市场所公认的专业的风险管理顾问。

（6）保险代理公司。经国务院保险监督管理机构批准设立，根据保险公司的委托，向保险公司收取代理佣金，并在保险公司授权的范围内代为办理保险业务的金融机构。

保险专业代理机构主要经营代理销售保险产品、代理收取保险费、代理相关保险业务的损失查勘和理赔及国务院保险监督管理机构批准的其他业务。

（7）保险公估公司。经国务院保险监督管理机构批准设立，接受保险当事人委托，专门从事保险标的的评估、勘验、鉴定、估损、理算等业务的单位。

（三）国有信托业金融机构

1. 信托业金融机构界定

信托类金融机构是指以受托人身份专门从事信托业务的非存款性金融机构，主要包括各种信托投资公司等。信托类金融机构主要具有以下特征：

（1）服务特征明显。信托业在经营中以"受托人"或"中间人"的身份出现，为委托人或受益人利益着想并为他们提供各种投资服务，收益来源为手续费。

（2）与资本市场关系密切。信托机构一方面通过为委托人提供再投资方面的专业性经验和技术，将社会闲置资金导向正确的投资方向；另一方面对受托资金的管理主要通过与资本市场相关的特定信托业务来实现，因而成为社会闲置资金与企业对投资资金需求之间的金融中介，有利于充分实现储蓄向投资的转化，促进国民经济的健康发展。

（3）服务对象范围相对广泛。具备法律行为能力的法人或个人都可成为委托人，而且在委托人信用方面没有特殊要求。

（4）信托业务范围较广泛。信托牌照权限较全，可开展融资、贷款、证券投资、债券承销、股权投资等几乎全部金融业务，渠道优势较为显著。同时，信托法赋予信托财产良好的独立性，能很好地隔离委托人破产或其他风险。

（5）在经营中不需要提取准备金。信托机构是作为受托人（而非债务人），在一定信托目的的前提下，从事运用资金的业务活动，不存在支付到期债务的问题，故不需要提取准备金。

2. 信托业金融机构的业务

由于划分信托业务种类的标准不同，信托业务的种类繁多，以信托财产的性质为标准，信托业务分为金钱信托、有价证券信托、不动产信托、动产信托和金钱债权信托。

（1）金钱信托。金钱信托也叫资金信托，它是指在设立信托时委托人转移给受托人的信托财产是金钱，即货币形态的资金，受托人给付受益人的也是货币资金，信托终了，受托人交还的信托财产仍是货币资金。在金钱信托期间，受托人为了实现信托目的，可以变换信托财产的形式，比如用货币现金购买有价证券获利，或进行其他投资，但是受托人在给付受益人信托收益时要把其他形态的信托财产还原为货币资金。目前，金钱信托是各国信托业务中运用比较普遍的一种信托形式。在我国信托机构从事的信托业务中，金钱信托占有很大的比重，主要包括信托贷款、信托投资、委托贷款、委托投资等形式。

（2）有价证券信托。有价证券信托是指委托人将有价证券作为信托财产转移给受托人，由受托人代为管理运用。比如委托受托人收取有价证券的股息、行使有关的权利，如股票的投票权，或将有价证券出租收取租金，或以有价证券作抵押从银行获取贷款，然后再转贷出去，以获取收益。

（3）不动产信托。不动产信托是指委托人把各种不动产，如房屋、土地等转移给受托人，由其代为管理和运用，如对房产进行维护、出租房屋土地、出售房屋土地等。

（4）动产信托。动产信托是指以各种动产作为信托财产而设置的信托。动产包括的范围很广，但在动产信托中受托人接受的动产主要是各种机器设备，受托人受委托人委托管理和处理机器设备，并在过程中为委托人融通资金，所以动产信托具有较强的融资功能。

（5）金钱债权信托。金钱债权信托是指以各种金钱债权作为信托财产的信托业务。金钱债权是指要求他人在一定期限内支付一定金额的权利，具体表现为各种债权凭证，如银行存款凭证、票据、保险单、借据等。受托人接受委托人转移的各种债权凭证后，可以为其收取款项，管理和处理其债权，并管理和运用由此而获得的货币资金。例如西方国家信托机构办理的人寿保险信托就属于金钱债权信托，即委托人将其人寿保险单据转移给受托人，受托人负责在委托人去世后向保险公司索取保险金，并向受益人支付收益。

3. 信托业金融机构的职能

（1）财务管理职能。财务管理职能是信托的基本职能。受托人受托经营信托财产，只是为受益人的利益而进行管理和处理，受托人不能借此为自己谋利益，而只能受托做服务性的经营。受托人虽然得到委托人的授信，接受了财产所有权的转移，但受托人如何管理和处理信托财产，只能按照信托的目的来进行。受托人不能按自己的需要，随意利用信托财产。受托人通过管理或处理信托财产而产生的收益，最终要归于受益人。受托人作为管理或处理信托财产而提供的劳务，只能收取手续费作为劳动报酬。

（2）融通资金职能。信托的资金融通职能可以表现为货币资金的直接融通、"物"的融通与货币资金融通相结合、通过受益权的转让而实现货币资金融通。

（3）沟通和协调经济关系，提供信任、信息与咨询的职能。信托业务具有多边经济关系，受托人作为委托人和受益人的中介，是天然的横向经济联系的桥梁和纽带。通过信托业务的办理为经济交易各方提供信息、咨询和信任，发挥沟通和协调各方经济联系的作用。

（4）社会投资职能。社会投资职能指信托机构运用信托业务手段参与社会投资行为所产生的职能。

4. 信托业金融机构

信托机构按照其支持方可以分为国企支持类、银行系信托公司、地方政府支持类和金融机构支持类。

（1）国企支持类信托公司。控股股东为国企、央企的部分信托公司被称为国企支持类信托公司，如中石油控股的昆仑信托、华电集团控股的华鑫国际信托、中化集团控股的外贸信托等。

（2）银行系信托公司。有银行背景的信托公司，如建设银行的建信信托，兴业银行的兴业国际信托，交通银行的交银国际信托，浦发银行控股的上海信托等。

（3）地方财政系信托公司。部分信托公司的背景是地方财政部门，如北京信托、吉林信托、陕国投等。其产品特点是满足地方政府辖内企业融资需求，且往往会含有政府部门财政担保。

（4）民营系信托公司。此外，还有部分民营机制的信托公司，如金汇信托等。

（四）国有资产管理公司

1. 资产管理公司的界定

资产管理公司是指经国务院和省政府决定设立的，收购、管理和处置金融机构、公司及其他企业（集团）不良资产，兼营金融租赁、投资银行等业务的金融机构，持有银行业监督管理机构颁发的金融机构许可证。

广义的资产管理公司还包括从事以代客理财为代表业务的资产管理公司，商业银行、投资银行、证券公司等金融机构的资产管理业务部或资产管理附属公司，它们从事的资产管理业务并不是以不良资产处理为核心的资产管理业务，不需要专门的金融机构许可证。本文中论述的资产管理公司为狭义的资产管理公司，即由国家设定的专门从事不良资产处理相关业务的金融机构。

我国的资产管理公司具有独特的法人地位、特殊的经营目标（政策性收购银行不良贷款，管理和采取市场化手段处置因收购银行不良贷款形成的资产）及广泛的业务范围（包括资产处置、公司重组、证券承销、兼并等，很多业务等同于全方位的投资银行）。资产管理公司的主要特征包括：

（1）政策性保障是资产管理公司运营的前提。资产管理公司设立初衷是收购国有银行不良贷款，管理和处置因收购国有银行不良贷款形成的资产，收购范围和额度均由国务院批准，资本金由财政部统一划拨，其运营目标则是最大限度保全资产、减少损失。并且，资产管理公司成立于计划经济向市场经济的过渡阶段，为此，不良资产的收购采取了政策性方式，在处置中，国家给予资产管理公司税收等一系列业务优惠。这种强有力的政策性保障措施，成为资产管理公司发挥运营功能与资源调配机制的一种有效前提；否则，在推动国有资本的运作中，很可能会受到许多非市场因素的干扰，致使预期目标不能顺利达到。

（2）市场化运营是资产管理公司运营的手段。资产管理公司处置不良资产可采取多种市场化方式，包括收购并经营银行剥离的不良资产；债务追偿，资产置换、转让与销售；债务重组及企业重组；债权转股权及阶段性持股，资产证券化；资产管理范围内公司的上市推荐及债券、股票承销；资产管理范围内的担保；直接投资；发行债券，商业借款；向金融机构借款和向中国人民银行申请再贷款；投资、财务及法律咨询与顾问；资产及项目评估；企业审计与破产清算；经金融监管部门批准的其他业务。

2. 资产管理公司业务

资产管理公司在其收购的国有银行不良贷款范围内，管理和处置因收购国有银行不良贷款形成的资产时，可以从事下列业务活动：

（1）追偿债务；

（2）对所收购的不良贷款形成的资产进行租赁或者以其他形式转让、重组；

（3）债权转股权，对企业阶段性持股；

（4）资产管理范围内公司的上市推荐及债券、股票承销；

（5）发行金融债券，向金融机构借款；

（6）提供财务及法律咨询、资产及项目评估等服务。

其中开展以下业务的资格需要银行业监督管理机构审批：资产收购、管理和处置，资产重组，接受委托管理和处置资产的服务，追加投资以及经批准的其他业务；管理运用自有资金；受托或委托资产管理业务；与资产管理业务相关的咨询业务；国家法律法规允许的其他资产管理业务。

3. 资产管理公司的职能

资产管理公司的主要目标是通过剥离银行不良债权向银行系统注入资金，重建公众对银行的信心；通过有效的资产管理和资产变现，尽可能多地从所接受的不良资产中回收价值；尽量减少对有问题银行或破产倒闭银行重组所带来的负面影响。

4. 国有资产管理公司主要机构

我国国有资产管理公司主要包括 4 家中央管理的金融资产管理公司和地方资产管理公司。4 家中央管理的金融资产管理公司为：中国华融资产管理公司、中国长城资产管理公司、中国东方资产管理公司、中国信达资产管理公司。

地方资产管理公司依据 2012 年财政部、中国银监会联合发布的《金融企业不良资产批量转让管理办法》设立，该办法第三条中规定"各省级人民政府原则上只可设立或授权一家资产管理或经营公司，核准设立或授权文件同时抄送财政部和银监会。上述资产管理或经营公司只能参与本省（自治区、直辖市）范围内不良资产的批量转让工作，其购入的不良资产应采取债务重组的方式进行处置，不得对外转让。"

2016 年 10 月 21 日，中国银监会下发《关于适当调整地方资产管理公司有关政策的函》，第一条规定"放宽《金融企业不良资产批量转让管理办法》第三条第二款关于各省级人民政府原则上可设立一家地方资产管理公司的限制，允许确有意愿的省级人民政府增设一家地方资产管理公司。"

截至 2016 年末，我国共设立地方管理的资产管理公司 30 余家，包括陕西金融资产管理股份有限公司、华融昆仑青海资产管理股份有限公司、黑龙江嘉实龙昇金融资产管理有限公司、光大金瓯资产管理有限公司和上海睿银盛嘉资产管理有限公司等。

（五）国有租赁业金融机构

租赁业金融机构是指经国务院银行业监督管理机构批准，以经营金融融资租赁业务为主的金融机构。

1. 租赁业金融机构的界定

租赁业金融机构专门为承租人提供长期资金融通，它以商品交易为基础，将融资与融物相结合，既有别于传统租赁，又不同于银行贷款，是一种将所有权和经营权分离的经济活动方式，具有投资、融资、促销和管理的功能。租赁业金融机构的主要特征有：

（1）面对单一客户，客户管理很重要。租赁业金融机构向承租人提供的是相当于设备全额资金信贷的等价物，实际上是一种以向承租人提供设备的方式来替代提供资金，将融物与融资有机结合起来。融资租赁的租期很长，期限接近设备经济寿命，当租期到期末时，设备仅剩一些残值，此时承租人可以以象征性价格购进设备并取得所有权。因此，金融租赁经常是对单一客户的租赁过程，客户管理极为重要。

（2）提供的租赁物通常是专用设备，经营风险小。金融租赁中，承租人有权选择所需设备及其生产厂家和供货商，出租方只是根据承租方的要求出资购买设备，然后租给承租方使用，对于设备的质量、规格、技术性能的鉴定验收等，都由承租方负责，因此经营风险相对较小。

（3）长期占用资金，负债管理任务重。租赁业金融机构向承租人长期租出设备，主要依靠租金回收资金，导致资金占用期限很长，需要通过多种方式筹集资金，包括吸收股东的定期存款、收取承租人的租赁保证金、向商业银行转让应收租赁款、发行金融债券、同业拆借或向金融机构借款等。

2. 租赁业金融机构的业务

租赁业金融机构的业务按照承担风险的不同可以分为公司自担风险的融资租赁业务、公司同其他机构分担风险的融资租赁业务和公司不承担风险的融资租赁业务。

（1）公司自担风险的融资租赁业务。公司自担风险的融资租赁业务又分为直接融资租赁、经营租赁、回租、转租赁等。①直接融资租赁：指租赁业金融机构以收取租金为条件，按照用户企业确认的具体条件，向该用户企业指定的出卖人购买固定资产并出租给该用户企业使用的业务，分直接购买式和委托购买式。②经营租赁：指由出租人或承租人选择设备，出租人购买设备出租给承租人使用，设备所有权归出租人所有，使用权归承租人所有。设备反映在出租人固定资产账上，由出租人计提折旧。③回租：指承租人将自有设备出卖给出租人，同时与出租人签订租赁合同，再将该设备从出租人处租回的租赁形式。④转租赁：指以同一固定资产为租赁物的多层次的融资租赁业务。在转租赁中，上一层次的融资租赁合同的承租人同时是下一层次的融资租赁合同的出租人，在整个交易中称转租人。第一层次的融资租赁合同的出租人称第一出租人，末一层次的融资租赁合同的承租人称最终承租人。各个层次的融资租赁合同的租赁物和租赁期限必须完全一致。在转租赁中，租赁物由第一出租人按照最终承租人的具体要求，向最终承租人指定的出卖人购买。购买方式同直租一样，既可以是直接购买，也可以是委托购买。金融租赁公司可以是转租赁中的第一出租人。这时，作为转租人的法人机构无须具备经营融资租赁的资质。金融租赁公司也可以是转租赁中的转租人。这时，如果第一出租人是境内法人机构，则其必须具备经营融资租赁的资质。在上一层次的融资租赁合同中必须约定，承租人有以出租人的身份向下一层次的融资租赁合同的承租人转让自己对租赁物的占有、使用和收益权的权利。

（2）公司同其他机构分担风险的融资租赁业务。这种业务又分为：①联合租赁：是指多家租赁业金融机构对同一个项目提供融资租赁，由其中一家金融机构作为牵头人，各家租赁业金融机构同牵头金融机构订立体现资金信托关系的联合租赁协议。由牵头人出面与承租人订立买卖合同和融资租赁合同，各家租赁业金融机构按照所提供的租赁融资额的比例承担该融资租赁项目的风险和享有该融资租赁项目的收益。②杠杆租赁：是指某融资租赁项目中大部分资金由其他金融机构以银团贷款的形式提供，但这些金融机构对承办该融资租赁项目的租赁公司无追索权，只按所提供的资金在该项目的租赁融资额中的比例直接享有租赁收益。

（3）公司不承担风险的融资租赁业务。这些业务又称委托租赁，是指融资租赁项目中的租赁物或用于购买租赁物的资金是一个或多个法人机构提供的信托财产，租赁公司以受托人的身份同委托人订立信托合同，该融资租赁项目的风险和收益全部归委托人，租赁公司则依据该信托合同的约定收取由委托人支付的报酬。

除以上金融租赁性质业务外，根据 2014 年中国银监会发布的《金融租赁公司管理办法》第三章第二十六条规定：租赁业金融机构还可以从事固定收益类证券投资业务；接受承租人的租赁保证金；吸收非银行股东 3 个月（含）以上定期存款；同业拆借；向金融机构借款；境外借款；租赁物变卖及处理业务；经济咨询业务以及其他经中国银监会批准的本外币业务。

3. 租赁业金融机构的职能

租赁业金融机构以融通资金为主要目的，将融物与融资密切相连。其主要职能包括：

（1）解决企业更新设备与资金不足的矛盾，满足企业设备更新和技术改造的要求，提高企业市场竞争力和技术进步能力。

（2）促进厂家销售，盘活固定资产，优化资源配置，促进中小企业发展，引导消费与投资。

（3）调整产业结构，强化某种行业或企业在经济发展中的地位。

（4）促进引进外资，在不增加债务总量的基础上引进国外先进技术。

4. 国有租赁业金融机构

国有租赁业金融机构的主要机构为金融租赁公司，主要有工银金融租赁、国银金融租赁、建信金融租赁、交银金融租赁、江苏金融租赁等数十家。

（六）国有投资基金

1. 投资基金界定

投资基金是专门为中小投资者服务的投资机构，通过发售基金份额，将众多分散的投资者的资金集中起来，形成独立财产，通过专家理财，按照科学的投资组合原理进行投资，与投资者利益共享、风险共担。投资基金的主要特点包括：

（1）集合理财、专业管理。众多投资者的资金集中起来形成投资基金以后，委托基金管理人进行共同投资，表现出集合理财的特点，有利于发挥资金的规模优势，降低投资成本。

（2）组合投资、分散风险。投资基金集中了大量资金，通常会购买几十种甚至上百种股票，对于个别投资者来说，购买基金就相当于用很少的资金购买了一揽子股票，在多数情况下，某些股票下跌造成的损失可以用其他股票上涨的盈利来弥补。

（3）利益共享、风险共担。基金投资者是基金份额的所有者，基金投资收益在扣除由基金承担的费用后的盈余全部归基金投资者所有，并依据各投资者所持有的基金份额比例进行分配。投资基金和基金托管人只能按规定收取一定比例的管理费、托管费，并不参与基金收益的分配。

（4）严格监管、信息透明。为切实保护投资者的收益，增强投资者信心，各国监管机构都对基金业实行严格的监管，对各种有损投资者利益的行为进行严厉的打击，并强制基金管理公司进行及时、准确、充分的信息披露。

（5）独立托管、保障安全。投资基金负责基金的投资操作，本身并不参与基金资产的保管，基金资产的保管由基金管理公司的基金托管人负责，形成相互制约、相互监督的制衡机制。

2. 投资基金业务

投资基金的运作主要通过发行基金单位的基金份额，集中投资者的资金，由基金托管人（通常为银行、信托公司等金融机构）托管，并由基金管理人负责基金的操作，下达买卖指令，管理和运用资金，从事投资业务，以获得投资收益和资本增值。同时基金资产在托管人处拥有独立资产地位，即使基金公司或保管机构因经营不善倒闭，债权人也不能清算基金的财产。此外，资金的操作情况必须在季报或年报中披露，并接受相应的监督。

3. 投资基金职能

投资基金在个体的投资和社会资本的配置等方面发挥着巨大的作用，其主要职能包括：

（1）提供高效的投资途径。投资活动中，个人投资者要面对时间和投资专业知识不足的问题，并直接影响投资效果。而投资基金的经理人学有所长，在投资领域有丰富的经验，对国内外的经济形势以及公司营运和潜力有深入了解，因此由专业经理人所做出的投资决策以及投资绩效一般优于个人投资者。

（2）有效地分散风险。基金公司可以集中巨额资金投资多个品种，能够较充分地分散投资风险，不但如此，投资基金对资金的运作还能够获得规模经济效益，降低单位资金交易成本。

4. 国有投资基金机构

国有投资基金根据其投资标的的不同，主要有以下机构：

（1）国有股权投资公司。通过投资取得被投资单位的股份。具体来说，它是指企业购买的其他企业的股票或以货币资金、无形资产和其他实物资产直接投资于其他单位，最终目的是为了获得较大的经济利益。

（2）国有债权投资公司。国有债权投资公司是指为取得债权所进行的投资，如购买公司债券、购买国库券等，均属于债权性投资。投资有限公司进行这种投资不是为了获得其他企业的剩余资产，是为了获取高于银行存款利率的利息，并保证按期收回本息。

（3）国有证券投资公司。投资者通过购买股票、债券、基金等有价证券以及金融衍生产品，以获取红利、利息及资本利得。我国证券投资公司包括保障性投资基金和主权财富基金等。

①保障性投资基金。我国的政府保障性基金主要有证券投资者保护基金和信托业保障基金等。

中国证券投资者保护基金有限责任公司是依据国务院批准中国证监会、财政部、中国人民银行发布的《证券投资者保护基金管理办法》而设立的国有独资保障性投资基金。其主要职责包括筹集、管理和运作证券投资者保护基金；

监测证券公司风险，参与证券公司风险处置工作；证券公司被撤销、被关闭、破产或被证监会实施行政接管、托管经营等强制性监管措施时，按照国家有关政策规定对债权人予以偿付；组织、参与被撤销、关闭或破产证券公司的清算工作；管理和处分受偿资产，维护基金权益；发现证券公司经营管理中出现可能危及投资者利益和证券市场安全的重大风险时，向证监会提出监管、处置建议；对证券公司运营中存在的风险隐患会同有关部门建立纠正机制。

中国信托业保障基金有限责任公司是经国务院同意，经中国银监会批准设立的银行业金融机构。公司作为中国信托业保障基金的管理人，负责保障基金的筹集、管理和使用，并依据中国银监会核准的经营范围开展业务。公司的主要任务和目标是按照市场化原则，预防、化解和处置信托业风险，促进信托业持续健康发展。

②主权财富基金。主权财富基金是指一国政府利用外汇储备资产与国家财政盈余创立的、在全球范围内进行投资以提升本国经济和居民福利的金融投资机构。我国主权财富基金主要有中国投资有限责任公司等。

中国投资有限责任公司是在实现国家外汇资金多元化投资，在可接受风险范围内实现股东权益最大化的宗旨下成立的国有独资公司，是全球最大的主权财富基金之一。

中投公司的投资是基于经济和财务目的，在风险可接受的范围内进行资产的稳健和有效配置，努力实现股东利益最大化；以被动投资、财务投资为主，追求长期的、稳定的和可持续的风险调整后回报。同时重视自身的社会责任，遵守投资接受国的法律法规，积极为当地经济繁荣与发展作出贡献。

中投公司下设三个子公司，分别是中投国际有限责任公司、中投海外直接投资有限责任公司和中央汇金投资有限责任公司。其中，中投国际和中投海外负责境外投资管理，中央汇金主要对国有重点金融企业进行股权投资，实现国有金融资产保值增值。

（七）国有财务公司

1. 财务公司的界定

财务公司又称金融公司，是为企业技术改造、新产品开发及产品销售提供金融服务，以中长期金融业务为主的非存款性金融机构。

我国的财务公司不是商业银行的附属机构，是隶属于大型集团的非存款性金融机构。它们都是由企业集团内部集资组建的，其宗旨和任务是为本企业集团内部各个企业筹资和融资，促进其技术改造和技术进步。

2. 财务公司的业务

财务公司可以经营下列部分或者全部业务：对成员单位办理财务和融资顾问、信用鉴证及相关的咨询、代理业务；协助成员单位实现交易款项的收付；经批准的保险代理业务；对成员单位提供担保；办理成员单位之间的委托贷款及委托投资；对成员单位办理票据承兑与贴现；办理成员单位之间的内部转账结算及相应的结算、清算方案设计；吸收成员单位的存款；对成员单位办理贷款及融资租赁；从事同业拆借。此外，符合条件的财务公司，还可以向中国银行业监督管理委员会申请从事下列业务：经批准发行财务公司债券；承销成员单位的企业债券；对金融机构的股权投资；有价证券投资；成员单位产品的消费信贷、买方信贷及融资租赁。

3. 财务公司的职能

财务公司基本职能是实施资金集中管理，包括资金归集、资金结算、信贷服务、结售汇平台；财务公司高级职能是提供专业金融服务，即"利用财务公司金融属性，参与企业集团价值创造"，包括融资渠道、投资渠道、中间业务、资金管控。

表 7 - 1　　　　　　中国企业集团财务公司业务范围及职能分类

分级	具体职能	财务公司业务范围
基本职能	资金归集	吸收成员单位的存款
	资金结算	协助成员单位实现交易款项的收付
		办理成员单位之间的内部转账结算及相应的结算、清算方案设计
	信贷服务	对成员单位提供担保
		对成员单位办理票据承兑与贴现
		对成员单位办理贷款及融资租赁
		成员单位产品的消费信贷、买方信贷及融资租赁
	结售汇平台	《境内企业内部成员外汇资金集中运营管理规定》限定的业务内容
高级职能	融资渠道	从事同业拆借
		经批准发行财务公司债券
	投资渠道	对金融机构的股权投资
		有价证券投资
	中间业务	办理成员单位之间的委托贷款及委托投资
		经批准的保险代理业务
		对成员单位办理财务和融资顾问、信用证及相关的咨询、代理业务
		承销成员单位的企业债券

财务公司高级职能还包括：为集团的资金缺口找到低廉的融资渠道，为集团的盈余资金找到稳妥的投资渠道，为成员单位提供专业化的金融服务和金融产品，成为企业集团"走出去"的中间业务机构，承担集团资金监控的功能。

4. 财务公司机构

财务公司可分为司库型、信用型和全能型三类。

（1）司库型财务公司。当企业集团规模发展到一定程度，内部资金管理、运作和风险控制的任务变得越来越重，集团母公司的资金管理职能部门主观上要求成立财务公司进行资金专门管理。因此许多大企业实行司库管理下的内部银行、内部结算中心模式，组建内部资金中心。

这一模式要求全集团余缺的资金头寸全部集中于总部的资金中心，由总部资金中心调配管理资金的流动性和币种缺口。这种内部资金中心的组织形式对那些资金密集型、日常资金流动频繁的企业具有特别的意义：内部的短期信用功能可以减少甚至消除外部融资的需求，调剂内部资金的盈余和短缺；可以通过利率弹性、信用额度等手段监控和促进各个业务单元的经营；内部资金中心具有信息优势，业务单元不能轻易地向总部隐瞒情况。遇到问题时，集团公司总部还有可能提供管理咨询的帮助。

（2）信用型财务公司。指制造业公司为推销其产品，尤其是耐用消费品和大型工业机械设备，往往以租赁或分期付款的形式为客户提供信用。但是这样的做法常常给制造业公司带来财务上的巨大负担，甚至可能导致公司资金周转困难。

制造业企业集团就通过建立附属财务公司，将母公司的产品销售业务与应收账款的管理相分离，设立附属财务公司后，销售部门只负责产品销售业务，并且直接从财务公司获得产品销售款，而将信用发放与应收账款的管理移交财务公司处理，从而使制造业公司摆脱了收账、坏账的负担，保证制造业公司更专注于产品的开发、制造和销售等方面的工作。

（3）全能型财务公司。全能型财务公司不仅具有以上两种类型财务公司的业务功能，同时还在很多方面具有金融控股（集团）公司的形态。

这种模式下的财务公司，不仅具有银行业务，而且具有证券、保险、租赁等金融业务，可以说是一种金融混合体，一般由多个国家的不同类型的融资公司组成。

我国的企业集团财务公司属于"企业集团附属的司库型财务公司"这一类型。一般由大型企业集团出资建立，以帮助企业进行内部资金管理、促进产品销售和资本运作为主要金融服务宗旨，以母公司及客户、股东为服务重点，但又不局限于母公司或股东内部融资企业附属金融服务机构。

（八）其他国有非存款性金融机构

其他国有非存款性金融机构，是指除上述国有非存款性金融机构之外的其他国有非存款性金融机构，如国有支付机构中国银联等；国有证券登记机构国债登记公司、国有证券交易所、国有期货交易所等。

三、完善国有非存款性金融机构核算的探讨

（一）国有金融机构边界需要清晰界定

金融机构国有与非国有往往难以简单地以持股比例进行界定。在对金融机构进行国有与非国有的界定分类时，不应该仅仅看金融机构的最大股东是什么性质，也应该结合公司其他大股东和实际控制权的掌握来判定。此外，考虑到部分金融机构的股东股权结构本身也较为复杂，可能存在层层嵌套及交叉持股现象，在理清各个股东的界定及相互关系的基础上，对金融机构进行国有与非国有的定量界定难度较大，需要侧重于从实际控制权的角度进行分析。

（二）研究主权财富基金的资产负债表核算归属问题

一些具有国家主权财富基金性质的机构，如中国投资公司等，其资产负债表核算还没有纳入整体国民核算之中，完整的资产负债核算制度仍没有公布。一方面，此类机构的确属于非存款性金融机构，应该纳入非存款性金融机构的资产负债表核算；另一方面，国家的重要投资又是通过这些机构进行的，这些机构是否应纳入政府资产负债表核算也值得探讨。如果将这类机构同时纳入非存款性金融机构和政府资产负债表核算，在进行整体国民核算时需要剔除重复。

（三）研究其他国有非存款性金融机构资产负债核算归属问题

目前，我国国有非存款性金融机构资产负债核算归属按监管的分工分别纳入银行、证券、保险业的监管范围，但部分国有非存款性金融机构如中国银联、证券登记公司等机构资产负债核算归属问题并不清晰，尚有待进一步研究。

第二节　国有非存款性金融机构资产和负债核算的范围与分类

本节研究编制非存款性金融机构资产负债表的宾栏——资产负债项目。

一、国有非存款性金融机构资产核算的范围与分类

资产是指过去的交易、事项形成并由企业拥有或者控制的资源，该资源预期会给企业带来经济利益。非存款性金融机构的资产按照流动性进行分类，一般包括流动资产和非流动资产。但对于每类共性资产项下的具体项目，不同非存款性金融机构间也会存在一定差异。

（一）流动资产

资产按照流动性可以分为流动资产和非流动资产。资产满足下列条件之一的，应当归类为流动资产：第一，预计在一个正常营业周期中变现、出售或者耗用；第二，主要为交易目的而持有；第三，预计在资产负债表日起 1 年内（含 1 年）变现；第四，自资产负债表日起 1 年内（含 1 年），交换其他资产或清偿负债的能力不受限制的现金或现金等价物。流动资产以外的资产，应当归类为非流动资产。非存款性金融机构的流动资产，主要包括现金和存款、拆放同业、存出保证金、短期贷款、清算备付金、证券投资、买入返售证券、应收预付款、金融衍生工具、其他流动资产。

1. 现金和和存款。现金指非存款性金融机构为了满足经营过程中零星支付需要而保留的现金。存款是指非存款性金融机构存入银行或其他金融机构的货币资金。机构根据业务需要，在其所在地银行开设账户，运用所开设的账户，进行存款、取款以及各种收支转账业务的结算。

2. 拆放同业。指非存款性金融机构因资金周转需要而在金融机构之间借出的资金头寸。

3. 存出保证金。指金融企业按规定交存的保证金，包括交易保证金、存出分保准备金、存出理赔保证金、存出共同海损保证金、存出其他保证金等。存出保证金应按实际存出的金额入账。

4. 短期贷款。指贷款期限在 1 年以内（含 1 年）的贷款。短期贷款一般用于借款人生产、经营中的流动资金需要。

5. 清算备付金。指从事证券业务的金融企业为证券交易的资金清算与交收而存入指定清算代理机构的款项。清算备付金应按实际交存的金额入账。

6. 证券投资。证券投资业务包括自营证券、短期投资等。自营证券指证券公司购入的各种能随时变现，以获取买卖差价收入为目的的经营性或上市证券，包括自营股票、自营债券、自营基金等。证券公司按季提取和清算自营证券跌价准备。短期投资指企业购入能够随时变现，并且持有时间不超过 1 年（含 1

年）的有价证券以及不超过 1 年（含 1 年）的其他投资，包括各种股票、债券、基金等。

7. 买入返售证券。指非存款性金融机构与其他有关方面以合同或协议的方式，按一定价格买入证券，到期日再按合同规定的价格将该笔证券予以返售。这种业务实际上是以证券为依据向交易对方融出资金，而有价证券并不真正转移，目的是获取买卖价差收入。

8. 应收预付款。指企业在日常生产经营过程中发生的各项债权，包括应收款项和预付款项。应收款项包括应收票据、应收账款和其他应收款等；预付款项是指企业按照合同规定预付的款项，如预付账款。

9. 金融衍生工具。又称"金融衍生产品"，是与基础金融产品相对应的一个概念，指建立在基础产品或基础变量之上，其价格随基础金融产品的价格（或数值）变动的派生金融产品。这里所说的基础产品是一个相对的概念，不仅包括现货金融产品（如债券、股票、银行定期存款单等），也包括金融衍生工具。作为金融衍生工具基础的变量则包括利率、汇率、各类价格指数甚至天气（温度）指数等。

10. 其他流动资产。指上述流动资产之外的流动资产。

（二）非流动资产

非流动资产主要包括贵金属、中长期贷款、中长期投资、中长期应付款、固定资产、在建工程、无形资产、其他非流动资产等。

1. 贵金属。指企业（金融）持有的黄金、白银等贵金属存货。

2. 中长期贷款。指企业向银行或其他金融机构借入的期限在 1 年以上（不含 1 年）或超过 1 年的一个营业周期以上的各项借款。

3. 中长期投资。指不满足短期投资条件的投资，即不准备在 1 年或长于 1 年的经营周期之内转变为现金的投资。

4. 中长期应付款。指对其他单位发生的付款期限在 1 年以上的长期负债，而会计业务中的长期应付款是指除了长期借款和应付债券以外的其他多种长期应付款。主要有应付补偿贸易引进设备款、采用分期付款方式购入固定资产和无形资产发生的应付账款、应付融资租入固定资产租赁费等。

5. 固定资产。指企业为生产产品、提供劳务、出租或者经营管理而持有的、使用时间超过一年的，价值达到一定标准的非货币性资产，包括房屋、建筑物、机器、机械、运输工具以及其他与生产经营活动有关的设备、器具、工具等。

6. 在建工程。指企业固定资产的新建、改建、扩建，或技术改造、设备更新和大修理工程等尚未完工的工程支出。在建工程通常有"自营"和"出包"两种方式。自营在建工程指企业自行购买工程用料、自行施工并进行管理的工程；出包在建工程是指企业通过签订合同，由其他工程队或单位承包建造的工程。

7. 无形资产。指企业拥有或者控制的没有实物形态的可辨认非货币性资产。无形资产具有广义和狭义之分，广义的无形资产包括货币资金、应收账款、金融资产、长期股权投资、专利权、商标权等，因为它们没有物质实体，而是表现为某种法定权利或技术。但是，会计上通常将无形资产作狭义的理解，即将专利权、商标权等称为无形资产。

8. 其他非流动资产。指除上述所列非流动资产项目以外的其他周转期超过一年的长期资产。

二、国有非存款性金融机构负债核算的范围与分类

负债是指过去的交易、事项形成的现时义务，履行该义务预期会导致经济利益流出企业。非存款性金融机构的负债按其流动性划分，一般包括流动负债与非流动负债。但对于每类共性负债项下的具体项目，不同非存款性金融机构间也会存在一定差异。

（一）流动负债

流动负债是指将在1年（含1年）内偿还的债务。非存款性金融机构的流动负债主要包括存款、借款、同业拆入、金融衍生负债、卖出回购证券、应付预收款、其他流动负债等。

1. 存款。指非存款性金融机构吸收的客户保证金存款、股东存款等资金。

2. 借款。短期借款是指非存款性金融机构用来维持正常的生产经营所需的资金或为抵偿债务而向银行或其他金融机构等外单位借入的、还款期限在1年以下（含1年）的各种借款。

3. 同业拆入。指非存款性金融机构因资金周转需要在金融机构之间借入的资金头寸。

4. 金融衍生负债。本科目核算非存款性金融机构金融衍生工具业务中的金融衍生工具的公允价值及其变动形成的衍生负债。

5. 卖出回购证券。卖出回购证券款是指金融企业按规定进行证券回购业务所融入的资金。卖出回购证券款应当按照卖出证券实际收到的金额入账。

6. 应付预收款。指企业在日常生产经营过程中发生的各项债务，包括应付款项和预收款项。应付款项包括应付票据、应付账款和其他应付款等；预收款

项是指企业按照合同规定预收的款项，如预收账款。

7. 其他流动负债。用以归纳债务或应付账款等普通负债项目以外的流动负债的资产负债表项目，一般包括或有负债，或有负债是指过去的交易或事项形成的潜在义务，其存在需通过未来不确定事项的发生或不发生予以证实；或过去的交易或事项形成的现时义务，履行该义务不是很可能导致经济利益流出企业或该义务的金额不能可靠地计量。

（二）非流动负债

非流动负债又称为长期负债，是指偿还期在 1 年或者超过 1 年的一个营业周期以上的债务。非流动负债包括权益性负债、应付债券、长期准备金、长期借款、长期应付款、其他长期负债。

1. 权益性负债，是指非存款性金融机构实收资本等。

2. 应付债券。应付债券是指非存款性金融机构为筹集资金而对外发行的期限在 1 年以上的长期借款性质的书面证明，约定在一定期限内还本付息的一种书面承诺。它属于长期负债，特点是期限长、数额大、到期无条件支付本息。

3. 长期准备金。寿险公司的长期负债分为长期准备金和其他长期负债。其中，长期准备金包括寿险责任准备金和长期健康险责任准备金。

4. 长期借款。长期借款是指非存款性金融公司向银行或其他金融机构借入的期限在 1 年以上（不含 1 年）或超过 1 年的一个营业周期以上的各项借款。

5. 长期应付款。长期应付款是指对其他单位发生的付款期限在 1 年以上的长期负债，而会计业务中的长期应付款是指除了长期借款和应付债券以外的其他多种长期应付款。主要有应付补偿贸易引进设备款、采用分期付款方式购入固定资产和无形资产发生的应付账款、应付融资租入固定资产租赁费等。

6. 其他长期负债。指偿还期在 1 年或者超过 1 年的一个营业周期以上的负债，除长期借款、应付债券、长期应付款等以外的长期负债。

三、完善国有非存款性金融机构资产负债核算需要探讨的问题

（一）国有非存款性金融机构资产负债核算制度不健全

一是对国有非存款性金融机构资产负债核算项目制度没有统一要求，只有上市机构按上市公司信息披露要求披露部分信息，披露的信息也不能完全满足编制行业资产负债表的需要。二是有些机构如主权财富基金还没有公布完整的资产负债核算制度，部分金融机构如财务公司等也不受资产负债信息披露要求约束，这使得外界无法了解这些机构的经营情况并进行监督。三是我国还没有

形成完整的非存款性金融机构资产负债统计制度，这给各类机构的监管和风险监控带来了一定困难，无法满足国内外日益增长的经济分析决策需求。

（二）特殊资产负债核算项目的界定

各行业特殊资产负债项目的界定具有较强的主观性，初步可以按照两种标准进行划分：一是依据该行业能否开展与该资产负债项目相关的业务；二是依据该行业是否主要开展与该资产负债项目相关的业务。前者根据行业的资质、牌照问题进行划分，后者根据事实上业务的开展情况进行划分。两种划分方式各有优劣，例如前者依据"能否"而非"主要"进行划分能够更加明确反映行业业务的特殊之处；而后者按照"主要"进行划分却能够更加真实反映各行业在业务开展过程中区别于其他行业的地方。

第三节　国有非存款性金融机构资产负债表编制

一、表式设计

要反映非存款性金融机构资产负债表核算的情况，就要设计一个表式。这里我们只研究非存款性金融机构资产负债表本身的设计问题。非存款性金融机构资产负债表的设计和其他资产负债表一样，也涉及主栏项目和宾栏项目两个部分。

（一）主栏项目的设计

主栏项目是反映核算的主体及其分类。主体分类主要有证券期货业金融机构、保险业金融机构、信托业金融机构、资产管理公司、金融租赁业金融机构、投资基金、其他国有非存款性金融机构等，国有非存款性金融机构主栏项目的设计见表 7－2。

（二）宾栏项目的设计

宾栏项目是反映核算的客体及其分类。宾栏项目的设计是在原有核算项目的基础上新设、分类和归并。其把握的原则是：一是主要为满足社会的需要能为社会各界提供简洁直观的资料，同时兼顾内部管理的需要。二是尽可能操作便捷，编制起来简便易行。三是符合最基本的会计要求，符合会计学的基本思想。四是要为未来改革发展留有设计空间。

宾栏项目分为资产项目、负债项目和所有者权益三个方面。资产项目又分为流动资产和非流动资产。负债项目也分为流动负债和非流动负债。国有非存款性金融机构宾栏项目的设计见表 7－2。

（三）表式的设计

综合主栏和宾栏项目的设计，国有非存款性金融机构资产负债表的表式设计如表 7－2 所示。

表 7－2　　　　　　　　　　国有非存款性金融机构资产负债表

项目 ＼ 机构	证券期货业金融机构	保险业金融机构	信托业金融机构	资产管理公司	金融租赁业金融机构	投资基金	财务公司	其他	合计
一、资产									
（一）流动资产									
现金和存款									
拆放同业									
存出保证金									
短期贷款									
清算备付金									
证券投资									
买入返售证券									
应收预付款									
金融衍生资产									
其他流动资产									
（二）非流动性资产									
贵金属									
中长期贷款									
长期投资									
长期应收款									
固定资产									
无形资产									
其他非流动资产									
二、负债									
（一）流动负债									
存款									
借款									
同业拆入									
金融衍生负债									
卖出回购证券									
应付预收款									
其他流动负债									

项目＼机构	证券期货业金融机构	保险业金融机构	信托业金融机构	资产管理公司	金融租赁业金融机构	投资基金	财务公司	其他	合计
（二）非流动负债									
权益性负债									
应付债券									
长期准备金									
长期借款									
长期应付款									
其他长期负债									
三、净值									

二、数据搜集

（一）已有的统计财务报表

非存款性金融机构资产负债表的数据主要来源于各非存款金融机构的资产负债表。现行已有的统计财务报表如表 7 - 3、表 7 - 4、表 7 - 5、表 7 - 6、表 7 - 7、表 7 - 8 所示。现在还未形成完善的统计财务报表有主权财富基金资产负债表、中国银联资产负债表、证券登记结算公司资产负债表、证券外汇交易机构资产负债表等。

表 7 - 3　　　　　　　　　　证券业金融机构资产负债表

资产	年初余额	期末余额	负债	年初余额	期末余额
货币资金			短期借款		
其中：客户存款			短期负债		
结算备付金			应付短期融资款		
其中：客户备付金			拆入资金		
拆出资金			以公允价值计量且其变动计入当期损益的金融负债		
融出资金			金融衍生负债		
以公允价值计量且其变动计入当期损益的金融资产			卖出回购金融资产款		
金融衍生资产			代理买卖证券款		
买入返售金融资产			代理承销证券款		
应收款项			信用交易代理买卖证券款		
应收利息			应付职工薪酬		

续表

资产	年初余额	期末余额	负债	年初余额	期末余额
存出保证金			应交税费		
应收股利			应收款项		
划分为持有待售的资产			应付利息		
一年内到期的非流动资产			应付股利		
可供出售金融资产			划分为持有待售的负债		
持有至到期投资			预计负债		
长期应收款			长期借款		
长期股权投资			应付债券		
投资性房地产			其中：优先股		
固定资产			永续债		
在建工程			长期应付款		
无形资产			长期应付职工薪酬		
开发支出			专项应付款		
商誉			递延所得税负债		
长期待摊费用			递延收益		
递延所得税资产			其他负债		
其他资产			**负债合计**		
资产合计			**所有者权益**		
			实收资本（或股本）		
			其他权益工具		
			资本公积		
			减：库存股		
			其他综合收益		
			盈余公积		
			一般风险准备		
			未分配利润		
			所有者权益（或股东权益）合计		
			负债和所有者权益（或股东权益）总计		

表 7-4　　　　　　　　　　　保险业金融机构资产负债表

资产	年初余额	期末余额	负债	年初余额	期末余额
货币资金			短期借款		
以公允价值计量且其变动计入当期损益的金融资产			以公允价值计量且其变动计入当期损益的金融负债		
买入返售金融资产			卖出回购金融资产款		
应付利息			预收保费		
应收保费			应付手续费及佣金		
应收分保账款			应付分保账款		
应收分保未到期责任准备金			应付职工薪酬		
应收分保未决赔偿准备金			应交税费		
应收分保寿险责任准备金			应付赔付款		
应收分保长期健康险责任准备金			应付保单红利		
保户质押贷款			应付利息		
其他应收款			其他应付款		
贷款			保户储金及投资款		
定期存款			未到期责任准备金		
可供出售金融资产			未决赔款准备金		
应付款项类投资			寿险责任准备金		
持有至到期投资			长期健康险责任准备金		
归入贷款及应收款的投资			长期借款		
长期股权投资			应付债券		
存出资本保证金			预计负债		
投资性房地产			递延所得税负债		
在建工程			其他负债		
固定资产			独立账户负债		
无形资产			**负债合计**		
其他资产			**所有者权益**		
独立账户资产			实收资本（或股本）		
资产合计			其他权益工具		
			资本公积		
			减：库存股		

资产	年初余额	期末余额	负债	年初余额	期末余额
			其他综合收益		
			盈余公积		
			一般风险准备		
			未分配利润		
			所有者权益（或股东权益）合计		
			负债和所有者权益（或股东权益）总计		

表 7 - 5　　　　　　　　　　　信托业金融机构资产负债表

资产	期末余额	期初余额	负债	期末余额	期初余额
现金及存放中央银行款项			向中央银行借款		
存放同业款项			同业及其他金融机构存放款项		
贵金属			拆入资金		
拆出资金			以公允价值计量且其变动计入当期损益的金融负债		
以公允价值计量且其变动计入当期损益的金融资产			金融衍生负债		
金融衍生资产			卖出回购金融资产款		
买入返售金融资产			吸收存款		
应收利息			应付职工薪酬		
发放贷款和垫款			应交税费		
可供出售金融资产			应付利息		
持有至到期投资			划分为持有待售的负债		
应收款项类投资			应付债券		
划分为持有待售的资产			长期应付职工薪酬		
长期股权投资			预计负债		
投资性房地产			递延所得税负债		
固定资产			其他负债		
在建工程			**负债合计**		
无形资产			**所有者权益**		
长期待摊费用			实收资本（或股本）		

续表

资产	期末余额	期初余额	负债	期末余额	期初余额
商誉			其他权益工具		
递延所得税资产			资本公积		
其他资产			减：库存股		
资产总计			其他综合收益		
			盈余公积		
			一般风险准备		
			未分配利润		
			所有者权益（或股东权益）合计		
			负债和所有者权益（或股东权益）总计		

表7－6　　　　　　　　资产管理公司资产负债表

资产	年初余额	期末余额	负债	年初余额	期末余额
现金及现金等价物			同业和其他金融机构存放款项		
存放同业及其他金融机构款项			向中央银行借款		
贵金属			拆入资金		
拆出资金			抵押担保融资		
交易性金融资产			应付账款及票据		
衍生金融资产			应交税金		
买入返售金融资产			交易性金融负债		
应收利息			衍生金融负债		
发放贷款及垫款			卖出回购金融资产款		
代理业务资产			短期借贷及长期借贷当期到期部分		
可供出售金融资产			应付职工薪酬		
权益性投资			应交税费		
持有至到期投资			应付利息		
长期股权投资			代理业务负债		
可供出售贷款			应付债券		
抵押担保证券			递延所得税负债		
其他投资			预计负债		

续表

资产	年初余额	期末余额	负债	年初余额	期末余额
应收款项合计			其他负债		
固定资产净值			**负债合计**		
商誉及无形资产			**所有者权益**		
土地使用权			实收资本（或股本）		
商誉			其他权益工具		
递延所得税资产			资本公积		
投资性房地产			减：库存股		
其他资产			其他综合收益		
资产合计			盈余公积		
			一般风险准备		
			未分配利润		
			所有者权益（或股东权益）合计		
			负债和所有者权益（或股东权益）总计		

表 7-7　　　　　　　　　　租赁业金融机构资产负债表

资产	年初余额	期末余额	负债	年初余额	期末余额
货币资金			短期借款		
结算备付金			向中央银行借款		
拆出资金			吸收存款及同业存放		
以公允价值计量且其变动计入当期损益的金融资产			拆入资金		
金融衍生资产			以公允价值计量且其变动计入当期损益的金融负债		
应付票据			金融衍生负债		
应收账款			应付票据		
预付账款			应付账款		
应收保费			预收款项		
应收分保账款			卖出回购金融资产款		
应收分保合同准备金			应付手续费及佣金		
应收利息			应付职工薪酬		
应收股利			应交税费		
其他应收款			应付利息		

续表

资产	年初余额	期末余额	负债	年初余额	期末余额
买入返售金融资产			应付股利		
			应付债券		
划分为持有待售的资产			其他应付款		
一年内到期的非流动资产			应付分保账款		
其他流动资产			担保业务准备金		
发放贷款及垫款			保险合同准备金		
委托贷款			代理买卖证券款		
可供出售金融资产			代理承销证券款		
持有至到期投资			划分为持有待售的负债		
长期应收款			一年内到期的非流动负债		
长期股权投资			其他流动负债		
投资性房地产			长期借款		
固定资产			应付债券		
在建工程			其中：优先股		
工程物资			永续债		
固定资产清理			长期应付款		
生产性生物资产			长期应付职工薪酬		
油气资产			专项应付款		
无形资产			预计负债		
开发支出			递延收益		
商誉			递延所得税负债		
长期待摊费用			其他非流动负债		
递延所得税资产			**负债合计**		
其他资产			**所有者权益**		
资产合计			实收资本（或股本）		
			其他权益工具		
			资本公积		
			减：库存股		
			其他综合收益		
			盈余公积		
			一般风险准备		
			未分配利润		
			所有者权益（或股东权益）合计		
			负债和所有者权益（或股东权益）总计		

表 7 - 8 投资基金资产负债表

资产	年初余额	期末余额	负债	年初余额	期末余额
货币资金			短期借款		
结算备付金			向中央银行借款		
拆出资金			吸收存款及同业存放		
以公允价值计量且其变动计入当期损益的金融资产			拆入资金		
金融衍生资产			以公允价值计量且其变动计入当期损益的金融负债		
应收票据			金融衍生负债		
应收账款			应付票据		
预付款项			应付账款		
应收保费			预收款项		
应收分保账款			卖出回购金融资产款		
应收分保合同准备金			应付手续费及佣金		
应收利息			应付职工薪酬		
应收股利			应交税费		
其他应收款			应付利息		
买入返售金融资产			应付股利		
存货			其他应付款		
划分为持有待售的资产			应付分保账款		
一年内到期的非流动资产			保险合同准备金		
其他流动资产			代理买卖证券款		
发放贷款和垫款			代理承销证券款		
可供出售金融资产			划分为持有待售的负债		
持有至到期投资			一年内到期的非流动负债		
长期应收款			其他流动负债		
长期股权投资			长期借款		
投资性房地产			应付债券		
固定资产			其中：优先股		
在建工程			永续债		
工程物资			长期应付款		
固定资产清理			长期应付职工薪酬		
生产性生物资产			专项应付款		

续表

资产	年初余额	期末余额	负债	年初余额	期末余额
油气资产			预计负债		
无形资产			递延收益		
开发支出			递延所得税负债		
商誉			其他非流动负债		
长期待摊费用			**负债合计**		
递延所得税资产			**所有者权益**		
其他非流动资产			实收资本（或股本）		
资产合计			其他权益工具		
			资本公积		
			减：库存股		
			其他综合收益		
			盈余公积		
			一般风险准备		
			未分配利润		
			所有者权益（或股东权益）合计		
			负债和所有者权益（或股东权益）总计		

（二）其他仍需调查了解的数据

由于我国还没有建立健全编制非存款性金融机构资产负债表的统计制度，依靠现有统计制度，主要是会计制度提供的数据还不能满足编制非存款性金融机构资产负债表的需要，还需要其他途径搜集数据。如中国银联、主权财富基金等机构的资产负债数据。有的虽然有数据，但不能满足核算需要，如分不清政府、国有企业和其他经济成分机构投资的占比，因此还需要调查了解。

三、估价

在搜集数据并整理录入资产负债表前，还需对这些数据进行评估和调整，比如，很多金融公司都喜欢用一些金融衍生工具规避风险或进行套利，公允价值为正数的金融衍生工具确认为一项资产，公允价值为负数的确认为一项负债，而公允价值从活跃市场上的公开市场报价中取得，或使用估值技术确定。这样在计入资产负债表之前，我们必须对一些项目进行估值。

计价是估价的基础。在对数据进行估价之前，需要对数据计价进行了解。

（一）数据的计价

非存款性金融机构资产负债表数据的计价可以分流动资产和非流动资产分别讨论资产计价，分流动负债、应付债券、其他长期负债分别讨论负债计价。

1. 资产计价

（1）流动资产

存放款项、拆放同业、代兑付债券、买入返售证券、贴现应按票面金额入账，应收利息应按当期发放贷款本金、购买债券面值和适用利率计算并确认的金额入账。应收股利应按当期应收金额入账，应收保费应按当期应收金额入账，应收分保款应于收到分保业务账单时，按照分保业务账单标明的金额入账。清算备付金应按实际发生的金额入账。应收信托手续费应按当期应收的手续费金额入账，自营证券应当按照清算日买入时的实际成本入账，实际成本包括买入时成交的价款和交纳的相关税费，代发行证券应当按照承销合同规定的价格入账。

短期投资在取得时应当按照初始投资成本计量，初始投资成本可按以下方法确定：

①以现金购入的短期投资，按实际支付全部价款，包括税金、手续费等相关费用作为短期投资初始投资成本。实际支付的价款中包含的已到付息期但尚未领取的债券利息等，应当作为应收款项单独核算，不构成短期投资初始投资成本。

②收到投资者作为投入资金的债券等，如为短期投资，按投资各方确认的价值作为短期投资初始投资成本。

短期投资的利息，应当于实际收到时，冲减投资的账面价值，但已记入"应收利息"的除外。

Ⅰ. 非存款性金融机构应当在期末时对短期投资按成本与市价孰低计量。

Ⅱ. 处置短期投资时，应当将短期投资的账面价值与实际取得价款等的差额，确认为当期投资损益。

（2）贷款

贷款本金按实际贷出的贷款金额入账。期末，按照贷款本金和适用的利率计算应收利息。抵押贷款应按实际贷给借款人的金额入账。

（3）长期投资

长期债权投资在取得时应当按照初始投资成本计量。长期股权投资应当按照以下规定核算：长期股权投资在取得时按照初始投资成本入账。长期股权投资的核算，应当根据不同情况，分别采用成本法或权益法。金融企业对被投资单位无控制、无共同控制且无重大影响的，长期股权投资应当采用成本法核算；金融企业对被投资单位具有控制、共同控制或重大影响的，长期股权投资应当采用权益法核算。通常情况下，金融企业对其他单位的投资占该单位有表决权资本总额的 20% 或以上，或虽投资不足 20% 但有重大影响的，应当采用权益法核算。金融企业对其他单位的投资占该单位有表决权资本总额的 20% 以下，或对其他单位的投资虽占该单位有表决权资本总额的 20% 或以上但不具有重大影响的，应当采用成本法核算。

政府补助在能够满足其所附的条件并且能够收到时，予以确认。政府补助为货币性资产的，按照收到或应收的金额计量。政府补助为非货币性资产的，按照公允价值计量，公允价值不能可靠取得的，按照名义金额计量。与收益相关的政府补助，用于补偿以后期间的相关费用或损失的，确认为递延收益，并在确认相关费用的期间计入当期损益；用于补偿已发生的相关费用或损失的，直接计入当期损益。与资产相关的政府补助，确认为递延收益，在相关资产使用寿命内平均分配，计入当期损益。但按照名义金额计量的政府补助，直接计入当期损益。

（4）其他资产

持有至到期投资，其后续计量采用实际利率法，按摊余成本计量。如果合同利率或票面利率与实际利率差异不大，采用合同利率或票面利率，按摊余成本计量。

融资融券业务融出的资金，确认应收债权，并确认相应利息收入；对融出的证券，不终止确认该证券，仍按原金融资产类别进行会计处理，并确认相应利息收入。

金融衍生工具初始以衍生交易合同签订当日的公允价值进行计量，并以其公允价值进行后续计量。公允价值为正数的金融衍生工具确认为一项资产，公允价值为负数的确认为一项负债。公允价值从活跃市场上的公开市场报价中取得（包括最近的市场交易价格等），或使用估值技术确定（例如，现金流量折现法、期权定价模型等）。

当依法有权抵销债权债务且该法定权利现在是可执行的，同时交易双方准备按净额进行结算，或同时结清资产和负债时，金融资产和负债以抵销后的净额在财务状况表中列示。

2. 负债计价

（1）流动负债

单位和居民个人活期、同业存款、同业拆入、应付佣金、应付手续费、应付保户红利、存入保证金、质押借款、代买卖证券款、代发行证券款、代兑付债券款、卖出回购证券款、向中央银行借款存款应按实际发生的款项入账。票据融资应按票面金额入账。应付利息应按已计但尚未支付的金额入账。

预收保费，是指金融企业在保险责任生效前向投保人预收的保险费，应按实际发生额入账。应付分保款应于收到分保业务账单时，按照分保业务账单标明的金额入账。预收分保赔款应于收到分保账单时，按照分保业务账单标明的金额入账。未决赔款准备金，应于期末按估计保险赔款额入账。未到期责任准备金，应于期末按保险精算结果入账。存入分保准备金应于收到分保业务账单时，按照分保业务账单标明的金额入账。

（2）应付债券

金融企业发行债券，应当按照实际的发行价格总额，作负债处理；金融企业发行可转换债券，可转换债券在发行以及转换为股份之前，应按一般应付债券进行处理。当可转换债券持有人行使转换权利，将其持有的债券转换为股份或资本时，应按其账面价值结转；可转换债券账面价值与可转换股份面值之间的差额，减去支付的现金后的余额，作为资本公积处理。

金融企业发行附有赎回选择权的可转换债券，其在赎回日可能支付的利息补偿金，即债券约定赎回期届满日应当支付的利息减去应付债券票面利息的差额，应当在债券发行日至债券约定赎回届满日期间计提应付利息，计提的应付利息，按借款费用的处理原则处理。

（3）其他长期负债

向中央银行借款应按实际发生的款项入账。

从事保险业务的金融企业，其长期准备金主要包括长期责任准备金、寿险责任准备金、长期健康险责任准备金和保险保障基金等。长期责任准备金，应于期末按系统合理的方法计算的结果入账。寿险责任准备金，应于期末按保险精算结果入账。长期健康险责任准备金，应于期末按保险精算结果入账。保险保障基金，应于年末按当年自留保费收入的规定比例提取。

（二）非存款性金融机构资产负债表数据的估价

非存款性金融机构资产负债表数据的估价主要是对流动性金融资产、非流动性金融资产，流动负债、应付债券、其他长期负债的估价。这里主要讨论的是对部分非流动资产以及一些特殊的资产的估价。

1. 固定资产的估价。固定资产是指单位价值和使用期限均在规定标准以上，在生产经营过程中用来改变或影响劳动对象，或为企业生产经营服务的劳动资料。具有单位价值较大，使用期限较长、实物形态在经过多个生产经营周期后，仍然能够保持不变的特点。固定资产估价是一项比较复杂的工作，具有项目差异大、影响因素多、工程技术性强等特点。

建筑物、构筑物以及机器设备可采用"永续盘存法"，按编表时的市场价格重置估价，对超过一年以上的在建工程按在建期的生产者价格或购买者价格指数进行调整。对其他固定资产中的陈列品、图书档案等，可按构建成本价调整估价；对于家具、用具的价格，可按购进成本价调整估价；对于家具、用具的价格，可按市场价格减去消耗价值进行调整；对于动植物价格按市场价格或预期未来收益价值估价。

2. 无形资产。无形资产是指企业拥有或者控制的没有实物形态的可辨认非货币性资产。无形资产具有广义和狭义之分，广义的无形资产包括货币资金、应收账款、金融资产、长期股权投资、专利权、商标权等，因为它们没有物质实体，而是表现为某种法定权利或技术。但是，会计上通常将无形资产作狭义的理解，即将专利权、商标权等称为无形资产。

无形资产通常是按实际成本计量，即以取得无形资产并使之达到预定用途而发生的全部支出，作为无形资产的成本。对于不同来源取得的无形资产，其初始成本构成也不尽相同。自行开发的无形资产，其成本包括自满足无形资产确认条件后至达到预定用途前所发生的支出总额，但是对于以前期间已经费用化的支出不再调整。无形资产或按合同规定的支付金额估价，或按市场销售价格估价，或按预期未来收益价值估价。

3. 其他资产。金融企业的其他资产，是指除上述资产以外的其他资产，如长期待摊费用、存出资本保证金、抵债资产、应收席位费等。

长期待摊费用，是指金融企业已经支出，但摊销期限在一年以上（不含一年）的各项非用，包括租入固定资产的改良支出等。应当由本期负担的借款利息、租金等，不得作为长期待摊费用处理。长期待摊费用应当单独核算，在费用项目的受益期限内分期平均摊销。

存出资本保证金，是指金融企业从事保险业务按规定比例缴存的、用于清算时清偿债务的保证金。存出资本保证金应于金融企业成立后按注册资本的20%提取，在实际发生时，按实际发生额入账。

金融企业取得抵债资产时，按实际抵债部分的贷款本金和已确认的利息作为抵债资产的入账价值。待处理抵债资产应单独核算。

应收席位费，是指金融企业向法定交易场所支付的交易席位费用。交易席位费用应当按照实际支付的金额入账，并按 10 年的期限平均摊销。

四、数据整理（轧差、并表的处理）

我们进行非存款性金融机构资产负债表的轧差和并表处理时，采用的方法与各大非存款金融公司将母子公司的资产负债表合并的方法十分相似。下面我们介绍金融企业合并资产负债表的相关规定及相关企业的一些习惯性处理方法。

（一）金融企业合并财务报表的相关规定和习惯

合并财务报表的基本原则是：

1. 合并范围的确定原则：对具有实际控制权的被投资单位纳入合并范围。

2. 合并的会计方法：以母公司及纳入合并范围的被投资单位的个别会计报表为基础，汇总各项目数额，并抵销相互之间的投资、往来款项及重大内部交易后，编制合并会计报表：

（1）同一控制下的企业合并

参与合并的企业在合并前后均受同一方或相同的多方最终控制，且该控制并非暂时性的，为同一控制下的企业合并。在合并日取得对其他参与合并企业控制权的一方为合并方，参与合并的其他企业为被合并方。合并日，是指合并方实际取得对被合并方控制权的日期。

合并方在企业合并中取得的资产和负债，按合并日在被合并方的账面价值计量。合并方以取得的净资产账面价值与支付的合并对价的账面价值（或发行股份面值总额）的差额，调整资本公积中的股本溢价，不足冲减的则调整留存收益。

合并方为进行企业合并发生的各项直接费用，于发生时计入当期损益。为企业合并发行债券或承担其他债务支付的手续费、佣金，计入所发行的债券及其他债务的初始计量金额。企业合并中发行权益性证券发生的手续费、佣金等费用，抵减权益性证券溢价收入，溢价收入不足冲减的，冲减留存收益。

（2）非同一控制下的企业合并

参与合并的企业在合并前后不受同一方或相同的多方最终控制的，为非同一控制下的企业合并。非同一控制下的企业合并，在购买日取得对其他参与合并企业控制权的一方为购买方，参与合并的其他企业为被购买方。购买日，是指购买方实际取得对被购买方控制权的日期。非同一控制下企业合并中所取得的被购买方可辨认资产、负债及或有负债在收购日以公允价值计量。

支付的合并对价的公允价值（或发行的权益性证券的公允价值）与购买日之前持有的被购买方的股权公允价值之和大于合并中取得的被购买方可辨认净资产公允价值份额的差额，确认为商誉，并以成本减去累计减值损失进行后续计量。支付的合并对价的公允价值（或发行的权益性证券的公允价值）与购买日之前持有的被购买方的股权的公允价值之和小于合并中取得的被购买方可辨认净资产公允价值份额的，首先对取得的被购买方各项可辨认资产、负债及或有负债的公允价值以及支付合并对价的公允价值（或发行的权益性证券的公允价值）及购买日之前持有被购买方的股权公允价值的计量进行复核，复核后支付的合并对价的公允价值（或发行的权益性证券的公允价值）与购买日之前持有的被购买方的股权公允价值之和仍小于合并中取得的被购买方可辨认净资产公允价值份额的，其差额计入当期损益。

非同一控制下的企业合并中，为企业合并发生的审计、法律服务、评估咨询等中介费用和其他相关管理费用，于发生时计入当期损益，作为合并对价发行的权益性证券或债务性证券的交易费用，计入权益性证券或债务性证券的初始确认金额。

通过多次交易分步实现非同一控制下企业合并的，对于购买日之前持有的被购买方的股权，按照该股权在购买日的公允价值进行重新计量，公允价值与其账面价值的差额计入当期投资收益；购买日之前持有的被购买方的股权涉及其他综合收益的，与其相关的其他综合收益转为购买日所属当期投资收益。

企业因处置部分股权投资或其他原因丧失了对原有子公司控制权的，在合并财务报表中，对于剩余股权，按照其在丧失控制权日的公允价值进行重新计量。处置股权取得的对价与剩余股权公允价值之和，减去按原持股比例计算应享有原有子公司自购买日开始持续计算的净资产的份额之间的差额，计入丧失控制权当期的投资收益。与原有子公司股权投资相关的其他综合收益，在丧失控制权时转为当期投资收益。

支付的合并对价的公允价值（或发行的权益性证券的公允价值）与购买日之前持有的被购买方的股权的公允价值之和大于合并中取得的被购买方可辨认净资产公允价值份额的差额，确认为商誉，并以成本减去累计减值损失进行后续计量。支付的合并对价的公允价值（或发行的权益性证券的公允价值）与购买日之前持有的被购买方的股权公允价值之和小于合并中取得的被购买方可辨认净资产公允价值份额的，首先对取得的被购买方各项可辨认资产、负债及或有负债的公允价值以及支付的合并对价的公允价值（或发行的权益性证券的公允价值）及购买日之前持有的被购买方的股权公允价值的计量进行复核，复核后支付的合并对价的公允价值（或发行的权益性证券的公允价值）与购买日之前持有的被购买方的股权公允价值之和仍小于合并中取得的被购买方可辨认净资产公允价值份额的，其差额计入当期损益。为进行企业合并发生的直接相关费用于发生时计入当期损益。为企业合并而发行权益性证券或债务性证券的交易费用，计入权益性证券或债务性证券的初始确认金额。

通过多次交易分步实现非同一控制下企业合并的，区分个别财务报表和合并财务报表进行相关会计处理。

在个别财务报表中，以购买日之前所持被购买方的股权投资的账面价值与购买日新增投资成本之和，作为该项投资的初始投资成本；购买日之前持有的被购买方的股权涉及其他综合收益的，在处置该项投资时将与其相关的其他综合收益转入当期投资收益。

在合并财务报表中，对于购买日之前持有的被购买方的股权，按照该股权在购买日的公允价值进行重新计量，公允价值与其账面价值的差额计入当期投资收益；购买日之前持有的被购买方的股权涉及其他综合收益的，与其相关的其他综合收益转为购买日所属当期投资收益。

编制合并财务报表时，子公司采用与母公司一致的会计年度和会计政策。集团内部各主体之间的所有交易产生的余额、交易和未实现损益及股利于合并时对重大往来交易进行抵销。子公司的股东权益、当期净损益及综合收益中不属于本公司所拥有的部分分别作为少数股东权益、少数股东损益及归属于少数股东的综合收益总额在合并财务报表中股东权益、净利润及综合收益总额项下单独列示。公司向子公司出售资产所发生的未实现内部交易损益，全额抵销归属于母公司股东的净利润；子公司向本公司出售资产所发生的未实现内部交易损益，按本公司对该子公司的分配比例在归属于母公司股东的净利润和少数股东损益之间分配抵销。子公司之间出售资产所发生的未实现内部交易损益，按照母公司对出售方子公司的分配比例在归属于母公司股东的净利润和少数股东损益之间分配抵销。

当以本集团为会计主体与以公司或子公司为会计主体对同一交易的认定不同时，从本集团的角度对该交易予以调整。

子公司少数股东分担的当期亏损超过了少数股东在该子公司期初股东权益

中所享有份额的，其余额仍冲减少数股东权益。不丧失控制权情况下少数股东权益发生变化作为权益性交易。

对于通过非同一控制下的企业合并取得的子公司，被购买方的经营成果和现金流量自本集团取得控制权之日起纳入合并财务报表，直至其控制权终止。在编制合并财务报表时，以购买日确定的各项可辨认资产、负债及或有负债的公允价值为基础对子公司的财务报表进行调整。

对于通过同一控制下的企业合并取得的子公司，被合并方的经营成果和现金流量自合并当期期初纳入合并财务报表。编制比较合并财务报表时，对前期财务报表的相关项目进行调整，视同合并后形成的报告主体自最终控制方开始实施控制时一直存在。

因处置部分股权投资或其他原因丧失了对原有子公司控制权的，公司区分个别财务报表和合并财务报表进行相关会计处理。

在个别财务报表中，对于处置的股权，按照《企业会计准则第2号——长期股权投资》的规定进行会计处理。同时，对于剩余股权，按其账面价值确认为长期股权投资或其他相关金融资产。处置后的剩余股权能够对原有子公司实施共同控制或重大影响的，按有关成本法转为权益法的相关规定进行会计处理。

在合并财务报表中，对于剩余股权，按照其在丧失控制权日的公允价值进行重新计量。处置股权取得的对价与剩余股权公允价值之和，减去按原持股比例计算应享有原有子公司自购买日开始持续计算的净资产份额之间的差额，计入丧失控制权当期的投资收益。与原有子公司股权投资相关的其他综合收益，在丧失控制权时转为当期投资收益。

（二）数据的整理与填录

数据的整理与填录是编表的最后一个环节。数据整理包括证券、保险、租赁等非存款性金融机构各自的以及它们之间的汇总、合并和轧差。填录是对搜集整理的数据按编表要求对应项目进行的登录。

从理论上来讲，合并的主要项目有货币资金（单列出客户存款）、结算备付金（单列出客户备付金）、拆出资金、融出资金等。这些是非存款性金融机构基本都具有的项目，且无其他异议。对于非存款性金融机构在同业市场上的拆借、质押等所形成的债权和债务可以相互进行轧差合并。

对于一些各类机构特有的项目，不适宜采用简单加总的方法。比如信托资产不属于信托投资公司的自有资产，也不属于信托投资公司对受益人的负债。信托投资公司终止时，信托资产不属于其清算资产。信托投资公司的自有资产与信托资产应分开管理，分别核算。信托投资公司管理不同类别的信托业务，应分别按项目设置信托业务明细账进行核算管理。再比如租赁公司的一些专项储备以及保险公司的保险合同准备金等项目的设立都与该行业自身的特点密切相关，不能进行简单的合并。理论上采取汇总的方式能更好地反映资产与负债状况。

轧差与并表工作的关键是我们要对不同机构的资产和负债的性质有精准的把握和分类。对于机构共有的各种资产和负债我们可以进行常规的轧差和并表。关于分类和各种项目的性质可以参见本章第二节的部分。

从现存的资料中很难找到如何进行这方面操作的详细解释，不同类型公司选择的会计处理方式也不尽相同，相信通过不断实践探索和摸索才能得到一套规范的准则用以指导我们今后的工作。通过查找资料发现，这项工作目前在我国存在很多阻碍，所以编制的往往是汇总表或部分金融机构的合并资产负债表，仍存在一些问题。

参考中央银行的存款性金融公司概览和一些学者的论文，我们可以采取先进行简化再进行轧差合并的方法。比如我们可以将保险公司资产负债表进行简化。

1. 将保险公司的货币资金、买入返售的金融资产、定期存款和卖出回购金融资产项归为两类：一是保险公司对除其本身的非存款性金融机构的债权和债务（按子行业分类列出），二是保险公司对非存款性金融机构之外的机构的债券和债务。

2. 将交易性金融资产、可供出售的金融资产、持有至到期投资和长期股权投资归于有价证券及投资项。

3. 将保单质押贷款和贷款项归入贷款。

4. 将应收保费、应付保单红利等归入其他资产项。

5. 将保险保障基金、未到期责任金、未决赔付准备金、寿险责任准备金等归入保险准备金项。

参照这样的处理方法，对其他非存款性金融机构的资产负债表进行简化。

如果我们可以顺利完成这样的简化，那么就可以直接对非存款性金融机构间的债权债务进行抵销，对同类项目进行合并，对无法简化的特殊项目进行汇总处理（前提是各机构的资产负债表足够详细，可以进行相同深度的分类）。

参考文献

［1］李健：《金融学》，北京，高等教育出版社，2014。

［2］中国人民银行：《金融机构编码规范》，2009。

［3］中华人民共和国财政部：《金融企业会计制度》，2001。

［4］中华人民共和国财政部：《证券公司会计制度——会计科目和会计报表》，1999。

［5］中华人民共和国财政部：《保险公司会计制度》，1998。

［6］中华人民共和国财政部：《企业会计准则第30号——财务报表列报》，2014。

［7］中华人民共和国财政部：《企业会计准则第33号——合并财务报表》，2014。

［8］《中华人民共和国会计法》。

［9］《企业财务会计报告条例》，国务院令第287号。

［10］《支付机构客户备付金存管办法》，中国人民银行公告〔2013〕第6号。

［11］李国辉、盛松成：《杠杆率指标正在研究》，载《金融时报》，2016 – 07 – 18。

第八章 政府总体资产负债表

政府总体资产负债表是在整合政府总体组成机构部门资产负债表的基础上形成的、综合反映政府资产负债情况的报表。

第一节 政府总体部门的范围与层次

研究编制政府总体资产负债表，首先要明确政府总体组成机构的范围与层次，在此基础上研究政府总体机构的构成。

一、政府总体部门的界定标准与层次

（一）界定政府部门的标准

编制政府资产负债表中的政府与我们通常用语的政府不是一个概念。这里的政府既不等同于行使行政权的政府，也不等同于行政事业单位，还不等同于政府管理体系的机构，而是拥有、支配和控制公共资源的法律实体。

编制政府资产负债表中的政府不等同于行使行政权的政府。最窄口径的政府，是通过政治程序设立的、在特定区域内对其他机构单位拥有立法权、司法权或行政权的法律实体。其主要功能有：用来源于税收或其他收入的资金承担为社会、企业和个人提供货物和服务的责任；通过转移手段进行收入和财富的再分配；从事非市场生产。而拥有行政权的法律实体只是政府的一部分，而不是全部。

编制政府资产负债表中的政府也不等同于行政事业单位。我国的行政事业单位是指拥有公共权力并主要由税收等公共资源支撑、从事非市场生产、承担为社会、企业和个人提供货物和服务的法律实体，主要包括党政机关和事业单位。但政府还控制一些非营利组织和国有企业。政府控制这些组织和企业也不同程度地掌握、支配和控制公共资源，它们的资产负债也应在政府总体资产负债表中得以反映。

编制政府资产负债表中的政府也不等同于政府管理体系的机构。政府系列

机构是从管理的角度划分的，但编制资产负债表是从拥有公共资源的程度来划分的，二者可以不同。比如中央银行，有的国家在管理体系上是把它划为政府机构系列，有的国家没有划到政府机构系列，而是由国会直接监督，但编制资产负债表一般都划到公共金融公司范围。

编制政府总体资产负债表中的政府是指拥有、支配和控制公共资源的法律实体，即指拥有公共权力、靠公共资金支撑、为居民提供非市场产品和公共服务的机构。

（二）政府总体层次的划分

为了反映政府拥有、支配和控制公共资源的程度，我们把编制政府总体资产负债表的政府总体分为三个层次：第一层次为直接拥有、支配和控制公共资源的法律实体，即狭义政府部门；第二层次为广义政府（狭义政府＋事业单位＋政府控制的非营利组织）；第三层次为公共部门（广义政府＋公共公司）。从逻辑关系来说，公共部门包括广义政府和公共公司，政府包括在公共部门之中。我们之所以把公共部门列为政府范围，是从编制政府资产负债表层次划分的技术角度而给予的一个层次称谓，政府的定义主要还是指广义政府。

从这三个层次来看，第一层次的政府对公共资源拥有、支配和控制力最强，其他层次政府对公共资源拥有、支配和控制力逐级减弱。

狭义政府指经政治程序设立或国家编制部门批准设立、其支出纳入国家预算、履行相应公共职责的法律实体。我国的狭义政府主要指财政总预算、行政单位和社会保障保险基金。

事业单位是我国特有的称谓，介于非营利机构、公共公司和行政部门之间的法律实体。有的具有行政部门的属性，如参照公务员管理、预算全额拨款的事业单位；有的具有非营利机构的特征，如国家管理、预算补贴的事业单位；有的具有公共公司的特点，如实行企业化管理的事业单位。事业单位的改革方向是：承担行政职能的事业单位，即承担行政决策、行政执行、行政监督等职能的事业单位，这类单位逐步将行政职能划归行政机构；从事生产经营活动的事业单位，即所提供的产品或服务可以由市场配置资源、不承担公益服务职责的事业单位，这类单位要逐步转为企业；从事公益服务的事业单位，即面向社会提供公益服务和为机关行使职能提供支持保障的事业单位，改革后，继续保留在事业单位序列。考虑到事业单位改革还在进行中，我们仍然把事业单位作为一个部门来研究。

政府控制的非营利组织主要指政府对非营利组织的人员控制和资金控制。

人员控制体现为政府部门对非营利组织主要管理人员的直接任命或有较大影响力，资金控制则表现在政府对非营利组织直接的资金投入或通过政府购买服务等手段的间接控制。当然，除了人员和资金外，政府在合约安排、风险暴露等其他方面也可实现对非营利组织的控制。非营利机构指从事公益性或者非营利性活动，不向出资人、设立人或者会员分配所取得利润，投入人对投入该组织的财产不保留或者享有任何财产权利的社会团体、基金会和社会服务机构等。

公共公司分为国有非金融企业和国有金融企业。国有非金融企业与国有金融企业的划分主要是依据经营对象的不同，国有非金融企业主要经营非金融产品。而国有金融企业主要经营金融产品。国有非金融企业一般称为国有企业，它是国家作为出资人依照相关法律投入资本金举办的企业，包括国有独资企业、国有独资公司、国有联营企业、国有绝对控股企业、国有相对控股企业和国有参股企业等。

国有金融企业又分为国有存款性金融机构和国有非存款性金融机构。存款性金融机构是以存款为主要负债，以贷款为主要资产，直接参与存款货币创造过程的金融机构。非存款性金融机构则是经营金融产品但不创造存款货币的金融机构。国有金融企业也是国家作为出资人依照相关法律投入资本金举办的企业。

二、政府部门的构成

（一）狭义政府的构成

我国是在中国共产党的领导下，坚持和完善人民代表大会制度、多党合作和协商制度、民族自治制度以及基层群众自治制度的具有中国特色的社会主义国家。我国预算政府机构包括中国共产党机构、人民代表大会机构、人民政治协商会议机构、行政机构、司法机构、部队、群众团体、民主党派机构等，我们把这些机构统称为行政单位。我国狭义政府机构还包括社会保障保险基金等机构。

（二）广义政府的构成

广义政府除狭义政府机构外，还包括事业单位和政府控制的非营利组织。

事业单位包括教育、科研、文化艺术、卫生、体育、农林渔和水利、社会福利、城市公用、交通、信息咨询、中介服务、勘察（探）、气象、地震测防、海洋、环保、检验检测、知识产权、机关后勤服务等 19 个大类。其中，教育事业单位包括高等教育、中等教育、基础教育、成人教育、特殊教育、其他教育事业单位；科研事业单位包括自然科学研究、社会科学研究、综合科学研究、其他科技事业单位；文化艺术事业单位包括演出、艺术创作、图书文献、文物、群众文化、广播电视、报纸杂志、编辑、新闻出版、其他文化事业单位；卫生事业单位包括医疗、防疫检疫、血液事业单位、计划生育、卫生检验、卫生事业单位、其他卫生事业单位；社会福利事业单位包括托养福利、康复、殡葬、其他社会福利事业单位；体育事业单位包括体育竞技、体育设施、其他体育事业单位；交通事业单位包括公路维护监理、公路运输管理、交通规费征收、航务、其他交通事业单位；城市公用事业单位包括园林绿化、城市环卫、市政维护管理、房地产服务、其他城市公用事业单位；农林牧渔水事业单位包括技术推广、良种培育、综合服务、动植物防疫检疫、水文、其他农林牧渔水事业单位；信息咨询事业单位包括信息中心、咨询服务中心（站）、计算机应用中心、价格信息事务所、农村社会经济调查队、企业经济调查队、城市社会经济调查队等；中介服务事业单位包括技术咨询、职业介绍（人才交流）、法律服务、经济监督服务、其他中介服务事业单位；勘察设计事业单位包括勘察、设计、勘探、其他勘察设计事业单位；地震测防事业单位包括地震测防管理、地震预报、其他地震测防事业单位；海洋事业单位包括海洋管理、海洋保护、其他海洋事业单位；环境保护事业单位包括环境标准、环境监测、其他环境保护事业单位；检验检测事业单位包括标准计量、技术监督、质量检测、出入境检验检疫、其他检验检测事业单位；知识产权事业单位包括专利、商标、版权、其他知识产权事业单位。

政府控制的非营利组织主要有政府控制的社会服务机构、社会团体、基金会、宗教机构等。

（三）公共部门的构成

公共部门除广义政府外，还包括国有非金融企业、国有存款性金融机构和国有非存款性金融机构。

1. 国有非金融企业。我国国有非金融企业构成复杂，主要有：一是从所有制性质而言，可以划分为全民所有制和混合所有制国有企业。全民所有制国有企业包括国有独资企业、国有独资公司、国有联营企业。国有独资企业是按照《中华人民共和国企业法人登记管理条例》规定登记注册的非公司制的经济组织，不包括有限责任公司中的国有独资公司。国有独资企业指全部资产归国家所有，依法取得法人资格，实行自主经营、自负盈亏、独立核算，经营管理权由国家授予的企业。国有独资公司指国家单独出资、由国务院或者地方人民政府授权本级人民政府国有资产监督管理机构履行出资人职责的有限责任公司。国有联营企业指两个及两个以上相同所有制性质的国有企业法人或事业单位法人，按自愿、平等、互利的原则，共同投资组成的经济组织。混合所有制国有企业包括国有控股企业和国有参股企业。国有控股企业又分国有绝对控股企业和国有相对控股企业。国有绝对控股企业指国家资本（股本）所占比例大于50%的企业。国有相对控股企业指在企业的全部资本中，国家资本（股本）所占的比例虽未大于50%，但相对大于企业中的其他经济成分所占比例的企业（相对控股）；或者虽不大于其他经济成分，但根据协议规定，由国家拥有实际控制权的企业（协议控制）。国有参股企业指具有部分国家资本金，但国家不控股的企业。二是按照功能定位分类，可以划分为商业类和公益类国有企业。商业类国有企业以增强国有经济活力、放大国有资本功能、实现国有资产保值增值为主要目标，按照市场化要求实行商业化运作，依法独立自主开展生产经营活动，实现优胜劣汰、有序进退。公益类国有企业以保障民生、服务社会、提供公共产品和服务为主要目标，必要的产品或服务价格可以由政府调控。三是从管理层级来讲，可以将国有企业划分为中央企业和地方国有企业。中央企业又可以根据国家委托的管理部门划分为国资委管理的央企和财政部管理的央企。地方国有企业又可以划分为省级、地市级、县市级管理的国有企业。目前国资委管理的中央企业有中国核工业集团公司、中国核工业建设集团公司、中国航天科技集团公司、中国航天科工集团公司、中国航空工业集团公司等。财政部直接管理的中央企业基本上都是其作为出资人而直接管理的中央金融企业。

2. 国有存款性金融机构。一是按隶属关系不同，国有存款性金融机构分为中央国有存款性金融机构与地方国有存款性金融机构。中央国有存款性金融机构包括中国人民银行、国家开发银行、中国进出口银行、中国农业发展银行、中国工商银行、中国农业银行、中国银行、中国建设银行、交通银行、中国邮政储蓄银行等。地方国有存款性金融机构既有跨地区的，也有本辖区的。二是按在创造存款中的作用不同，国有存款性金融机构分为中央银行、国有其他存款性金融机构等。

3. 国有非存款性金融机构。主要包括国有证券期货业金融机构、国有保险业金融机构、国有信托业金融机构、国有资产管理公司、国有金融租赁业金融机构、国有投资基金、财务公司、其他国有非存款性金融机构等。（1）国有证券期货业金融机构包括国有证券公司、国有证券投资基金管理公司、国有期货公司、国有投资咨询公司等。（2）国有保险业金融机构包括财产保险公司、人身保险公司、再保险公司、保险资产管理公司、保险经纪公司、保险代理公司、保险公估公司等。（3）国有信托业金融机构。（4）国有资产管理公司包括中央管理的金融资产管理公司，即中国华融资产管理公司、中国长城资产管理公司、中国东方资产管理公司、中国信达资产管理公司以及地方资产管理公司。（5）国有金融租赁业金融机构包括工银金融租赁、国银金融租赁、建信金融租赁、交银金融租赁、江苏金融租赁等数十家。（6）国有投资基金包括中国证券投资者保护基金、中国信托业保障基金、中国投资有限责任公司等。（7）财务公司。（8）其他非存款性金融机构如中央国债登记结算有限责任公司、中国银联等。

三、政府总体部门核算范围与层次界定有关问题研究

从政府资产负债核算的角度来看，我国政府机构核算存在政事、政社、政企界定不清晰等问题。针对这些问题，有的我们提出了意见和建议，有的因涉及体制问题，还需深入研究。

（一）狭义政府核算范围与层次界定研究

一是有些事业单位、政府控制的非营利机构等应纳入狭义政府机构核算范围。比如我国有些参公管理事业单位，其机构设立是经编制部门批准的；人员编制是由编制部门核定的；业务经费全部或主要由财政部门拨款；部门工作人员参照公务员管理，这类事业单位应纳入狭义政府机构核算范围。

二是政府上下级之间的资产负债核算边界还需清晰界定。我国中央政府与地方政府以及地方政府上下级之间财权与事权的划分还不十分清晰，特别是各省在省与市、市与县、县与乡之间财权与事权的划分并不统一，这使得政府上下级之间的资产负债核算边界不够清晰。目前基本以管理权划分，机构管理权交给地方政府，其资产负债核算就纳入地方政府核算范围。但这样有些核算不够清晰，比如中央政府在地方一些基础设施建设（公路的建设等）也有投资，在统计核算上如何划分还需要研究。

三是有些政企不清晰的机构，"一套人马，两块牌子"，既有行政管理的职能，又有经营盈利的目标，其资产负债表如何拆分到政府资产负债表和公共公司资产负债表之中还需要研究。

四是对"一块牌子，多种身份"的机构，其资产负债核算如何在多种身份之间划分还要进行研究。有些狭义政府机构"一块牌子，两种身份"，如工会、共青团等机构，它们既有狭义政府的特征，被划入狭义政府的范围；又履行行

业管理等一些其他职能，具有非营利组织等的一些特征。这些机构资产负债的核算，实际是既需核算行政单位的资产负债，又要核算非营利组织等的资产负债。它们的一些收入如会费收入等并未纳入预算收入，不属于财政预算资金。同样它们的一些支出如疗养院建设等，也不属于财政预算支出。在对这些机构进行核算时，资产负债如何在两者之间划分，还要进行更细致的研究。还有全国社会保障基金理事会，它们既有狭义政府的特征，被划入狭义政府的范围；又履行社会保障基金的管理，具有非营利组织的特征。在编制资产负债表时，同样需要分开编制。

（二）广义政府核算范围与分类有关问题研究

1. 政府部门特殊目的实体等纳入政府哪个层次核算范围需要研究

我国政府部门特殊目的实体，如政府融资平台、政府控制的各种基金会等，与国外一般政府部门特殊目的实体不同，有的是在财政部门下属的资金运作中心，可能就属于狭义政府的范围；有的虽属财政部门下的资金运作中心，但采取市场化运作方式，具有事业单位的性质；各种基金会的运作情况更为复杂。这些机构纳入政府哪个层次核算范围需要深入研究。

2. 事业单位核算范围与分类有关问题需要研究

一是将从事生产经营活动的事业单位，即所提供的产品或服务可以由市场配置资源、不承担公益服务职责的事业单位，纳入企业核算范围。

二是对于转制过程中的事业单位需要界定其机构性质。对于处于转制过程中仍旧没有完成转制的事业单位，在其资产负债核算时仍应作为事业单位来进行。

三是对于某些形式上不是事业单位但实质上履行了事业单位职能的机构，应该纳入事业单位范围进行核算。对于某些履行社会公益事业职能却采取市场化运行的机构，在核算其资产负债时是否需要纳入事业单位也需要进一步分析。通常而言，判断一个机构是否属于事业单位，关键标准就是其是否纳入政府编制办批准设立的事业编制。但在实际当中，有些机构的编制性质、行政管理、资金来源等关系并不是完全匹配，造成有些编制上是事业单位的机构却吃"市场饭"，有些编制上不是事业单位的机构却吃"财政饭"，有些编制上不是事业单位的机构却干的全部是原本政府应该承担的"社会公益事业"。比如，当前各地采取市场化运作的城投公司、水务公司、公路维护公司、港口公司以及停车场等，其从事的大部分都是社会公益事业，该类机构在其资产负债核算时是否应纳入事业单位来核算，还应结合我们当前的事业单位改革情况来具体分析，不能一概而论。

四是对于"一套人马，两块牌子"的事业单位资产负债核算应该区分处理。比如很多部委、省委省政府下设的培训中心、服务中心、接待办公室、疗养中心等，从内部管理来说，这些部门是该行政机构的组成部分，但从承担的职能来看，履行的是事业单位职责。在处理这类机构的资产负债核算时，就需要对其用于履行行政职能的财政资金以及用于履行事业单位职能的资产负债做区分处理，不能混同。

五是对于事业单位举办的企业和企业举办的事业单位的核算。事业单位举办的企业类型较为复杂，有的只挂牌子和缴纳管理费，实际已经是独立的企业，这类企业有的已经上市。有的是不分红的企业，还有承包类型的企业，等等。对于实际已经独立的企业，建议不再纳入事业单位核算范围，纳入国有企业核算范围；对承包类型的企业在对其资产和负债充分界定清楚的基础上，应纳入事业单位核算范围；对不分红的企业，应纳入事业单位核算范围。对于企业举办的事业单位，应纳入事业单位核算范围。

3. 政府控制的非营利组织核算范围与分类有关问题需要研究

一是非营利组织登记注册或备案时，在属性设置上增加"是否为政府控制"这一分类。我国现有的非营利组织，大多数是在各级民政部门登记注册，还有一部分是在工商部门登记。对于在机构编制部门登记的事业单位，其绝大部分都是政府控制的，因此较好区分；对于在宗教事务部门登记的宗教机构，其情况较为复杂，仍有相当部分宗教机构占有使用国有资产；对于在民政部门和工商部门登记的非营利组织，性质更为复杂，现有登记注册的信息中没有包含是否为政府控制这一属性，而且从名字、主办主管单位等其他信息中区分是否为政府控制也有难度。建议民政等部门在对非营利组织登记审核时，在属性上增加"是否为政府控制"这一分类，以提高核算的准确性。

二是逐步将按企业登记的非营利组织改为到民政部门登记并纳入核算。目前，按企业登记的非营利组织包括两部分，一部分是在民政部门统计核算的社会服务机构；还有一部分属于转登记，在工商部门登记注册。这些在工商部门登记注册的非营利组织以企业形式存在，无法享受非营利组织应该享有的税收等优惠，但实际上主要从事着非营利组织的工作。对这一部分的非营利组织，应将其纳入正常的非营利组织统计管理范围。

三是将国家机关、国有企事业单位等挂靠的或内部设立的非营利组织性质的机构，逐步纳入民政部门的非营利组织登记管理核算范围。

四是确保政府控制的非营利组织的下属企业等机构的资产负债表与非营利组织本身分别进行核算。

（三）公共部门核算范围与分类有关问题研究

1. 国有非金融企业核算范围与分类有关问题研究

一是在上位法中对国有企业的标准作出清晰的界定。我国应尽快修订上位法，对我国国有企业界定标准作出明确的规定。我们认为可以从以下几个维度来界定国有企业：其一是出资人，即谁出资；其二是管理人，即谁来管理或者授权谁来管理；其三是法人，即依法设立的公司法人或者企业法人；其四是受益人，即资产的受益人是谁。这当中，特别重要的是界定所有权和经营权的关系、区分国有企业与国营企业的关系以及控股和参股之间的区别，尤其是绝对控股和相对控股的区别。

二是对国有企业的覆盖范围进行重新界定。有些部委的制度文件中对国有企业标准作出了界定，但是各个部委作出的界定标准还是存在较大的差异，从而导致其标准之下的国有企业覆盖范围还是有很大不同。

三是要正确处理好混合所有制带来的冲击。引入混合所有制对国有企业进行改造，带来的冲击主要有以下三个方面：其一是从横向看，国有企业不同所有制经济成分中你中有我，我中有你；其二是从纵向看，母公司和子公司、孙公司以及更下一层级的公司也有可能相互交叉持有；其三是从经营的形式来看，母、子公司可能是生产经营型、管理型或者是投资型（资本管理）。上述三个方面因素叠加影响，对于我们如何认定一个企业或者企业集团是否属于国有企业以及是否应该纳入国有企业来核算带来很大的挑战。此外，国有企业走向海外进行国际合作对我们如何认定也是一个挑战。

2. 国有存款性金融机构核算范围与分类有关问题研究

一是研究存款性金融机构与非存款性金融机构的界定。判断一家机构是否应当被确认为存款性金融机构，一要研究其业务特点，一般要缴纳存款准备金；二要看其负债特别是存款是否纳入货币供应量的计量之中。而这两者都不是一成不变的，因此对于一家机构是否应被确认为存款性金融机构也要动态调整。

二是研究国有与非国有性质存款性金融机构的界定。与国有企业的界定标准相一致，国有存款性金融机构的确认也主要关注两个方面，一是定量标准，或者说是股权结构，即在数量上是否实现了国有股的绝对控股或相对控股。二是定性标准，即分析政府部门对这家机构的控制力和影响力。实践中，存款性金融机构的股权经常发生变化。对于非上市的存款性金融机构，可能会发生原有股东通过股权转让而退出，也可能会有新股东参股甚至控股；对于上市的机构，其股权结构更是随着每日的股票交易而变化。因此，国有存款性金融机构的界定也要根据国有控股和参股的实际情况相应调整。

3. 国有非存款性金融机构核算范围与分类有关问题研究

一是国有非存款性金融机构边界需要清晰界定。金融机构国有与非国有往往难以简单地以持股比例进行界定。在对金融机构进行国有与非国有的界定分类时，不应该仅仅看金融机构的最大股东是什么性质，也应该结合公司其他大股东和实际控制权的掌握来判定。此外，考虑到部分金融机构的股东股权结构本身也较为复杂，可能存在层层嵌套及交叉持股现象，在理清各个股东的界定及相互关系的基础上，对金融机构进行国有与非国有的定量界定难度较大，需要侧重于从实际控制权的角度进行分析。

二是研究其他国有非存款性金融机构资产负债核算归属问题。目前我国国有非存款性金融机构资产负债核算归属按监管来分工，分别纳入银行、证券、保险业的监管范围，但部分国有非存款性金融机构，如中国银联、证券登记公司等机构的资产负债核算归属问题并不清晰，有待进一步研究。

第二节　政府总体资产负债核算的范围与分类

前面我们已经研究了各政府组成部门资产负债核算范围与分类，接下来要研究综合政府资产负债核算范围与分类。

一、政府资产的界定与分类

（一）政府资产的界定

资产特别是政府资产，国内外文献尚无统一的定义。从国际文献来看，不同的文献从不同的角度对资产有不同的定义。《国民账户体系2008》（SNA2008）将资产定义为："资产是一种价值储备，代表经济所有者在一定时期内通过持有或使用某实体所产生的一次性或连续性经济利益。它是价值从一个核算期向另一个核算期结转的载体。"《国际公共会计准则》（IPSASs）将资产定义为："资产作为过去事项的结果而由主体控制，并且所带来的未来经济利益或服务潜能被预期会流入主体的资源。"《政府财政统计手册》（GFSM2001）将资产定义为："政府核算中的所有资产都是经济资产，这些资产是具有以下特点的实体：机构单位对这些资产行使单个或集体所有权；这些资产的所有者通过在一定时期内持有或使用这些资产获得经济利益；这些资产能以货币计量。"

我国目前对政府资产还没有一个完整清晰的定义。已有的对政府资产的定义散见于财务会计规章制度中。《政府会计准则——基本准则》将资产定义为："资产指由政府会计主体过去的经济业务或者事项形成的，由政府会计主体控制的，预期能够产生服务潜力或者带来经济利益流入的经济资源。"《财政总预算会计制度》将资产定义为："资产是政府财政占有或控制的、能以货币计量的经济资源。"《行政单位会计制度》将资产定义为："资产是行政单位占有或者使用的，能以货币计量的经济资源。"这里的占有，是指行政单位对经济资源拥有法律上的占有权。由行政单位直接支配，供社会公共使用的政府储备物资、公共基础设施等，也属于行政单位核算的资产。《事业单位会计制度》将资产定义为："资产是事业单位占有或者使用，能以货币计量的经济资源，包括各种财产、债权和其他权利。"《民间非营利组织会计制度》将资产定义为："资产作为过去的交易或者事项形成并由非营利组织拥有或者控制，给其带来经济利益或者服务潜力的经济资源。"我国《企业会计准则——基本准则》将资产定义为："资产是指企业过去的交易或者事项形成的、由企业拥有或者控制的、预期会给企业带来经济利益的资源。"

对比以上各种定义不难发现，国内外对政府资产的定义有几个共同特点：第一，强调是一种资源，排除了声誉、人力资源等资产；第二，强调主体的占有或控制，没有所有者的自然资源不包括在资产范围之内；第三，强调未来能获得经济利益或提供服务；第四，能以货币计量。这四个特点也构成了政府资产的四大要素。

一是中国政府资产指经济资产，中国政府的声誉、管理能力和水平等政治资产不包括在经济资产的核算范围。二是资产为中国政府这个主体所占有或控制，中国政府的范围与层次我们在前面已经研究过了。中国政府对资源的占有或控制，实际是所有权问题，即法律所有权和经济所有权。法律所有权问题已经超出了本课题研究的范围，我们完全可以用控制权来概括。中国政府的控制标准问题前面我们也已经进行了研究。三是资产未来能获得经济利益或提供服务，有的资产未来能获得经济利益，有的则能提供服务。四是资产能以货币计量，能计量的经济资源纳入资产核算范围，不能计量的资源不纳入资产核算范围。

我们认为，中国政府资产可定义为，中国政府控制的未来能获得经济利益或提供服务的、能以货币计量的资源。

（二）政府总体资产的分类

中国政府总体资产的分类，首先既要遵循国际一般准则，又要体现本国的特色。所谓遵循国际一般准则，是指大的分类即主要分类标准与国际一般准则相一致；所谓体现本国的特色主要是指要体现本国核算的关注点，重点体现在大的分类下的细分类上。

其次，中国政府总体的资产分类与政府组成部门的资产分类不同，更应注重分类的综合性和多样性。所谓综合性是指政府总体资产分类项目不像政府组成部门的分类那么多、那么细，而是进行大的分类，并且分类覆盖全面，体现综合的特征。所谓多样性是指资产分类标准选择上不像政府组成部门的分类那样，主要以流动性为主，而要兼顾实体性与虚拟性、法律特征、风险性、交易性等其他分类标志。

我们认为，中国政府总体资产核算的分类，首先分为非金融资产和金融资产。非金融资产是实体资产，为单位所有或控制，不代表对其他单位的融资关系；金融资产是虚拟资产，代表对其他单位的融资关系即股权和债权。

其次，对两大类资产再进行分类。非金融资产可能作为生产过程的产出而产生、自然产生或作为社会构成物。非金融资产是除金融资产外的所有经济资产。它包括固定资产、存货、文物文化资产、非生产资产和其他非金融资产。金融资产可再分为国际储备资产、通货和存款、债务性证券、贷款、股票和其他权益、保险技术准备金、金融衍生产品、应收/应付款、其他金融资产。

表8-1列出了资产的完整分类。

表8-1 资产分类

非金融资产
生产资产
固定资产
房屋及构筑物
机器和设备
存货
战略性储存（政府储备物资）
其他库存
文物文化资产
非生产资产
土地
矿物和能源储备
其他自然资产

续表

无形非生产资产
其他非金融资产
金融资产
国际储备资产
通货和存款
债务性证券
贷款
股票和其他权益
保险技术准备金
金融衍生产品
应收/应付款
其他金融资产

下面我们研究非金融资产，金融资产将与负债一并研究。

（三）固定资产

我国固定资产指使用期限超过一年（不含一年），单位价值在规定标准以上，并且在使用过程中基本保持原有物质形态的资产，包括房屋及构筑物、机器和设备等。

1. 房屋及构筑物。房屋及构筑物包括住宅、非住宅建筑和构筑物。我国房屋基本按用途分类，除居住用房是住宅建筑外，交通、邮电、商业及服务、行政单位、公共安全、事业单位、社会团体、军事、外事、宗教、体育娱乐、市政公共设施、仓储等用房都属于非住宅建筑。构筑物是指除房屋外的所有建筑，主要有高速公路、街道、道路、桥梁、高架桥、隧道、铁路、地铁和机场跑道；排水道、航道、港口、水坝及其他水利设施；与地下资产开采有关的矿井隧道和其他构筑物；通讯线路、电路和管道；户外体育和娱乐设施。我国对构筑物基本按构筑物的形状进行分类，包括池、罐、槽、塔、烟囱、井、坑、台、站、码头、道路、沟、洞、廊、桥梁、架、坝、堰及水道、闸、水利管道、市政管道、库、仓、场、斗、罩棚、其他构筑物等。

2. 机器和设备。机器和设备包括交通设备及其他机器和设备。交通设备由运送人员和物体的设备构成，包括机动车辆、拖车和半拖车、船舶、铁路机车和车辆、飞机、摩托车及自行车。其他机器和设备指包括除交通设备外的所有机器和设备，主要有：一般和特殊用途机器，办公、会计和计算机设备，电子机器，收音机、电视和通讯设备，医疗器械，精密和光学仪器，家具，手表和钟，乐器，以及体育用品。我国在固定资产分类中，把"机器和设备"细分为"通用设备"和"专用设备"，并且主要按用途分类，兼顾了企业分类的特点。通用设备包括计算机设备和软件，办公设备，车辆，图书档案设备，机械设备，电气设备，雷达、无线电和卫星导航设备，通信设备，广播、电视、电影设备，仪器仪表，电子和通信测量仪器，计量标准器具及量具、衡器等。专用设备包括探矿、采矿、选矿和造块设备，石油天然气开采专用设备，石油和化学工业专用设备，炼焦和金属冶炼轧制设备，电力工业专用设备，非金属矿物制品工业专用设备，核工业专用设备，航空航天工业专用设备，工程机械，农业和林业机械，木材采集和加工设备，食品加工专用设备，饮料加工设备，烟草加工设备，粮油作物和饲料加工设备，纺织设备，缝纫、服饰、制革和毛皮加工设备，造纸和印刷机械，化学药品和中药专用设备，医疗设备，电工、电子专用生产设备，安全生产设备，邮政专用设备，环境污染防治设备，公安专用设备，水工机械，殡葬设备及用品，铁路运输设备，水上交通运输设备，航空器及其配套设备，专用仪器仪表，文艺设备，体育设备，娱乐设备等。

3. 其他固定资产。包括培育资产和无形固定资产。培育资产包括重复或连续使用一年以上、以生产其他商品或服务的动物和植物。无形固定资产包括矿物开采、娱乐、文化和艺术原作以及其他杂项无形固定资产。我国尚未建立无形固定资产核算制度，只把部分培育资产如特殊用途动物、特殊用途植物纳入核算范围。

（四）存货

存货是持有者为今后销售、在生产中使用或其他用途而持有的商品。我国政府存货目前划分为战略性储备、应急储备及其他库存。

1. 战略性储备。战略性储备包括出于战略性目的而持有的商品、市场监管组织持有的商品以及对本国具有特殊重要意义的初级产品（如肉类、粮食、稀缺金属、石油等），这里的战略性储备不同于计划意义的战略性储备，是政府出资、具有控制权，纳入政府核算范围的战略性储备。政府有控制权但并未出资，如外汇储备和黄金储备，它们是人民银行通过信贷渠道收购的，不应纳入战略性储备核算的范围。我国战略性储备体系较为复杂，既有国家全资的战略性储备如国家物资储备局储备的战略性物资，又有国家出资采取市场化运作方式储备的战略性物资，如粮食储备等。我国的战略性储备并没有纳入政府资产负债表之中。

2. 应急储备。我国应急储备指政府储备物资，即行政单位储存管理的各项政府应急或救灾储备物资等。

3. 其他库存。其他库存包括原料和供应品、在制品、制成品及用于转售的商品。原料和供应品包括欲作为生产过程的投入品而持有的所有商品，政府单位持有各种商品作为原料和供应品，包括办公用品、燃料和粮食；在制品是已被生产者部分加工、组合或装配，但若无进一步加工通常不会出售、装运或移交其他单位，同一生产者将在下一期间内继续该商品的生产；制成品包括作为生产过程的产出、仍由生产者持有、在供应给其他单位之前不打算再进一步加工的商品；用于转售的商品是出于再出售或向其他单位转移的目的而获得、不再进一步加工的商品。我国政府的其他库存指政府的存货，即政府在开展业务活动及其他活动中为耗用而储备的各种物资，包括材料、燃料、包装物和低值易耗品及未达到固定资产标准的家具、用具、装具等。

（五）文物文化资产

文物文化资产指用于展览、教育或研究等目的的历史文物、艺术品以及其他具有文化或历史价值并作长期或永久保存的典藏等。文物文化资产是一项特殊资产，这类资产一般价值较高、寿命较长，不但不会像普通固定资产那样发生折旧和价值损耗，还可能会随着时间的推移而产生增值。

（六）非生产资产

非生产资产包括对其行使所有权的有形自然资产以及作为社会构成物的无形非生产资产。自然资产包括土地、地下资产及其他自然资产。

1. 土地。根据《国民账户体系2008》，土地被定义为地面本身，包括覆盖的土层和附属的地表水，所有者通过持有或使用它们可以对其行使所有权，并获取经济利益。前面我们已把建筑等用地划入到固定资产中，这里的土地主要是地表，不包括地表上的各种建筑物、培育或非培育的生物资源，也不包括各种地下资源。我国实行土地社会主义公有制和土地用途管理的制度，国家编制土地利用总体规划，将土地用途分为农用地、建设用地和未利用地。农用地指直接用于农业生产的土地，包括耕地、林地、草地、农田水利用地、养殖水面等；建设用地指建造建筑物、构筑物的土地，包括城乡住宅和公共设施用地、工矿用地、交通水利设施用地、旅游用地、军事设施用地等。未利用地指农用地和建设用地以外的土地。

2. 矿物和能源储备。矿物和能源储备指位于地球表面以上或以下的，在给定的现有技术和相对价格下具有经济可开采性的矿物和能源储备。矿物和能源储备由存在于地下或地球表面上的、已探明的矿藏量组成：煤、石油、天然气或其他燃料，金属矿，以及非金属矿物，其中包括海底矿藏。我国的地下资源十分丰富，已探明的石油、天然气、金属矿藏及非金属矿藏均有统计。但我国还没形成一套较为完善的矿物和能源储备核算体系。2016 年国务院下发通知，要求建立自然资源统计制度，目前试点工作正在进行，统计体系和核算办法正在探索中。

3. 其他自然资产。其他自然资产包括非培育生物资源、水资源及电磁波谱。非培育生物资源是这样的动物和植物，即对它们行使所有权，但它们的自然生长或繁殖不在任何单位的直接控制、责任和管理之下。例如，商业上可开发的原始森林和渔场。它们只包括那些经济价值未包含在相关土地价值之内的资源。水资源是含水层和其他地下水，这些水足够稀缺，从而可对其行使所有权或使用权；可出于经济目的开采或可能不久即可开采；其经济价值不包括在相关土地的价值中。电磁波谱包括声音、数据和电视传播中使用的无线电频率。我国已开展了这方面的核算，目前还未将其他自然资产纳入政府资产负债表的存量核算之中。

4. 无形非生产资产。无形非生产资产是法律或会计行为证明的社会构成物。无形非金融资产在我国的行政单位、事业单位、非金融企业和金融企业都建立了核算制度，它包括著作权、土地使用权、商标权、非专利技术、商誉以及其他财产权利等。

（七）其他非金融资产

其他非金融资产指除固定资产、存货、文物文化资产、非生产资产之外的所有非金融资产，包括在建工程、投资房地产、公共基础设施等。

二、政府负债与金融资产

负债指金融负债。金融负债与金融资产相对应，它的载体是金融工具，通过金融工具确定债权债务关系。金融工具对债权者来说，它是金融资产；对债务者来说，它是金融负债。金融负债与金融资产是一个问题的两个方面。为避免重复，政府负债与政府金融资产一并研究。金融资产可分为国际储备资产、现金和存款、债务性证券、贷款、股票和其他权益、保险技术准备金、金融衍生产品、应收/应付款、其他金融资产等。

（一）国际储备资产

我国国际储备资产是中央银行随时利用并直接控制的对外资产，它包括外汇储备和货币黄金。外汇储备包括特别提款权、在基金组织的储备头寸、外汇资产（外汇货币、存款和有价证券）和其他对外债权。货币黄金是中央银行作为储备资产持有的黄金。

（二）通货和存款

这里的通货是狭义的货币，即钞票和硬币。政府持有的通货通常也称为现金。

存款是存款者把资金存入存款机构的证明。从存款者的角度来看，它是债权人，存款是它的资产。从存款机构角度来看，它是债务人，存款是它的负债。这里的存款机构指金融机构，而不是指存款性金融机构。比如，政府在信用社、信托投资公司等的存款，都是其资产；但政府本身不是金融机构，它没有存款负债。政府控制的金融机构存在存款负债。在金融机构存款核算中，存款因其来源和用途不同，划分为财政存款、机关事业存款、企业存款、同业存款、央行存款等。财政存款是财政部门在商业银行和中央银行的财政性资金存款。机关事业单位存款是机关事业单位的经费款项的存款。同业存款是商业银行间的互相存款，非银行业金融机构如证券公司、保险公司、基金公司、资产管理公司在银行的存款应为企业存款而不是同业存款。央行存款就是商业银行在中央银行的准备金存款等。存款因币种不同又分为本币存款和外币存款。

（三）债务性证券

债务性证券是可流通的金融工具，作为某单位具有需要结清的债务证明，这种债务是通过提供现金、金融工具或其他一些具有经济价值的项目而结清的。

债务性证券包括债券、可转让大额存单、银行承兑汇票等。

1. 债券。我国债券根据发行主体不同分为政府债券、金融债券和企业债券。政府债券发行主体是政府，包括国库券和公债两大类。国库券是由财政部发行，用于弥补财政收支不平衡而发行的一种债券。公债指政府为筹措建设资金而发行的一种债券。有时把两者统称为公债。中央政府发行的债券称为中央政府债券，地方政府发行的债券称为地方政府债券。

金融债券是金融机构发行的债券，包括央行票据、国开行金融债、政策性金融债、商业银行普通债、商业银行次级债、商业银行资本混合债、资产支持证券、证券公司债券、证券公司短期融资券、资产管理公司金融债等。央行票据是中央银行为满足银根的调节而发行的票据，当市场资金过多，央行就会发行票据收回一部分资金；国开行金融债是国开行为满足资金营运需要而向银行发行的金融债；政策性金融债是农发行和进出口银行为满足业务资金的需要而向银行发行债券并承担还本付息义务的凭证；商业银行次级债是商业银行发行的、本金和利息的清偿顺序列于商业银行其他负债之后、先于商业银行股权资本的债券，属于商业银行附属资本；商业银行资本混合债是商业银行发行的，针对《巴塞尔资本协议》对于混合（债权、股权）资本工具的要求，而设计兼具"债"和"股"特征的一种债券，所募资金可计入附属资本；资产支持证券是由特定目的信托受托机构发行的、代表特定目的信托收益份额，受托机构以信托财产为限向投资机构承担支付资产支持证券收益的义务；证券公司债券是证券公司依法发行、约定在一定期限内还本付息的有价证券；证券公司短期融资券是证券公司以短期融资为目的、在银行间债券市场发行，约定在一定期限内还本付息的金融债券；资产管理公司金融债是资产管理公司发行的债券。

企业债券又称公司信用债券，是企业发行的债券。包括在银行间市场交易商协会进行注册管理发行的短期融资券、超短期融资券、中期票据、中小企业集合票据、非公开定向债务融资工具、资产支持票据等；由国家发展和改革委员会根据《企业债券管理条例》管理的非上市企业债；由证监会根据《证券法》管理的上市公司发行的公司债、可转让债、可分离债等。

2. 可转让大额存单。可转让大额存单是银行发给存款人以一定金额，按一定期限和约定利率计息，可以转让流通的金融工具。我国中央银行发行针对金融机构的可转让大额存单。

3. 银行承兑汇票。银行承兑汇票是银行承兑、可贴现及可再贴现的汇票。

（四）贷款

贷款是债权人直接将资金借给债务人，反映债权与债务关系的证明。贷款与债务性证券的主要区别是贷款不流通转让，可流通转让的证券化的抵押贷款应属于债务性证券。贷款与应收应付款的主要区别是贷款一般要约定还款期限和利率，而应收应付款虽然也反映债权与债务关系，但没有还款期限和利率的硬约束。

贷款按不同标志可以进行多种分类，如按发放贷款的部门（债权者）不同，可分为政府贷款、其他部门贷款和金融机构贷款等。政府贷款是作为债权者发放的贷款，如政府财政借给预算单位临时急需并按期收回的款项。其他部门贷款是除政府和金融部门之外的部门之间的贷款，如房贷中心发放的公积金住房贷款等。金融机构贷款是金融机构作为债权者发放的贷款。

我国的放贷金融机构主要有中央银行、政策性银行、商业银行、信托投资公司、金融租赁公司、消费金融公司、汽车金融公司等。中央银行的贷款主要有再贷款、再贴现和专项贷款。政策性银行贷款包括粮油等农产品收购性贷款、保障性住房贷款等。商业银行贷款种类较多，可以按照不同的标志进行多种分类，一般分为短期贷款、中长期贷款、票据融资、同业拆借和各项垫款等。同业拆借指商业银行之间的借贷，信托投资公司贷款主要是信托贷款，金融租赁公司贷款是指融资租赁，消费金融公司贷款是指消费贷款，汽车金融公司贷款是指汽车消费贷款。

（五）股票和其他权益

股票和其他权益包括上市股票、投资基金份额、直接投资和其他权益。

中国上市股票分为 A 股、B 股、H 股和 N 股。A 股即人民币普通股，它是中国境内的股份有限公司发行，供境内机构组织和个人以人民币认购和交易的普通股。B 股又称"境内上市外资股"，是指在中国境内注册的股份公司向境内外投资者发行募集外币资金，并在中国境内证券交易所上市交易的股票。H 股是我国境内注册的股份公司在香港联交所上市交易的股票。N 股是中国境内注册的股份公司在纽约证交所上市的股票。

投资基金份额是投资基金发售给投资者的份额。投资基金是一种由众多不确定投资者自愿将不同的出资份额汇集起来，交由专家管理投资，所得收益由投资者按比例分享的一种金融组织。中国投资基金可分为证券投资基金和产业投资基金。证券投资基金的投资对象主要是股票、债券等有价证券。产业投资基金是中国的特有概念，国外通常称为"私募股权基金"。它是指一种对未上市企业进行股权投资和提供经营管理服务的利益共享、风险共担的集合投资制度，即通过向多数投资者发行基金份额设立基金公司，由基金公司自任基金管理人或另行委托基金管理人管理基金资产，委托基金托管人托管基金资产，以及创业投资、企业重组投资和基础设施投资等实业投资。

直接投资指投资者将货币资金直接投入投资项目，形成实物资产或者购买现有企业的投资。通过直接投资，投资者可以拥有全部或一定数量的企业资产及其经营的所有权，直接进行或参与投资的经营管理。直接投资包括对现金、厂房、机械设备、交通工具、通讯、土地或土地使用权等多种有形资产的投资和对专利、咨询服务等无形资产的投资。我国政府直接投资主要是对事业单位、非营利机构和国有企业的货币和实物的投资。

（六）保险技术准备金

保险技术准备金包括社会保险技术准备金和商业保险技术准备金两个方面。社会保险技术准备金是指社会保障保险基金用于支付基金的净额，也就是全部收入扣除全部支出的结余额。商业保险技术准备金包括保险人对人寿保险准备金和养老基金的净债权，以及保险公司缴纳的保险费预付款和未决索赔准备金。

1. 保险人对人寿保险准备金和养老基金的净债权。保险企业和养老基金持有的人寿保险和养老保险的准备金，是保险单持有人对保险公司和养老基金的要求权。这些准备金最终将在一定的条件下向保险单持有人提供福利，或者在保险单持有人死亡时向继承人提供补偿。所以这种准备金和净债权被认为是投保人的资产，而不是管理它们的机构单位的资产，对于管理这些准备金的保险公司或养老基金来说就是一种负债。人寿保险和养老基金准备金由未决风险准备金和分红准备金组成，后者增加了在分红保单或类似保单期满时的价值。

2. 保险费预付款和未结索赔准备金。预付保险费由客户在保险单所覆盖时期的期初支付给保险公司形成保险公司的准备金，用来承保随后时期的风险，这些预先支付的保险费是保险单持有人的事前要求权，是投保人的资产，而不是保险公司的净股权。

保险企业的索赔事件常会有争议，未决索赔准备金是保险企业为了支付尚未清算的索赔或争议的索赔预计要付出的金额而持有的准备金。保险公司认可的有效索赔应在导致索赔事件或事故发生时支付，而不论解决索赔争议的时间有多长。因此，未决索赔准备金是受益者的资产和保险公司的负债。

（七）金融衍生产品

金融衍生产品按交易方式分为远期、期货合约、期权合约和互换。远期是最为简单的衍生产品，它是指双方约定在未来某一个确定时间，按照某一确定的价格买卖一定数量的某种资产的协议。期货合约实际上是标准化的远期合约。期权合约实质是这样一种权利，其持有人在规定时间内有权按照约定的价格买入或卖出一定数量的某种资产。互换是两个或两个以上当事人按照商定的条件在约定的时间内交换一系列未来现金流的合约。金融衍生产品按依附的基础资产分类，分为股权式衍生产品、货币衍生产品、利率衍生产品。

中国事业单位、非金融企业和金融企业以及中央银行使用的金融衍生产品主要有外汇远期结售汇和远期交易、债券远期交易、人民币远期利率协议、人民币无本金交割远期、人民币结构性存款、人民币结构性票据、商品期货、基金期货、股票指数期货、H股指数期货、人民币外汇期权、人民币无本金交割外汇期权、人民币无本金交割期权、H股指数期权、人民币外汇掉期和货币掉期、人民币利率互换、人民币本金交割掉期等。此外，还包括国有企业建立激励机制而使职工拥有的股票期权。

（八）应收/应付款

其他应收/应付款是在交易中应收未收、应付未付或预收应付款项等。主要包括应收税款、应返还款、预付款、应收票据、应收账款、应收利息、应收股利、应付利息、其他应收款项、其他应付款项等。

（九）其他金融资产

其他金融资产指除国际储备资产、通货和存款、债务性证券、贷款、股票和其他权益、保险技术准备金、金融衍生产品、应收/应付款以外的金融资产。

三、完善政府总体资产负债核算的研究

（一）明确和完善资产负债分类的基本标准

一是从宏观层面要明确资产分为金融资产和非金融资产，负债主要按金融工具分类的基本标准。

二是进一步明确金融资产、非金融资产和金融负债的基本分类。

三是不断完善资产负债基本分类，使微观的流动性分类与宏观层的基本分类相互融合。

（二）完善非金融资产核算

一是要完善固定资产的核算，修订固定资产统计制度，把文物文化资产从固定资产核算中分离出来。

二是完善库存的核算，把战略性库存纳入库存的核算范围。

三是设立文物文化资产核算项目，以核算用于展览、教育或研究等目的的历史文物、艺术品以及其他具有文化或历史价值并作长期或永久保存的典藏等。

四是完善非生产资产的核算。把土地、地下资产、其他资源资产和无形非生产资产纳入核算范围。

（三）完善金融资产和金融负债的核算

一是要把按金融工具分类落到实处，特别是核算科目上要体现分类的要求。

二是要完善投资项目，把狭义政府对事业单位、非营利组织、基金、企业和其他机构组织的投资纳入投资的核算范围。

三是完善新的金融产品的核算，如理财产品等。

第三节 政府总体资产负债表的编制

政府总体资产负债表的编制，就是把反映总体资产负债的数据进行搜集整理并以表式形式加以展示。我们要研究展示政府总体资产负债数据的表式设计、数据的搜集、估价、整理和登录等。

一、表式设计

政府总体资产负债表的设计就是要研究综合政府资产负债表的结构问题。

资产负债表一般分为左方和右方，在左方记录资产，在右方记录负债和资产净值，表式如表8-2所示。若展示主体的构成，可以分别在资产方和负债方列示主体的构成，表式如表8-3所示。我们采取纵列横栏方式展示主体和客体的构成，表式如表8-4所示。资产负债表分为纵列和横栏两部分。纵列记录主体及其构成，也就是记录政府机构的各部门；横栏记录客体及其构成，就是记录资产负债项目及资产净值。

政府总体资产负债表的设计与展示政府组成部门的详细程度相关。政府总体资产负债表的主体包括三个层次，每个层次又包括各部门。如何反映政府总体资产负债表的主体及其结构，可以考虑三种选择：一是设计和编制一个总表，即合并政府机构各部门数据的综合的资产负债表，即公共部门资产负债表，如表8-2所示。同时分别设计和编制展示政府机构各部门构成的子部门资产负债表，如狭义政府资产负债表（见表2-1）、事业单位资产负债表（见表3-1）、政府控制的非营利组织资产负债表（见表4-1等）；二是设计和编制展示政府机构各部门的资产负债表，如表8-3所示。三是在设计和编制政府机构各部门的资产负债表的同时，分别设计和编制展示政府机构各部门构成的子部门资产负债表。若可能的话，设计和编制第三种方式较为理想。

表8-2　　　　　　　　　政府总体资产负债表

资产	余额	负债和资产净值	余额
非金融资产		通货和存款	
生产资产		债务性证券	
固定资产		贷款	
存货		股票和其他权益	
文物文化资产		保险技术准备金	
非生产资产		金融衍生产品	
其他非金融资产		应付预收款	
金融资产		其他负债	
国际储备资产			
通货和存款			
债务性证券			
贷款			
股票和其他权益			
保险技术准备金			
金融衍生产品			
应收预付款			
其他金融资产		资产净值	
总资产		负债和资产净值	

表 8 - 3   政府总体资产负债表

单位 \\ 项目	狭义政府	事业单位	政府控制的非营利组织	公共公司	合计	负债和资产净值	狭义政府	事业单位	政府控制的非营利组织	公共公司	合计
非金融资产						通货和存款					
生产资产						债务性证券					
固定资产						贷款					
存货						股票和其他权益					
文物文化资产						保险技术准备金					
非生产资产						金融衍生产品					
其他非金融资产						应付预收款					
金融资产						其他负债					
国际储备资产											
通货和存款											
债务性债券											
贷款											
股票和其他权益											
保险技术准备金											
金融衍生产品											
应收预付款											
其他金融资产						资产净值					
总资产						**负债和资产净值**					

表 8－4　　　　　　　　　　　政府总体资产负债表

机构／资产负债	公共部门												合计	
	广义政府				公共公司									
						国有金融企业					合计			
							国有存款性金融机构							
	狭义政府	事业单位	政府控制的非营利组织	合计	国有非金融企业	中央银行	国有其他存款性金融机构	合计	国有非存款性金融机构	合计	未经合并	合并	未经合并	合并
一、资产														
非金融资产														
生产资产														
固定资产														
存货														
文物文化资产														
非生产资产														
其他非金融资产														
金融资产														
国际储备资产														
通货和存款														
债务性债券														
贷款														
股票和其他权益														
保险技术准备金														
金融衍生产品														
应收预付款														
其他金融资产														
二、负债														
通货和存款														

机构＼资产负债	公共部门													
	广义政府				公共公司								合计	
						国有金融企业					合计			
						国有存款性金融机构			国有非存款性金融机构	合计				
	狭义政府	事业单位	政府控制的非营利组织	合计	国有非金融企业	中央银行	国有其他存款性金融机构	合计			未经合并	合并	未经合并	合并
债务性证券														
贷款														
股票和其他权益														
保险技术准备金														
金融衍生产品														
应付预收款														
其他负债														
三、净值														

　　不管采取何种展现方式，都需要反映总体政府的各部门、各部门的子部门以及整体政府的状况。各部门、各部门的子部门以及整体政府的数据，哪些需要合并，哪些不需合并，这主要取决于使用者的需要。一般来说，同时列示经合并的统计数据和未经合并的统计数据还是有益的。狭义政府部门内部各子部门间的数据一般应合并，因为狭义政府部门内部各子部门之间的数据不反映整个狭义政府部门的状况。同理，广义政府部门内部各子部门之间的数据一般应合并。金融机构内部各子部门之间的数据应合并。金融机构是经营金融产品的机构，存款性金融机构又是创造货币的机构，金融机构之间的金融活动可以同时创造金融资产和负债。若不合并，就虚增了金融机构金融资产和负债的规模。另外，广义政府部门内部各子部门与国有企业内部各子部门之间的数据也是可以合并的，受数据可得性等方面的限制，可以采取未合并的展示方式。国有非金融企业与国有金融机构之间的数据可以采取经合并的统计数据和未经合并的统计数据同时列示的方式。

二、数据搜集

前面我们已经分别研究了政府组成部门资产负债表数据的搜集。但搜集的这些数据还不能完全满足编制综合政府资产负债表的需要。比如在研究狭义政府资产负债表时，我们对主权财富基金应归入政府的哪个层次进行了研究，但并没有对它的数据搜集进行研究。还比如，在研究狭义政府资产负债表时，我们根据会计核算，把股票、债券等统计在"有价证券"核算项目中，在研究编制政府总体资产负债表中，我们还需要把它们分别核算。这就需要通过其他渠道搜集数据来满足编制的需要。这里研究的数据搜集主要指研究搜集没有建立（或未公布）核算制度的机构和核算项目，或虽有核算制度但机构和核算项目的界限不清，数据不能满足编制的需要。

（一）未建立或尚未公布核算制度的政府机构数据的搜集

这些机构主要有政府主权财富基金性质的机构、政府部门特殊目的实体、政企合一的政府机构、事业单位和政府控制的非营利机构等。搜集这些机构的数据，有些机构内部有完善的核算数据的标准，我们研究如何从制度上解决这些机构的数据报送问题；有些机构内部核算不完善，也没有建立报送制度，如政府控制的融资平台、担保公司、各种基金会等，这些机构的数据可能需要典型调查，全面推算；还有些没有明确核算主体，也没有建立核算制度的资产负债项目，如公路、水坝等，这些数据可能需要到主管部门调查、摸清实物数量，进行测算；政府参股企业的数据也可采取典型调查、全面推算的方式。

（二）没有建立核算制度或核算界限不清项目的数据搜集

没有建立核算制度的核算项目主要有出资额、文物文化资产、非生产资产等。这些项目的数据可能主要运用典型调查、分析推算等方式获得。如狭义政府"出资额"，可以分析事业单位、政府控制的非营利组织、国有企业的有关数据进行推算获得。文物文化资产可能需要到国家档案局、国家文物管理局、文博部门以及保险机构（保险机构中贵重物品投保金额）等部门搜集数据。非生产资产可能需要到国土资源等部门搜集数据。

核算界限不清项目，除在建工程等非金融资产外，主要是金融资产和金融负债，如长期投资、短期投资、长期负债、短期负债、有价证券等。这些项目的数据目前可以主要从金融部门的统计数据中获得，如债券中的国债作为负债可以从狭义政府的负债方获得；作为资产可以从国债登记公司等部门的统计数据中获得。

三、估价

前面我们已经分别研究了政府组成部门资产负债表数据的估价，提出了一些可供参考的估价的具体方法。我们在政府组成部门资产负债表数据的估价研究的基础上，研究编制政府总体资产负债表的估价，重点研究估价的一般原则和通用方法，对政府组成部门资产负债表数据估价进行再评估。

（一）资产负债估价的一般原则

从理论上来说，资产负债表中的所有资产和负债应当采用可观测的市场价格估价。如果所有资产在市场上都能够正规、活跃、自由地交易，以现期市场价格对资产负债来进行估价时，可以采用市场中所有交易的总平均价格。如果资产在近期内没有在市场上买卖，从而没有可观测的市场价格，那就只能按照一个假定价格——假定在资产负债表编表日期的市场上获得该资产时的可能价格进行估算。

除了利用市场中观测到的价格或基于市场观测价格而估算的价格，还可以用其他两种方法得到近似的现期价格。在某些情况下，通过在资产的使用年限内累加和重估该资产的获得减处置，就可得到近似的市场价格。对固定资产来说，这通常是较切实际的，也是优先使用的方法，但该方法也可用于其他资产。在另一些情况下，通过某一资产之预期未来经济收益的现期价值或贴现价值，也可以得到近似的市场价格。这一方法适用于许多金融资产、自然资源以及固定资产。比如，如果有良好的信息和一个有效率的市场，通过累加和重估价交易得到的资产价值，应当等于或至少近似等于这些资产的未来收益之现期价值或贴现价值，也应该等于活跃的二手市场中该资产的市场价值。

1. 市场中观测到的价值。进行观测的理想来源是市场，如证券交易所，在其中交易的每一资产都是完全同质的，经常有较大数量的成交，并可按定期间隔列出市场价格。以此类市场产生的价格数据，乘以数量指标，就可以计算出由部门持有的各类资产和负债的全部市场价值。

2. 通过累积和重估交易得到的价值。对大多数非金融资产而言，其每年的价值变化反映了其市场价格的变化。同时，初始获得成本也会由于在资产预期寿命期内的固定消耗（固定资产）或其折旧形式而减少。这种资产在其寿命周期内某一时点的价值，是通过一个同等新资产的现行获得价值减累计折旧而得到的。这一估价有时候被称为折后重置成本。对旧资产而言，如果得不到一个可靠的、直接观测到的价格，该方法可以提供一个在市场上能够出售该资产的合理近似值。

3. 未来收益的现值。对那些其收益被延迟（如林木）或分布在很长时期内（如地下资产）的资产来说，尽管可以用市场价格来估价其最终产出，但还必须用贴现率来计算预期未来收益的现值。

4. 以外币计值的资产。以外币计值的资产和负债，应该按照资产负债表编表日期的市场汇率换算为本币。该汇率应当是货币交易买进价和卖出价的中间点。

（二）非金融资产的估价

1. 固定资产。固定资产中的建筑物和构筑物、机器设备可采用"永续盘存法"，按编表时的市场价格进行重置估价。对在建工程超过一年以上的按在建期的生产者价格或购买者价格指数进行调整。对于家具、用具的价格，可按市场价格减去消耗价值进行调整；对于动植物的价格，按市场价格或预期未来收益价值估价。

2. 存货。对于生产过程已经完成的存货，可根据账目价值按编表时点的生产者价格指数进行估算；对于商品可按市场销售价格指数估算；对于中间投入存货，可根据账目价值按购买者价格指数估算。对政府储备物资，可按账目价值计价。

3. 文物文化资产。有市场价格的文物文化资产按现期市场价格对其进行估值；如缺乏有组织的市场，根据可获得信息的程度，利用为防火、防盗等投保的价值数据对文物文化资产进行估值，或组织拍卖方面的专家进行估值。

4. 非生产资产。土地的现期价值会因为其地理位置不同以及用途不同而有明显的区别。因此，需要识别每一块土地的地理位置和用途或土地的地域范围，然后予以估值。城市建设用地价值可根据国家征用土地的最低价作为估价的基础进行测算调整；或采用土地残差法和比例分摊法，将地上建筑物价值从总价值中扣除或按比例分摊，从而单独得出土地的价值。其他用地价值或按购买价格结合市场价格进行调整，或按预期未来收益价值调整估算。

无形资产或按合同规定的支付金额估值，或按市场销售价格估算，或按预期未来收益价值调整估价。

（三）金融资产和负债的估价

遵循上述一般估价原则，只要金融资产和负债是在有组织的市场上有规律地交易，就对它们按现价估价。

1. 国际储备资产。货币黄金按在有组织的市场上形成的价格或中央银行之间双边协议确立的价格来估价。特别提款权的价值由国际货币基金组织根据货币篮子每日决定。它对本币的汇率可以从外汇市场价格中获得。该货币篮子和权数可以随时调整。外汇储备可根据外汇市场价格进行调整。

2. 通货和存款。对通货来说，其名义价值或面值即是其估价。对于存款而言，债权人和债务人资产负债表中记录的价值是存款结清时债务人根据契约规定应偿还给债权人的数额。外币通货和存款以资产负债表编制日的现汇卖出价和买入价的中间点兑换为本币。与金融衍生合同有关的应偿还现金保证金费用应包括在其他存款中。

3. 债务性证券。短期证券及对应的负债应以其当期市场价值进行估价。在高通货膨胀或高名义利率情况下，特别需要以此种方法估价。长期证券应当始终按其市场价格估价，无论它们是定期支付利息的债券，还是付息很少的高贴现债券或不付息的零息票债券。其价格总是要将随时间发生的利息包括在内（即所谓含息价）。尽管长期证券发行者的名义负债可以固定为某一货币金额，但利息固定的证券的市场交易价格却可以随一般市场利率的波动而有相当大的变化。长期证券发行者通常有机会在市场上购回该证券来清偿其债务，因此按市场价格估价对长期证券的发行者和持有者都是合适的，特别是那些积极操纵资产或负债的金融交易者。对于指数化债务证券，在资产负债表中也应按照市场价格估价，而不管与证券相挂钩的指数具有何种特点。如果一项债务工具的本金和息票以某种外币为参照而被指数化，应当将该项债券视同是由该外币表示的，要按资产负债表编制日的中间点汇率将外币兑换为本币处理。

4. 贷款。债权人和债务人的资产负债表中都要记录的贷款价值，是指未偿付本金的数额。这个数额中包括已产生但未付的利息。还应当包括间接测算的由该项债务所承担的已产生但未付的服务费用的数额。在一些例子中，已产生的利息会列在应收/应付款下，但最好是包括在贷款中。

贷款的价值不反映资产负债表日之后应付利息的影响，虽然在最初的贷款协议中可能规定了这种影响。如果有贷款的二手市场，而且可以得到市场报价单，就应将此类贷款重新归类为证券。一份贷款只被交易一次，没有在市场中继续交易，就不再重新归类，只作为贷款处理。在此遵循债券和贷款的估价原则。如果贷款的本金是指数化的，或本金和利息是某种外币的指数，应当将其按上述具有类似特征的债券相同的方法处理。

5. 股权和投资基金份额。上市股票会在证券交易所或有组织的金融市场中有规则地交易。在资产负债表中应以现期价格估价。

对于未上市股票，可能没有可观测的市场价格。这种情况经常发生在直接投资企业、私人权益资本、未上市或退市股权、上市但是非流通公司、合资企业，以及非法人企业。在无法获得实际市场价值时，需要进行估算。可采取各种接近直接投资企业中股东权益市场价值的方法。以下这些方法无法按优劣排列，每一种方法都需要根据实际情况和结果的合理性进行评估。

（1）近期交易价格。未上市股票在过去年份里可能偶尔被交易，因此可以按曾经交易的近期价格进行估价。如果情况未变，近期价格就是现期市场价值的良好指标。该方法可以从交易日起在企业情况没有重大变化时尽可能长时期使用。随着时间和情况变化，近期交易价格会越来越不准确。

（2）净资产价值。可以对未交易股权进行评估，这样的评估可能要通过有一定知识的管理者或企业经理来实施，或者通过独立审计提供，以现期资产价值总额减去市场价值的负债（不包括权益）。估价应当是近期完成的（在过去一年之内）。

（3）现值/市盈率。未上市股权的现值可以通过预测未来收益然后进行贴现来估算。最简单地，可以采用与该方法近似的方法，即参照一个市场或行业的市盈率与该未上市企业的（平稳的）最近的过去收益，计算出一个价格。此方法比较适合于那些资产负债表信息很少但可以得到较多收益数据的情况。

（4）统计人员根据宏观信息调整的企业账面价值。对于未交易股权，可以从企业收集到"自有资金账面价值"信息，然后以合适的价格指标为基础形成一些比率，比如在同一经济中进行类似操作的上市股票的价格/账面价值比，进行调整。此外，可以利用适当的资产价格指数，对企业以成本计算运营的资产（如土地、工厂、设备、存货）进行重估价，转换为现期价格。

（5）自有资金账面价值。该方法采用直接投资企业账面上积累的企业价值来估价权益，它是以下几项之和：①实收资本（不包括企业发行股票中被自己持有的部分，但包括股票溢价款）；②企业资产负债表中被确定为股权的所有类型的公积金（包括会计准则认定为公司公积金的投资补助）；③累计再投资收益；④包括在账户自有资金中的持有收益，无论是作为重估价储备或收益/损失。对资产和负债的重估价越频繁，就越接近市场价值。几年不进行重估价的数据，不能很好地反映市场价值。

（6）摊销全球价值。全球企业集团的现期市场价值可以以其在证券交易所交易股票的市场价格为基础得到，如果它是上市公司，在交易所其股权是被交易的。如果可以确定一个合适的指标（比如销售、净收入、资产或劳动力），就可以以这些收入为基础，假设净市场价值对销售、净收入、资产或劳动力之比率在整个跨国企业集团里是固定的，将全球价值分摊到它有直接投资企业的各个经济体中（选用不同指标，可能会产生显著不同的结果）。

如果上述几种方法都不可行，也许就需要使用一些不太合适的数据。例如，唯一可利用的资料是累计流量或以前的经过后续流量调整的资产负债表。这些资料使用的是以前时期的价格，因此应当用后续的价格进行调整，比如利用综合股票价格或资产价格指数进行调整，并要考虑有关的汇率变动。不建议采用未经调整的过去交易的总和。股权代表所有者的资金。生成股权的方法有多种，如发行股票，无须发行股票的股权注入（有时称作"盈余配送"或"资本配送"），股票发行溢价，累计再投资收益，或重估价。如果需要将累计流量用作测算股权价值的起点，这些都应当加以考虑，但不同类别都是股权的组成部分，在其他情况下不需要单独确定。

如果不能直接观测到现期市场价格，到底采取哪一种方法，应考虑信息的可获得性，并要对最接近市场价值的可用方法作出判断。其他股权覆盖了其他各种不发行股票的公司或准公司的股权。这些公司包括公共企业、中央银行、一些其他特别政府单位、合伙企业、无限责任公司以及准公司，无论何时它们都是没有股票的机构单位。其他股权的估价应当等于该单位的资产价值减去其负债的价值。

货币市场基金和其他投资基金中的份额（或单位）可以用股权中所建议的类似方法估价。上市基金份额可以用基金份额的市场价格估价。未上市基金份额可从未上市股权估价方法中选择某一种方法估价。

6. 保险技术准备金。保险技术准备金包括非寿险专门准备金、寿险和年金权益、养老金权益、标准化担保下代偿准备金等。记录在资产负债表中的非寿险准备金额，是指资产负债表编表当日未满期保费，加上留出弥补未决赔款的数额。后者是理赔所预备支付的数额，包括有争议的索赔，以及意外索赔金额，它假定这些会发生，只是尚未报告。寿险和年金权益是在寿险和年金权益项下记录的存量价值，与非寿险专门准备金类似，也表示有足够的准备金以弥补所有未来的索赔。不过对于寿险，准备金数额相当大，它代表了所有预期索赔的现期价值。在保险公司的商业会计中，有一些准备金被记录为奖金和折扣准备金。这是保险行业为了平滑收益，以及为了直到保单到期仍然保留一些收益的做法的结果。养老金权益包括两项：一是当养老金数额的决定方式是事先商定的（像在一个定额福利计划之下一样）；二是当养老金数额依赖于从未来养老金缴款中获得金融资产（定额缴款计划）的投资绩效。对于前者，应采用养老金提供者负债的精算估值；对于后者，其价值是代表为了收益人的养老金持有金融资产的市场价值。标准化担保下的代偿准备金，应等于现有担保索赔的预期水平减去任何预期回收。严格说来，这些数额将代表那些担保受益单位重复核算程度。

7. 金融衍生产品。金融衍生产品包括期权、远期合约、雇员股票期权等。期权应当以期权的现期价值（如果有的话）估价，或以应付权利金的数额估价。负债应计入期权卖方所在的部门，表示收购持有者期权的现期成本或持有收益的增加。一个期权的价值为零可能更为适宜。因为持有者每天将得到（付出）盈利（损失）。这些资产项目的对应方为负债。远期合约以市场价值记录。当支付实现后，资产及相应负债的价值被分期清偿，并随后反映在资产负债表编表日期的价值中。期货合同的市场价值可在核算期间内根据标的项目中价格的变动，在一个资产头寸与一个负债头寸之间转换。所有价格的变化，包括这种变动的结果，都作为重估价处理。雇员股票期权应根据所授予的权益工具的公允价值进行估价。对于权益工具的公允价值，应利用在授予日已交易的期权同等的市场价值（如果可以得到的话）进行测算，或利用一个期权定价模型（二项式模型或 Black – Scholes 模型）进行测算。

8. 应收/应付款。商业信用、预付款和其他应收或应付项目（如税收、红利、地租、工资薪金、社会缴款），对债权人和债务人来说，都应按债务清偿时债务人有合同义务向债权人支付的本金额估价。

四、数据的整理和登录

政府总体资产负债表的数据整理和登录，就是把已编制的政府组成部门资产负债表的项目和数据按政府总体资产负债表的项目登录数据。

（一）狭义政府资产负债数据的整理和登录

1. 狭义政府资产负债表的非金融资产中除"固定资产""存货""文物文化资产"和"非生产资产"对应填录到政府总体资产负债表对应项目外，"在建工程"和"其他非金融资产"归并填录到政府总体资产负债表"其他非金融资产"项目中。

2. 狭义政府资产负债表金融资产中的"现金和存款"填录到政府总体资产负债表"通货和存款"项目中；"借出款项"和"应收转贷款"归并填录到政府总体资产负债表"贷款"项目中；"出资额"填录到政府总体资产负债表

"股票和其他权益"项目中;"有价证券"按证券类别分别填录到政府总体资产负债表股票、债券等有价证券项目中;"应收及预付款"对应填录到政府总体资产负债表项目中;"与下级往来"和"其他金融资产"归并填录到政府总体资产负债表"其他金融资产"项目中。

3. 狭义政府资产负债表负债中的"应付政府债券"填录到政府总体资产负债表"债务性债券"项目中;"应付转贷款"和"借入款项"归并填录到政府总体资产负债表"贷款"项目中;"应缴款"和"暂收应付款"归并填录到政府总体资产负债表"应付预收款"项目中;"保障保险基金"填录到政府总体资产负债表"保险技术准备金"项目中;"与上级往来"和"其他负债"归并填录到政府总体资产负债表"其他负债"项目中。

(二)事业单位资产负债数据的整理和登录

1. 事业单位资产负债表非流动资产除"固定资产""文物文化资产""非生产资产"对应填录到政府总体资产负债表项目外,"长期投资"按证券类别分别归并填录到政府总体资产负债表股票、债券等项目中;"在建工程"和"其他非流动资产"归并填录到政府总体资产负债表"其他非金融资产"项目中。

2. 事业单位资产负债表中的流动资产的"货币资金"填录到政府总体资产负债表"通货和存款"项目中;"短期投资"按证券类别分别归并填录到政府总体资产负债表股票、债券等项目中;"应收票据""应收账款""预付账款"和"其他应收款"归并填录到政府总体资产负债表"应收预付款"项目中;"存货"填录到政府总体资产负债表"存货"项目中;"其他流动资产"填录到政府总体资产负债表"其他非金融资产"项目中。

3. 事业单位资产负债表负债中的"应缴款""应付预收款"和"长期应付款"归并填录到政府总体资产负债表"应付预收款"项目中;"其他负债"和"其他长期负债"归并填录到政府总体资产负债表"其他负债"项目中。

(三)政府控制的非营利组织数据的整理和登录

1. 政府控制的非营利组织资产负债表非流动资产"固定资产""无形资产"和"文物文化资产"对应填录到政府总体资产负债表项目;"长期投资"按证券类别分别归并填录到政府总体资产负债表股票、债券等项目中;"长期应收款"填录到政府总体资产负债表"应收预付款"项目中;"在建工程""投资性房地产"和"其他非流动性资产"归并填录到政府总体资产负债表"其他非金融资产"项目中。

2. 政府控制的非营利组织资产负债表流动资产"货币资金"填录到政府总

体资产负债表"通货和存款"项目中；"短期投资"和"一年内到期的长期债券"按证券类别分别归并填录到政府总体资产负债表股票、债券等项目中；"应收款项""预付账款"归并填录到政府总体资产负债表"应收预付款"项目中；"存货"填录到政府总体资产负债表"存货"项目中；"其他流动资产"填录到政府总体资产负债表"其他非金融资产"项目中。

3. 政府控制的非营利组织资产负债表中负债方"短期借款"和"长期借款"归并填录到政府总体资产负债表"贷款"项目中；"应付款项""应付工资""应缴税金""预收账款""预计负债"和"长期应付款"归并填录到政府总体资产负债表"应付预收款"项目中；"其他流动性负债"和"其他非流动性负债"归并填录到政府总体资产负债表"其他负债"项目中。

（四）国有非金融企业资产负债数据的整理和登录

1. 国有非金融企业资产负债表中非流动资产除"固定资产""文物文化资产""非生产资产"对应填录到政府总体资产负债表项目外，"长期投资"按证券类别分别归并填录到政府总体资产负债表股票、债券等项目中；"在建工程""待摊费用""投资性房地产"和"其他非流动资产"归并填录到政府总体资产负债表"其他非金融资产"项目中。

2. 国有非金融企业资产负债表流动资产"货币资金"填录到政府总体资产负债表"通货和存款"项目中；"短期投资"按证券类别分别归并填录到政府总体资产负债表股票、债券等项目中；"应收及预付款项"填录到政府总体资产负债表"应收预付款"项目中；"存货"填录到政府总体资产负债表"存货"项目中；"待摊费用""其他流动资产"归并填录到政府总体资产负债表"其他非金融资产"项目中。

3. 国有非金融企业资产负债表中负债方"短期借款""一年内到期的长期借款"和"长期借款"归并填录到政府总体资产负债表"贷款"项目中；"应付债券"填录到政府总体资产负债表"债务性债券"项目中；"应付票据""预收款项"和"长期应付款"归并填录到政府总体资产负债表"应付预收款"项目中；"预提费用""其他流动负债"和"其他长期负债"归并填录到政府总体资产负债表"其他负债"项目中。

（五）国有存款性金融机构资产负债数据的整理和登录

1. 国有存款性金融机构资产负债表非金融资产除"固定资产""文物文化资产"对应填录到政府总体资产负债表项目外，"无形资产"填录到"非生产资产"；"在建项目""投资性房地产""抵债资产"和"其他非金融资产"归并填录到政府总体资产负债表"其他非金融资产"项目中。

2. 国有存款性金融机构资产负债表金融资产"国际储备资产"填录到政府总体资产负债表"国际储备资产"项目中;"现金和存款"归并填录到政府总体资产负债表"通货和存款"项目中;"各项贷款""买入返售资产"归并填录到政府总体资产负债表"贷款"项目中;"证券投资"按证券类别分别归并填录到政府总体资产负债表股票、债券等项目中;"金融衍生资产"填录到政府总体资产负债表"金融衍生产品"项目中;"应收预付款"填录到政府总体资产负债表"应收预付款"项目中;"同业往来""其他金融资产"归并填录到政府总体资产负债表"其他金融资产"项目中。

3. 国有存款性金融机构资产负债表金融负债"流通中货币""各项存款"归并填录到政府总体资产负债表"通货和存款"项目中;"有价证券"按证券类别分别归并填录到政府总体资产负债表股票、债券等项目中;"卖出回购金融资产"填录到政府总体资产负债表"贷款"项目中;"金融衍生负债"填录到政府总体资产负债表"金融衍生产品"项目中;"应付预收款"填录到政府总体资产负债表"应付预收款"项目中;"同业往来""其他负债"归并填录到政府总体资产负债表"其他负债"项目中。

（六）国有非存款性金融机构资产负债数据的整理和登录

1. 国有非存款性金融机构资产负债表非流动资产除"固定资产"对应填录到政府总体资产负债表项目外,"无形资产"填录到"非生产资产"项目中;"中长期贷款"填录到政府总体资产负债表"贷款"项目中;"长期投资"按证券类别分别归并填录到政府总体资产负债表股票、债券等项目中;"长期应收款"填录到政府总体资产负债表"应收预付款"项目中;"贵金属""其他非流动资产"归并填录到政府总体资产负债表"其他非金融资产"项目中。

2. 国有非存款性金融机构资产负债表流动资产"现金和存款"填录到政府总体资产负债表"通货和存款"项目中;"短期贷款""买入返售证券"归并填录到政府总体资产负债表"贷款"项目中;"金融衍生资产"填录到政府总体资产负债表"金融衍生产品"项目中;"证券投资"按证券类别分别归并填录到政府总体资产负债表股票、债券等项目中;"应收预付款"填录到政府总体资产负债表"应收预付款"项目中;其余归并填录到政府总体资产负债表"其他金融资产"项目中。

3. 国有非存款性金融机构资产负债表负债"存款"填录到政府总体资产负债表"通货和存款"项目中;"借款""长期借款""票据融资"归并填录到政

府总体资产负债表"贷款"项目中；"应付预收款""长期应付款"归并填录到政府总体资产负债表"应付预收款"项目中；"应付债券"填录到政府总体资产负债表"债务性证券"等项目中；"金融衍生负债"填录到政府总体资产负债表"金融衍生产品"项目中；其余归并填录到政府总体资产负债表"其他金融负债"项目中。

五、政府总体资产负债表编制研究

编制政府资产负债表需要逐步完善编制政府资产负债表的法律法规体系，进一步完善中国政府资产负债表的编制报告体系以及不断完善编制中国政府资产负债表的操作体系。

（一）逐步完善编制政府资产负债表的法律法规体系

一是逐步完善编制政府资产负债表主体组成部门的法律法规体系。适时出台和修订完善国有企业、政府控制的非营利组织、政府部门特殊目的实体、事业单位和行政单位管理的法律法规，进一步明确政府主体组成部门的范围。

二是建立和完善政府资产负债核算项目的法规制度体系，建立政府投资和资本管理规章和条例，建立文物文化资产、非生产资产等核算制度。修订和完善固定资产核算制度，完善金融资产和负债核算制度。

三是完善政府资产负债表编制的基础法规制度体系。针对政府主体不同的组成部分，完善会计、统计和业务核算相协调的记录时间、定值估值、数据搜集和整理、数据报送等一整套法规制度体系。

（二）进一步完善中国政府资产负债表的编制报告体系

一是明确编制政府资产负债表的分工体系。编制政府资产负债表大体分为三个层面。

第一层面为代表国家编制政府资产负债表。国外大都有两套编制报告体系，一套为财政部门编制的政府资产负债表报告体系，一套是统计部门编制的国民资产负债报告体系。两套编制体系各有特点，互相补充，但二者核算的范围不同，反映结果的角度也不一样，彼此不能互相代替。首先，二者核算的范围不同。政府资产负债表核算的机构部门为行政事业单位、政府控制的非营利组织和国有企业等；而国家资产负债表核算的机构部门为非金融企业、金融企业、广义政府、住户、为住户服务的非营利机构、国外。其次，二者反映结果的角度不同。编制资产负债表的目的之一就是摸清"家底"，政府资产负债反映的是政府的"家底"，而国家资产负债表核算反映的是国家的"家底"，二者不能完全画等号。政府资产负债表的编制与国家资产负债表的编制又相互联系，若没有完善的政府资产负债核算体系，就不可能建立完善的国民资产负债核算体系；同样，若没有完善的国民经济核算体系框架，政府资产负债核算也没有基础。我国应建立和完善两套编制报告体系。

第二层面为各部委承担编制分部门资产负债表。政府总体资产负债表是由预算部门、事业单位、政府控制的非营利组织、国有非金融企业和国有金融企业等分部门资产负债表所构成的。我们建议，预算部门、事业单位的资产负债表编制由财政部门负责；政府控制的非营利组织的资产负债表编制由财政部门、民政部门、工商管理部门负责；国有非金融企业的资产负债表编制由统计部门和国资管理部门负责；国有金融企业的资产负债表编制由中央银行负责。

第三层面为机构单位编制上报资产负债表。这是编制政府资产负债表最基础的数据源。编制机构单位要按照规则制度等要求，编制本机构单位的资产负债表。

二是建立完善政府资产负债表编制上报的责任体系。国家编制政府资产负债表应提交全国人大作为审议预算和国民经济计划的重要参考。各部门编制的部门资产负债表也应公开，接受社会监督。编制政府资产负债表的三个层次按权责对等的原则，建立和完善责任制，失责必究。

（三）不断完善编制中国政府资产负债表的操作体系

一是要完善编制中国政府资产负债的分类体系。中国政府资产负债的分类体系也包括三个层面：第一层面为国家资产负债的分类，按国际分类和中国实际情况，提出涵盖全部机构单位与部门的资产负债的分类，即机构分为非金融企业、金融企业、广义政府、住户、为住户服务的非营利机构、国外；资产分为金融资产与非金融资产。非金融资产分为生产资产与非生产资产。生产资产又分为固定资产、存货、文物文化资产等；非生产资产又分为土地、地下资产、其他自然资产、无形非生产资产。金融资产分为国际储备资产、通货和存款、债务性证券、贷款、股票和其他权益、保险技术准备金、金融衍生产品、应收/预付款、其他金融资产等。金融负债的分类与金融资产的分类相对应。

第二层面是国家综合管理部门对机构和资产负债的分类，如中央银行、金融监管部门、财政部门、商务管理部门、民政部门等，在国家对全部机构单位与部门资产负债分类的基础上，根据本部门管理的需要，对机构和资产负债再分类。如中央银行对金融机构分为存款性金融机构和非存款性金融机构，对金融资产和负债的"通货和存款"可再分为"流通中货币"和对存款的各种分类等。

第三层面为部门单位对本部门机构和资产负债的分类，这是在第二层面分类的基础上，根据本部门管理的需要，对机构和资产负债的再分类。

三个层面的分类体系应该相互衔接，特别是第三层面的分类，会计核算的分类与统计核算的分类也应该相互衔接。

二是逐步完善统计指标的标准化。在机构、资产和负债分类标准化的基础上，逐步实现统计指标的标准化，即实现统计指标的代码化。

三是数据搜集上实行会计核算的数据与统计核算的数据无缝对接，在计算机操作的基础上实行会计核算的全科目上报。

参考文献

［1］联合国等：《2008 国民账户体系》，北京，中国统计出版社，2012。

［2］杜金富等：《政府资产负债表：基本原理及中国应用》，北京，中国金融出版社，2015。

［3］中华人民共和国财政部：《行政单位会计制度》，上海，立信会计出版社，2014。

［4］中华人民共和国财政部：《关于印发〈财政总预算会计制度〉的通知》，2015。

附　件

附件1　中央财经委员会办公室原副主任、全国政协经济委员会副主任杨伟民的审稿意见

课题组所著《中国政府资产负债表编制研究》（以下简称《研究》），对编制我国政府资产负债表相关问题进行了系统研究，分析了目前核算中存在的问题，提出了相应的建议，对编制我国资产负债表具有重要的参考价值。其创新点主要有：

一是首次提出编制政府资产负债表的框架和核算方法。《研究》并未采取确定机构核算范围、资产负债核算范围、资产负债核算方法的研究思路，而是先研究机构部门资产负债表的编制，后研究政府总体资产负债表的编制，所提建议更具有针对性、操作性和指导性。《研究》的研究方法和内容（除居民部门资产负债表没有涉及外）对编制国家和地方资产负债表具有重要参考意义。

二是首次确定政府机构核算的范围及层次。《研究》在清晰界定政府机构职能范围的基础上，提出政府机构核算的构成及层次，即狭义政府、广义政府、公共部门，对每一层次的每一机构的范围进行了理论研究、现状分析，提出完善核算的建议。如狭义政府，一般主要关注和公布行政单位的相关报表，《研究》扩展为社会保障、保险基金和政府财政总预算，完善了狭义政府机构核算的范围。针对中国政府机构运行的实际情况，提出一个机构多重身份核算的处理方法，满足各方对核算的需求。既符合国际惯例，又结合了中国实际。

三是首次提出需要确立和完善的核算项目。《研究》首次提出确立"出资额""文物文化资产""非生产资产"等核算项目，并对"存货""固定资产""公共基础设施"等核算项目提出了完善核算的建议，"出资额"核算项目的提出，弥补了我国对国际机构投资，对企业投资，对事业单位、非营利机构、基

金机构等出资额核算不集中、不全面的不足。"文物文化资产"核算项目的提出，填补了我国在这方面核算的空白。这些对于完善我国资产负债核算内容具有重要意义。

《研究》对于中国政府资产负债核算中的不规范、隐性、界限不清等问题还需再深入研究，在编制中国资产负债表时，解决上述问题。

附件2　中国人民银行原副行长、清华大学五道口金融学院院长吴晓灵的审稿意见

该课题根据《国民账户体系2008》和《政府财政统计手册2014》的一系列准则，结合中国的实际情况，研究了中国政府资产负债表的编制方法，所提出的原则和方法是在目前体制下"变通之举"，按此思路去编制政府资产负债表工程浩大，也未必能科学、准确。但这不是课题组的问题，如果中国的市场化改革不进一步深化，中国政府资产负债表编制的问题是难以解决的。为此建议研究报告单列一章对改革提出建议。

第一，要按十八大和十九大提出的原则做好政府边界的定位。在政府部门的构成中，最难界定的是事业单位和政府控制的非营利组织。我们应按照五大文明建设的目标，着力社会文明建设，培育独立的社会组织，强化公民的自律管理、自律服务，减少政府直接控制，这样政府的边界就会清晰些。还有一些"一套人马、两块牌子"的单位也应在下一步的改革中尽量明确职能划分，这样也有利于防止寻租现象的产生。

第二，健全国民经济核算工作的微观基础。本研究中提到政府资产负债表编制工作的难题是有些广义政府部门本身没有很好的核算制度。在政府和全国人大加强对全部国有资产包括经营性、非经营性资产进行监督的时候，我们应完善各类非营利性组织的核算体系建设。今后国民经济核算体系的统计应建立在原始会计数据的采集基础上而不是靠人为的统计，这样可以减少人为的干预。在信息化日益发展的今天，这是完全可以做到的。

第三，要拓宽国民经济统计的渠道，为国民经济核算体系的全覆盖打好制度基础。国民经济核算体系除政府部门外还会有企业和居民部门，数量庞大的核算体系工作量是非常大的。特别是资产端情况复杂，因而允许一些社会组织做一些统一的会计基础之上的统计分析工作会有利于国民经济核算体系的建立。

总之，希望课题组针对编制中的难题，提出改进的制度建议。

附件3　国家统计局原副局长、清华大学教授许宪春的审稿意见

《中国政府资产负债表编制研究》对政府资产负债表编制进行了深入、详尽和扎实的研究，对我国政府部门核算的范围与层次、资产负债的范围与分类、估价方法、编制操作等关键性问题进行了深入探讨。课题结构清晰规范，导论部分对政府资产负债表编制的意义、思路和展望做了具体阐述，而后对不同层次的政府范围、相应资产负债表核算范围和分类以及具体编制方法进行了全面讨论，最后对政府总体资产负债表编制进行了研究。

一、政府资产负债表的编制既遵循国际框架，又充分结合中国国情

课题遵循SNA理论框架，核算范围、分类标准、估价方法、表式结构与国际标准基本保持一致。同时结合中国国情，兼顾科学性和可操作性，对我国政府部门的核算范围、资产负债分类、估价方法、资料来源等提出针对性建议，具备可行性。例如，对我国特有的事业单位进行详细的分类，并在此基础上总结事业单位资产负债表编制方法，就是较为独到的建设性意见。

二、政府资产负债表的编制采取不同层次的划分，能满足不同方面的需要

课题将政府部门划分为狭义政府、广义政府和公共部门三个层次。在狭义政府的基础上，将事业单位、政府控制的非营利组织纳入，构建广义政府；在广义政府之上，将各类国有企业纳入，构建公共部门。其中国有企业又被具体划分为非金融企业、存款性金融企业和非存款性金融企业。政府部门不同层次的统计数据提供了内容丰富的信息，对于掌握政府部门不同层次的资产负债状况，制定有关经济政策，防范债务风险，促进政府绩效改善具有重要意义。

对课题进一步推进的建议：

一、加强国际比较，使得政府资产负债表编制符合国际规范

既然课题编制方法基于SNA，则在具体分析中应该适当分析国际现有编制政府资产负债表的经验。特别是对事业单位等中国特有的机构，需要保证这些机构资产负债表的编制符合国际标准，确保编制的合理性和编制结果的可比性。课题指出美国的准政府组织和政府性公司，英国的非部委公共团体，日本的独立行政法人，加拿大的法定机构、部公司和皇家公司等与中国事业单位功能类

似，可以通过比较这些机构资产负债表的编制经验，为更为合理地编制国内事业单位资产负债表提供建议。

二、适当拓展对资产负债表编制中部分关键问题的讨论

我国政府资产负债表编制过程中存在部分关键问题，应该对这些问题进行较为深入的讨论，甚至值得专门开辟一章进行讨论。例如，我国社保制度是现收现付制，这与国际上部分国家实施的积累制不同，除账面的资产负债之外，对应的潜在资产负债应该有所不同，建议可以进行拓展讨论。另外，我国土地制度具有特殊性，课题提供了城市建设用地的估价方法，而对于农村集体所有的农地，也应提供相应的估价方法。

附件 4　清华大学金融与发展研究中心主任、中国人民银行货币政策委员会委员马骏的审稿意见

《中国政府资产负债表编制研究》深入研究了编制中国政府资产负债表的意义、理论和方法，是该领域的一项十分重要的突破，将为我们建立政府资产负债表编制体系提供重要的参考。

我的几点意见是：

一、关于编制政府资产负债表的意义，建议强调"增加政府的透明度"，提供"为财政可持续性分析提供依据"。见我和张晓蓉等著《中国国家资产负债表研究》中关于可持续性分析的内容（社会科学文献出版社，2012 年）。

二、关于政府资产负债表的覆盖范围，最大的难点（也是现实意义最大的问题）是如何界定隐性和或有政府负债，尤其是地方政府的隐性和或有负债。显性负债，作为金融风险分析的一部分，数据已经可获得，问题不大。但是，当期的隐性与或有负债可能是显性负债的几倍，未来的隐性和或有负债可能是导致财政和金融危机的主要来源。该问题在本研究中没有涉及。

或有负债包括各种政府的担保，涵盖所有类型的地方平台、基金、PPP 项目等。隐性负债包括养老金和医疗体系出现财务缺口所导致的未来的财政压力。建议将这些问题作为该研究未来的议题。

三、要讨论各种估值在不同情景下的适用性。经济危机时，多数资产不值钱，甚至为零。因此，传统的市场估值方法容易低估政府的偿债风险。

附件5 中央财经大学财政税务学院李燕教授的审稿意见

《中国政府资产负债表编制研究》从理论和实践操作层面上，对编制中国政府资产负债表的三个方面内容进行了系统的研究，通过研究构建起了中国政府资产负债表及其编制的框架，该研究成果具有很强的操作指导性，在政府和国家核算方面有很多突破。

一、在机构核算方面，完善和厘定了机构体系和界限

一是把非营利性组织作为广义政府机构一部分来研究，既与国际核算机构分类接轨，又弥补了国家核算中未对其分部门核算的缺陷，并且随着我国非营利组织的发展，非营利性组织将会作为一个部门来核算。二是根据机构的职能来界定机构的性质，特别是把一个机构界定为几重身份进行研究，这在研究方法上是个突破。三是把现有机构职能进行补充调整，如财政总预算纳入狭义政府等，在总核算框架下，把行政机构资金核算之外的一些重要资产负债业务如政府的出资额、政府发行的国债等纳入了政府的核算范围，弥补了现行公布的核算数据不全的缺陷。四是对政府核算部门的界限进行了厘定，更加清晰地划定了政府部门核算的界限。

二、完善了核算项目

该研究提出了完善"出资额""文物文化资产""非生产资产"等核算项目，探讨了这些项目的核算内容，填补我国在这方面的空白。

三、提出了核算方法的新体系

面对我国政府在核算方面不完善的事实，提出完善法律法规体系、报告体系和操作体系等，具有很强的针对性和实践性。

《中国政府资产负债表编制研究》在财政总预算与行政单位的关系、非营利组织的界定、估价的针对性等方面还有进一步研究的空间。

附件6　中共中央党校国际战略研究院副院长周天勇教授的审稿意见

"中国政府资产负债表编制研究"课题，是当前中国国民经济核算中的一个重大问题。目前，国民经济核算中，对行政、事业、国有非金融企业、国有存款性金融企业等领域的所有资产统计不全，特别是行政事业单位的固定资产，包括政府储备性土地资产等，没有台账，或者没有列入统计，对于这样大的一块资产总体上心中无数；另外，除了政府的一些直接债务，还有大量的由政府融资平台借来用于公共和准公共产品的负债也没有计入政府的资产负债表，对于地方政府借债规模也总体上心中无数。统计不全面的政府资产和负债，不利于控制非生产性资产的规模和提高这些资产的利用效率；而地方政府负债规模的模糊不清，也不利于控制整个国民经济的杠杆率，防范金融风险。因此，本课题的成果，对于编制一个科学和全面的政府资产负债表，实现宏观经济科学调控，保持国民经济健康和平稳运行及发展，有着重大的理论和实践意义。

杜金富等同志所著的《中国政府资产负债表编制研究》，依据资产与权益的恒等式关系即会计恒等式（资产＝负债＋所有者权益）复式记账法的理论，构建了国民经济核算方面政府资产负债表。具体来看，围绕编制政府资产负债表的基本框架进行了系统研究与探讨，内容涉及编制政府资产负债表的主体——政府机构核算的范围与层次，编制政府资产负债表的客体——政府资产负债核算的范围与分类，编制政府资产负债核算方法——计价、记账、数据的收集和整理、表式的确定及数据的填录等方面，比较研究了政府资产负债表编制的国际标准及有关国家的编制实践，对我国编制政府资产负债表的基础进行了调查研究，提出了编制的基本框架，梳理出需要深入研究和完善的主要问题。

值得赞赏的是，这是一项在学术和理论上有益的工程，杜金富等学者做了深入细致的工作。根据中国的体制和国情，该课题研究了我国政府部门核算的范围与层次，资产负债核算的范围与分类，资产负债表的表式设计、数据搜集和资产估价等方面，提出了自己独到和系统的看法与框架。并就我国完善资产负债表编制提出了他们具有建设性的政策意见。在中国国民经济核算体系上，他们作出了非凡的贡献。